思政教育二十讲

周文彰 著

中央党校出版集团　大有书局

图书在版编目（CIP）数据

思政教育二十讲 / 周文彰著 . -- 北京：大有书局，2023.5
ISBN 978-7-80772-098-0

Ⅰ.①思… Ⅱ.①周… Ⅲ.①高等学校－思想政治教育－教学研究－中国 Ⅳ.① G641

中国版本图书馆 CIP 数据核字（2022）第 185436 号

书　　名	思政教育二十讲	
作　　者	周文彰　著	
出版统筹	严宏伟	
责任编辑	张媛媛	
责任校对	李盛博	
责任印制	袁浩宇	
出版发行	大有书局	
	（北京市海淀区长春桥路 6 号　100089）	
综 合 办	（010）68929273	
发 行 部	（010）68922366	
经　　销	新华书店	
印　　刷	中煤（北京）印务有限公司	
版　　次	2023 年 5 月北京第 1 版	
印　　次	2023 年 5 月北京第 1 次印刷	
开　　本	170 毫米 ×240 毫米　1/16	
印　　张	19.25	
字　　数	239 千字	
定　　价	56.00 元	

本书如有印装问题，可联系调换，联系电话：（010）68928947

写在前面

思政教育，全称思想政治教育，是我们党的优良传统，也是我们党取得辉煌成就的重要法宝。

党的十八大以来，思想政治教育贯穿习近平新时代中国特色社会主义思想的方方面面，贯穿治党治国治军、内政外交国防的各个领域、各项工作。习近平总书记既为新时代思想政治教育定向导航，也为我们树立了思想政治教育的光辉典范，在理论和实践的结合上，把党的思想政治教育推向了中国特色社会主义新时代，其巨大成效体现在新时代十年的伟大变革中。

这些年，我一直站在干部教育培训的讲台上，讲授思想政治教育课程；出版的书、发表的文章也基本聚焦在思想政治教育上。当大有书局从我的讲稿和文章中选出其中20篇辑成本书时，我马上想到《思政课二十讲》这个书名。但在付印前一细究，我感到"思政课"已经成为我国大中小学"思想政治理论课"的专有名词，用思政课作书名似乎不太贴切。学校思政课是面向学生的思政课，此外还有面向党员的思政课、面向干部的思政课、面向职工的思政课、面向村民的思政课、面向军人的思政课……面向不同对象的思政课，共同点都属于思想政治教育。我讲的多数是面向党员和干部的思政课，因此便把书名改为《思政教育二十讲》。

我讲思政课始于 1975 年 9 月。那时我从扬州师范学校英语班毕业，留校担任政治教研组教师。政治教研组承担全校政治课（那时还没有思政课的提法）教学任务，开设了哲学、政治经济学和中共党史三门课。我边学边教，讲了两年哲学课、一年政治经济学课。1977 年底，我参加了高考，成为南京大学哲学系"七七级"本科生。1982 年 2 月毕业，被分配到南京建筑工程学院马列室，第二次走上思政课讲台，讲哲学课。这回底气明显增加，我被同事们称作马列室"唯一科班出身"的哲学教师，在此任教三年。1985 年 9 月成为中国人民大学萧前教授的博士生，专注于辩证唯物主义的学习和研究，其间，我在北京现代管理学院兼任政治课教师，讲哲学课。此后，不管岗位怎么变动，我始终都与思想政治教育讲台紧密联系在一起。讲的课都是专题课，即一次 2—3 个小时，讲一个主题，这是与高校思政课安排几十个学时系统地讲一门课的不同之处，但都是"思政教育"课。

这些经历，使我对习近平总书记关于思想政治教育的重要论述非常关注，及时学习和领会，应用在讲课中。特别是学习了习近平总书记在学校思想政治理论课教师座谈会上的重要讲话，我对学校思政课以及思政教育课有了新的思考和认识。结合观察和体验，我深深感到，无论是学校思政课还是覆盖面更大的思政教育课，都是一门重要的课，一门难讲的课，也是一门必须讲好且能够讲好的课。为了叙述的方便，这里仅从学校思政课这个角度来谈谈我的认识。

（一）

思政课是一门重要的课。思政课的重要，在于它的任务重要、内容重要和地位重要。

首先,思政课承担着极其重要的任务。教育的根本任务是立德树人,而思政课是落实立德树人根本任务的关键课程;青少年是祖国的未来,而青少年阶段是人生的"拔节孕穗期",最需要精心引导和培养;在大中小学循序渐进、螺旋上升地开设思政课,是培养一代又一代社会主义建设者和接班人的重要保障。

其次,思政课传授着极其重要的内容。政治、思想、道德、法治、历史、形势与政策……思政课的这些内容,直接关系到学生的政治理论素养、思想道德品质的提升,关系到学生世界观、人生观、价值观的形成,关系到学生法治思维的培养和历史知识的积累。习近平总书记指出:办好思政课,就是要开展马克思主义理论教育,用新时代中国特色社会主义思想铸魂育人,引导学生增强中国特色社会主义道路自信、理论自信、制度自信、文化自信,厚植爱国主义情怀,把爱国情、强国志、报国行自觉融入坚持和发展中国特色社会主义、建设社会主义现代化强国、实现中华民族伟大复兴的奋斗之中。

最后,思政课具有前所未有的重要地位。办好思政课成为习近平总书记"非常关心的一件事",他亲自主持召开学校思想政治理论课教师座谈会,观摩思政课智慧教室现场教学,关于思政课发表了一系列重要讲话,提出"大思政课"重要要求。思政课在党中央治国理政战略全局中的地位日益凸显;思政课成为立德树人的关键课程、核心课程、灵魂课程。集中承担思政课教学任务的马克思主义学院的建设,被各高校置于重要位置;思政课教师优先配齐、配强;思政课教学和科研所需要的经费大幅增加。教育部等十部门印发的《全面推进"大思政课"建设的工作方案》正在稳步推进。

一句话,思政课的作用不可替代,思政课教师队伍责任重大。

（二）

思政课是一门重要的课，同时也是一门难讲的课。造成"难讲"的原因是多方面的，但主要在听者、讲者和课程难度三个方面。

从听者方面来看，造成思政课"难讲"的因素，经过初步梳理，我觉得有以下几点。

第一，听者的"知识短板"造成思政课难讲。思政课涉及的知识面特别广泛，听课需要一定的理论知识、历史知识、社会知识、实践知识等作为基础或铺垫，而这些恰恰是青年学生所欠缺的。此外，一些青年学生尚缺乏学习思政课所需要的思维方式。

第二，"阅历局限"造成思政课难讲。思政课的内容"涉事"很深、很广，正如习近平总书记指出的，涉及马克思主义哲学、政治经济学、科学社会主义，涉及经济、政治、文化、社会、生态文明和党的建设，涉及改革发展稳定、内政外交国防、治党治国治军，涉及党史、新中国史、改革开放史、社会主义发展史，涉及世界史、国际共运史，涉及世情、国情、党情、民情，等等。一堂好的思政课，越是阅历广的听者，越是听得津津有味，越是能引起共鸣。而青年学生从校门到校门，缺的就是阅历。没有一定的阅历，听起来容易不知所云，难以产生共鸣。

第三，"社会负面现象"造成思政课难讲。思政课传授的是富含正能量的道理或道德，是教育学生做什么人、怎样做人的一门课。然而，社会在任何时候都不可能是纯粹的，总会存在与思政课所讲的恰恰相反的人和事。这种"社会负面现象"会影响涉世不深的学生对道理、道德的正确性和有用性产生怀疑，进而影响思政课的效果。

从讲者方面来看，造成思政课难讲的因素也很多，主要在于：

一是思政课的理论专业性很强，如果教师对思政课所需要的专业基础不扎实，就很难讲好；二是思政课的知识面很广，涉及问题复杂，如果对社会生活和历史缺乏足够了解和研究，就很难讲好；三是思政课既需要科学严谨也需要生动活泼，如果讲得死板枯燥、上课方式单一，就很难讲好；四是思政课的课时多，教师讲课任务很重，难以有更多的时间和精力投入。如果备课不充分，就很难讲好。

从思政课本身来看，这是一门难度系数很高的课。它的理论性、思想性、历史性、现实性、时效性都很强，其中任何一个"性"都不是可以轻易把握的，再加上各方面对思政课的要求很高，因此讲好思政课的确是一件不容易的事情。

（三）

我们说思政课难讲，绝不是说思政课讲不好。思政课的重要性决定了思政课必须讲好，教师要把讲好思政课作为天职和追求目标，学校要把办好思政课作为提升办学质量的指标和重点。思政课也一定能讲好，因为很多教师的思政课都讲得很成功，涌现出一大批思政课示范课，他们成为我们学习的楷模。

习近平总书记在学生时代听过思政课，走上领导岗位后讲过思政课。如何让思政课得到学生的真心喜爱、终身受益？他强调要选好教师，"让信仰坚定、学识渊博、理论功底深厚的教师来讲"。思政课的效果取决于教师的素养；思政课教师应当具备这样的素养，即政治要强、情怀要深、思维要新、视野要广、自律要严、人格要正。这六大素养是讲好思政课的前提，没有这些素养不可能讲好思政课。

除此之外，思政课要想讲得更有亲和力和感染力、更有针对性和实效性，实现知、情、意、行的统一，让人口服心服，还要求思政课教师精心准备讲稿，钻研讲课艺术，实现"八个统一"：政治性和学理性相统一、价值性和知识性相统一、建设性和批判性相统一、理论性和实践性相统一、统一性和多样性相统一、主导性和主体性相统一、灌输性和启发性相统一、显性教育和隐性教育相统一。这"八个统一"，不是哪一个"统一"就能奏效的，"只有打好组合拳，才能讲好思政课"。习近平总书记这一重要讲话精神，既是讲好思政课的要领，也是衡量思政课质量的标准，更是对思政课教师的殷切期望和严格要求。我们要深刻感悟并认真遵从，使"八个统一"成为每堂思政课的显著标志。特别是要贯彻落实好习近平总书记关于"大思政课"的重要要求，坚持开门办思政课，建设"大课堂"、搭建"大平台"、建好"大师资"，努力使每一堂思政课产生应有的效果。

讲好思政课，关键在教师，包括专职教师和兼职教师。思政课效果不佳，我们虽然在听者身上找过原因，但听者肯定不是主要原因。在思政课课堂上，教师是第一"责任人"。作为教师，我们要千方百计讲好思政课！

要讲好思政课，教师之间的相互交流、相互切磋是必不可少的。本书就是为此编辑出版的。由于我水平所限，对一些问题思考不深、领会不透，表达缺乏艺术性，存在很多不足，离习近平总书记对思想政治教育的要求还相差很远。期待读者朋友特别是学校思政课教师批评指正！

周文彰

2023 年 4 月 15 日

于北京寓所

思政教育二十讲

目　录

一　理论篇

全面建设社会主义现代化国家的政治宣言和行动纲领
　　——党的二十大报告精神导学　/ 003
学好用好习近平新时代中国特色社会主义思想的世界观和方法论　/ 031
指导哲学社会科学工作的重要文献
　　——学习习近平《在哲学社会科学工作座谈会上的讲话》精神　/ 041
在新时代新征程上留下无悔的奋斗足迹
　　——学习习近平在中央党校（国家行政学院）中青年干部培训班
　　开班式上的系列重要讲话精神　/ 064

二　时政篇

中国式现代化道路的形成及其伟大意义　/ 085
从"为人民服务"到"以人民为中心"
　　——中国共产党宗旨理论的形成和发展　/ 101
中国特色社会主义的创立和发展　/ 112

中国改革开放大获成功的奥秘 / 135

中国共产党百年奋斗的成功之道及其教育意义 / 164

时刻坚持"以我们正在做的事情为中心" / 170

三　修养篇

树立正确的世界观、权力观、事业观 / 189

自重自省自警自励：为官做人的高度自觉 / 210

如何立身、为政与用权 / 218

实现家风和政风的良性互动 / 228

四　方法篇

依靠学习扛起肩上的责任 / 241

领导干部要高度重视讲话发言 / 249

从实际出发：功夫下在哪里？ / 262

重视沟通　及时沟通　善于沟通 / 267

怎样写好文章 / 273

希望你们这样去学习
　　——做一个名副其实的博士 / 280

写在后面　/ 297

一 理论篇

全面建设社会主义现代化国家的政治宣言和行动纲领
　　——党的二十大报告精神导学

学好用好习近平新时代中国特色社会主义思想的世界观和方法论

指导哲学社会科学工作的重要文献
　　——学习习近平《在哲学社会科学工作座谈会上的讲话》精神

在新时代新征程上留下无悔的奋斗足迹
　　——学习习近平在中央党校（国家行政学院）中青年干部培训班开班式上的系列重要讲话精神

全面建设社会主义现代化国家的政治宣言和行动纲领

——党的二十大报告精神导学

2022年金秋十月，党的二十大在人民大会堂隆重开幕。这是在进入全面建设社会主义现代化国家新征程的关键时刻召开的一次十分重要的大会。习近平总书记作了一个极其重要的报告。现在，我对报告精神作一个导学，供大家学习时参考。

全面建设社会主义现代化国家的纲领性文献

习近平代表第十九届中央委员会向大会所作的工作报告，是党的二十大精神的集中体现。我们学习贯彻党的二十大精神，最重要的就是学习贯彻好这个重要报告。

报告全面总结了过去五年的工作和新时代十年的伟大变革，系统阐述了新时代坚持和发展中国特色社会主义的重大理论和实践问题，科学谋划了未来一个时期党和国家事业发展的目标任务、大政方针。这是一个高举旗帜、指引方向、引领时代、开辟未来的报告，是团结动员全党全国各族人民全面建设社会主义现代化国家、全面推进中华民族伟大复兴的政治宣言和行动纲领。

第一，党的二十大报告是一篇当代中国马克思主义的光辉文献。

报告坚持马克思列宁主义、毛泽东思想、邓小平理论、"三个代表"重要思想、科学发展观，全面贯彻习近平新时代中国特色社会主义思想，提出了一系列新理念、新思想、新战略，作出了一系列新判断。党的二十大报告本身就是马克思主义中国化、时代化的最新成果，是习近平新时代中国特色社会主义思想的最新发展，是一篇最新的当代中国马克思主义的光辉文献。

第二，党的二十大报告是我们党关于新时代、新征程的政治宣言。报告鲜明地提出了大会的主题。大会主题是大会的灵魂，是党和国家事业发展的总纲。这就是：高举中国特色社会主义伟大旗帜，全面贯彻新时代中国特色社会主义思想，弘扬伟大建党精神，自信自强、守正创新，踔厉奋发、勇毅前行，为全面建设社会主义现代化国家、全面推进中华民族伟大复兴而团结奋斗。这个主题明确宣誓党在新征程上举什么旗、走什么路、以什么样的精神状态、朝着什么样的目标继续前进。对于团结和激励全国各族人民为夺取中国特色社会主义新胜利而奋斗，具有十分重大的意义。

第三，报告阐明了中国共产党的中心任务。为了实现党的奋斗目标，就要确立党的中心任务。报告指出：从现在起，中国共产党的中心任务就是团结带领全国各族人民全面建成社会主义现代化强国、实现第二个百年奋斗目标，以中国式现代化全面推进中华民族伟大复兴。

明确中心任务非常重要。2022年1月，习近平在省部级主要领导干部学习贯彻党的十九届六中全会精神专题研讨班开班式上指出，党和人民事业能不能沿着正确方向前进，取决于我们能否准确认识和把握社会主要矛盾、确定中心任务。什么时候社会主要矛盾和中心任务判断准确，党和人民事业就顺利发展，否则党和人民事业就会遭受挫折。这是习近平总书记从党的百年奋斗的历程中总结出来的一条宝贵经验。党的十九大明确提出了新时代我国社会的主要矛盾是人民日益增长的美好生活需要和不平衡不充分的发展之间的矛盾，党的二十大报告又明确了从现在起我们党的中心任务，意义非常重大。这就要求我们一定要抓住中心任务，围绕中心任务，一切工作都要服务于这个中心任务。

要完成这个中心任务，我们首要应该抓什么？是高质量发展。党的二十大报告明确指出，高质量发展是全面建设社会主义现代化国家的首要任务。发展是我们党执政兴国的第一要务。因为没有坚实的物质技术基础，就不可能全面建成社会主义现代化国家。

要实现高质量发展，就必须抓好教育、科技、人才三件大事。因为教育、科技、人才是全面建设社会主义现代化国家的基础性、战略性支撑。我们必须坚持：科技是第一生产力、人才是第一资源、创新是第一动力，深入实施科教兴国战略、人才强国战略、创新驱动发展战略，开辟发展新领域新赛道，不断塑造发展新动能新优势。[①]

第三，党的二十大报告是我们党科学谋划未来的宏伟蓝图。科学谋划未来的五年以及更长时期党和国家事业发展的目标任务和大政方针，事关党和国家事业继往开来，事关中国特色社会主义前途命运，事关中华民族伟大复兴。党的十九大对全面建成社会主义现代化强国作了战略部署，也就是分两步走。第一步，从2020年到2035年，用15年的时间基本实现社会主义现代化。在此基础上，再用15年，到本世纪中叶，把我国建设成为富强民主文明和谐美丽的

---

① 习近平：《高举中国特色社会主义伟大旗帜　为全面建设社会主义现代化国家而团结奋斗：在中国共产党第二十次全国代表大会上的报告》，人民出版社2022年版，第33页。

社会主义现代化强国，实现党的第二个百年奋斗目标。党的二十大报告对两步走的战略安排进行宏观展望，重点部署未来五年的战略任务和重大举措。未来五年是全面建设社会主义现代化国家开局起步的关键时期，搞好这五年对实现第二个百年奋斗目标至关重要。

要实现这些战略安排，报告指出，我们必须牢牢把握以下五项重大原则：第一，坚持和加强党的全面领导；第二，坚持中国特色社会主义道路；第三，坚持以人民为中心的发展思想；第四，坚持深化改革开放；第五，坚持发扬斗争精神。报告是我们全面建设社会主义现代化国家、全面推进中华民族伟大复兴的政治动员和行动纲领。

党的二十大报告指出，我们党立志于中华民族千秋伟业，致力于人类和平与发展崇高事业，责任无比重大，使命无上光荣。因此，报告强调"三个务必"：全党同志务必不忘初心、牢记使命，务必谦虚谨慎、艰苦奋斗，务必敢于斗争、善于斗争，坚定历史自信，增强历史主动，谱写新时代中国特色社会主义更加绚丽的华章。

党的二十大报告全文，除了开头、结语外，一共是十五个部分，按内容可以分为五大板块，第一板块也就是第一部分，总结过去五年的工作和新时代十年的伟大变革。第二板块是第二部分，阐述新时代中国特色社会主义思想的体系、地位和意义。第三板块即第三部分，阐述新时代新征程中国共产党的使命任务。第四板块也就是从第四到第十四部分，阐述全面建设社会主义现代化国家的十一项重大部署。第四板块即第五部分，阐述党的自我革命。结语的前两段，是号召全党团结奋斗，寄语青年和青年工作。

学习领会和贯彻落实报告的精神要抓住哪些要点呢？习近平总书记10月17日上午在参加党的二十大广西代表团讨论时强调，要抓住"五个牢牢把握"，也就是牢牢把握过去五年工作和新时代十年伟大变革的重大意义，牢牢把握新时代中国特色社会主义思想的世界观和方法论，牢牢把握以中国式现代化推进中华民族伟大复兴的使命任务，牢牢把握以伟大自我革命引领伟大社会革命的重要要求，牢牢把握团结奋斗的时代要求。这是对学习贯彻党的二十大精神的动员和重要指导。

我就按照"五个牢牢把握"为框架，对党的二十大报告的重要精神作初步梳理。

牢牢把握过去五年工作和新时代十年伟大变革的重大意义

总结过去是历次党代会报告极为重要的组成部分。因为这是中央委员会向党的最高权力机关——党的全国代表大会报告工作，并提请审议。总结这一部分，用了报告将近四分之一的篇幅，我们分几个方面来领会。

（一）党的十九大以来五年的巨大成就

过去的五年是极不寻常、极不平凡的五年。世界百年未有之大变局加速演进，世界之变、时代之变、历史之变的特征更加明显。党的二十大报告指出，五年来，党中央统筹中华民族伟大复兴战略全局和世界百年未有之大变局，就党和国家事业发展作出重大战略部署，团结带领全党全军全国各族人民有效应对严峻复杂的国际形势和接踵而至的巨大风险挑战，以奋发有为的精神把新时代中国特色社会主义不断推向前进。

接着，党的二十大报告把眼光放得更远，总结了新时代十年的伟大变革。

（二）新时代十年的伟大变革

这十年，我们经历了对党和人民事业意义深远的三件大事。一是迎来中国共产党成立一百周年，二是中国特色社会主义进入新时代，三是完成脱贫攻坚、全面建成小康社会的历史任务，实现第一个百年奋斗目标。这是我们党和人民团结奋斗赢得的历史性胜利，是彪炳中华民族发展史册的历史性胜利，也是对世界具有深远影响的历史性胜利。

十年来，我国发生了十六个方面的伟大变革，我们要特别领会的是报告把新时代中国特色社会主义思想的创立摆在首位。

第一是我们创立了新时代中国特色社会主义思想，明确坚持和发展中国特色社会主义的基本方略，提出一系列治国理政的新理念新思想新战略，实现了马克思主义中国化时代化新的飞跃。

第二是确保党中央权威和集中统一领导。党的二十大报告指出，我们全面加强党的领导，确保党中央权威和集中统一领导，确保党发挥总揽全局、协调各方的领导核心作用，使我们这个拥有九千六百多万名党员的马克思主义政党更加团结统一。

第三是在战略布局上，我们党提出了中国梦，中国梦就是实现中华民族伟大复兴；提出了统揽"四个伟大"，这就是伟大斗争、伟大工程、伟大事业、伟大梦想；明确了"五位一体"总体布局和"四个全面"战略布局；明确社会主要矛盾，并紧紧围绕这个社会主要矛盾，推进各项工作，不断丰富和发展人类文明新形态。

第四是历史性地解决了绝对贫困问题，为全球减贫事业作出了重大贡献。

全面建设社会主义现代化国家的政治宣言和行动纲领

第五是在建设成就方面，我国的 GDP 从 54 万亿元增长到 114 万亿元，经济总量占世界经济的比重达到 18.5%，提高了 7.2 个百分点，稳居世界第二位。我国人均 GDP 从 3.98 万元增加到 8.1 万元，我国谷物总产量稳居世界首位，制造业规模、外汇储备稳居世界第一。一些关键核心技术实现突破，战略性新兴产业发展壮大，载人航天、探月探火、深海深地探测、超级计算机、卫星导航、量子信息、核电技术、新能源技术、大飞机制造、生物医药等方面都取得重大成果。党的二十大报告作出重大判断：我国已经进入创新型国家行列。这个判断回应了我国建设创新型国家的战略目标，这就是到 2020 年进入创新型国家行列，2035 年进入创新型国家前列，到新中国成立 100 年时，成为世界科技强国。现在，第一阶段的目标已经实现，从现在起，我们就要向跻身创新型国家前列这个目标前进。

第六是在全面深化改革方面，许多领域实现了历史性变革、系统性重塑、整体性重构。比如，党和国家领导体制的改革、人民军队的改革等都是如此。

第七是在对外开放方面，我国提出的共建"一带一路"已经成为深受欢迎的国际公共产品和国际合作平台。"国际公共产品"这一概念表明，我们提出共建"一带一路"是为了造福"一带一路"沿线国家和地区人民。我国已经成为 140 多个国家和地区的主要贸易伙伴，货物贸易总额居世界第一。

第八是在民主政治建设方面，党的二十大报告作出重要判断：全面依法治国总体格局基本形成。这个判断回应了党的十八届四中全会通过的《中共中央关于全面推进依法治国若干重大问题的决定》中所提出的总目标。

第九是在文化建设方面，文化事业日益繁荣，社会主义核心价值观广泛传播，意识形态领域形势发生全局性、根本性转变。这是党的二十大报告的又一重要判断。

第十是在社会建设方面，报告作出重要判断：共同富裕取得新成效。

第十一是在生态文明建设方面，报告作出重要判断：生态环境保护发生历史性、转折性、全局性变化。

第十二是在国家安全方面。这十年来，国家安全得到全面加强，平安中国建设迈向更高水平。

第十三是在强军方面，人民军队体制一新、结构一新、格局一新、面貌一新。"四个一新"很贴切地描述了我国国防和军队建设的重大成果。

第十四是在港澳台工作方面，我们推动香港进入由乱到治走向由治及兴的新阶段；我们牢牢把握着两岸关系主导权和主动权。

第十五是在外交方面，我国国际影响力、感召力、塑造力显著提升。大家注意"塑造"这个词，表明在国际治理的若干问题上，我们的话语权权重和影响力越来越大。

第十六是在从严治党方面，我们开展了史无前例的反腐败斗争，以"得罪千百人、不负十四亿"的使命担当祛疴治乱，反腐败斗争取得压倒性胜利并全面巩固，消除了党、国家、军队内部存在的严重隐患。党的二十大报告特别指出，经过不懈努力，党找到了跳出治乱兴衰历史周期率的第二个答案，这就是自我革命。

第一个答案是毛泽东同志在延安窑洞给出的。他和黄炎培先生有一个著名的对话。黄炎培先生说，一部历史，真可谓"其兴也勃焉，其亡也忽焉"，总之没有能跳出这周期率。毛泽东回答，我们已经找到新路，我们能跳出这周期率，这条新路，就是民主。只有让人民来监督政府，政府才不敢松懈，只有人人起来负责，才不会人亡政息。人民民主是第一个答案。而党的十八大以来，我们找到了第二个答案，这就是自我革命。自我革命能确保党永远不变质、不变色、不变味。

以上十六个方面概括了新时代十年的伟大变革。党的二十大报告指出，这些变革在党史、新中国史、改革开放史、社会主义发展史、中华民族发展史上具有里程碑意义。这些意义主要有三条：一是我们党更加坚强有力。二是我们党和人民更加信心百倍，推进中华民族从站起来、富起来到强起来的伟大飞跃，实现中华民族伟大复兴进入了不可逆转的历史进程。三是科学社会主义在21世纪的中国焕发出新的蓬勃生机，中国式现代化为人类实现现代化提供了新的选择，中国共产党和中国人民为解决人类面临的共同问题提供更多更好的中国智慧、中国方案、中国力量。

牢牢把握习近平新时代中国特色社会主义思想的世界观和方法论

马克思主义是我们党立党立国、兴党兴国的根本指导思想。实践告诉我们，中国共产党为什么能，中国特色社会主义为什么好，归根到底是马克思主义行，这是习近平在庆祝中国共产党成立100周年大会上的讲话中的重要提法。党的二十大报告新增加了一句：是中国化时代化的马克思主义行。这是非常合乎实际的新概括。

（一）马克思主义必须中国化

马克思主义是我们党的"真经"。我们坚持以马克思主义为指导，是要运用其科学的世界观和方法论解决中国的问题，而不是要背诵和重复它的具体结论和词句，更不能把马克思主义当成一成不变的教条。这是党的二十大报告的一个非常重要的提法。教条主义、本本主义在我们党内一度盛行，搞乱了人们的思想，给我们革命建设造成不少挫折。毛泽东同志当年就提出反对本本主义，并且走出本本，提出了中国革命的道路，取得了新民主主义革命的伟大胜利。党的二十大报告再次强调，马克思主义必须中国化。只有同中国具体实际相结合，才能更好地指导中国实践；只有同中华优秀传统文化相结合，马克思主义真理之树才能根深叶茂。这"两个结合"是党的二十大报告的一个非常深刻的重要结论。

（二）中国化马克思主义必须时代化

马克思主义必须中国化，而中国化马克思主义必须时代化。因为实践在发展，形势在变化，任务在翻新，因此，中国化马克思主义必须与时俱进，不断时代化。正是因为我们党不断推动中国化马克思主义时代化，才相继产生了毛泽东思想、邓小平理论、"三个代表"重要思想、科学发展观。党的十八大以来，我们党又创立了习近平新时代中国特色社会主义思想。一代人有一代人的使命，一代人要有一代人的理论创造。我们既不能完全照搬前面的理论、以前面的理论为依据来衡量今天的理论，也不能用今天的理论去要求前面的理论，检验理论真理性的标准只能是社会实践。今天，我们必须着眼于解决新时代改革开放和社会主义现代化建设的实际问题，不断回答中国之问、世界之问、人民之问、时代之问，形成与时俱进的理论成果，更好地指导中国实践。

（三）中国化马克思主义时代化的最新成果

习近平新时代中国特色社会主义思想，是党的十八大以来我们党以全新的视野深化对共产党执政规律、社会主义建设规律、人类社会发展规律的认识，所取得的重大理论创新成果。这个成果的主要内容是什么呢？党的十九届六中全会提出了"十个明确"，党的十九大提出了"十四个坚持"，也就是十四条基本方略，《中共中央关于党的百年奋斗重大成就和历史经验的决议》总结了党的十八大以来"十三个方面成就"。我把它们一一展示在这里，请大家看一看。这"十个明确""十四个坚持""十三个方面成就"，概括了这一个思想的主要内容。

"十个明确"：明确中国特色社会主义最本质的特征和中国特色社会主义制度的最大优势；明确坚持和发展中国特色社会主义，总任务是实现社会主义现代化和中华民族伟大复兴；明确新时代我国社会主要矛盾，必须坚持以人民为中心的发展思想，发展全过程人民民主，推动人的全面发展、全体人民共同富裕取得更为明显的实质性进展；明确中国特色社会主义事业总体布局和战略布局；明确全面深化改革总目标；明确全面推进依法治国总目标；明确必须坚持和完善社会主义基本经济制度，使市场在资源配置中起决定性作用，更好发挥政府作用，把握新发展阶段，贯彻新发展理念，加快构建新发展格局，推动高质量发展，统筹发展和安全；明确党在新时代的强军目标；明确中国特色大国外交要服务民族复兴、促进人类进步，推动建设新型国际关系，推动构建人类命运共同体；明确全面从严治党的战略方针，提出新时代党的建设总要求。

"十四个坚持"：坚持党对一切工作的领导；坚持以人民为中心；

坚持全面深化改革；坚持新发展理念；坚持人民当家作主；坚持全面依法治国；坚持社会主义核心价值体系；坚持在发展中保障和改善民生；坚持人与自然和谐共生；坚持总体国家安全观；坚持党对人民军队的绝对领导；坚持"一国两制"和推进祖国统一；坚持推动构建人类命运共同体；坚持全面从严治党。

"十三个方面成就"体现在：坚持党的全面领导上；全面从严治党上；经济建设上；全面深化改革开放上；政治建设上；全面依法治国上；文化建设上；社会建设上；生态文明建设上；国防和军队建设上；维护国家安全上；坚持"一国两制"和推进祖国统一上；外交工作上。

习近平新时代中国特色社会主义思想，是当代中国马克思主义、21世纪马克思主义，是中华文化和中国精神的时代精华，实现了马克思主义中国化的新飞跃。我们必须长期坚持并不断丰富和发展。

（四）把握好习近平新时代中国特色社会主义思想的世界观和方法论

对于学习和掌握习近平新时代中国特色社会主义思想，党的二十大报告的一个突出的重点，就是要求把握它的世界观和方法论，用好它所蕴含的立场观点方法，这就是"六个必须坚持"：必须坚持人民至上，必须坚持自信自立，必须坚持守正创新，必须坚持问题导向，必须坚持系统观念，必须坚持胸怀天下。习近平总书记10月17日在参加党的二十大广西代表团讨论时明确指出，要深入领会党的创新理论的道理学理哲理，做到知其言更知其义、知其然更知其所以然，切实把党的创新理论贯彻落实到党和国家工作各方面全过程。

全面建设社会主义现代化国家的政治宣言和行动纲领

世界观是人们关于世界的总的看法和根本观点。当人们以一定的世界观观察问题、处理问题时,世界观也就有了方法论意义。世界观决定方法论,方法论是世界观的表观,有什么样的世界观就有什么样的方法论。但世界观和方法论也有不同,世界观就是怎么去"想",方法论就是怎么去"做"。哲学就是关于世界观的学说。共产党人的世界观是辩证唯物主义和历史唯物主义,也就是马克思主义哲学。马克思主义哲学是世界观和方法论的统一。

习近平新时代中国特色社会主义思想既是世界观又是方法论,报告提炼的"六个必须坚持"就是其中的精华。这里我仅仅以第一个"必须坚持人民至上"为例来说明。

坚持人民至上,既是世界观也是方法论。首先,坚持人民至上是世界观,认为人民是真正的英雄,历史是人民创造的,这是历史唯物主义的重要观点。其次,坚持人民至上是政治立场,坚持人民至上,要求我们要站稳人民立场,把握人民愿望,做到一切为了人民、一切依靠人民,发展成果由人民共享;我们任何时候都不能离开这个立场。最后,坚持人民至上是工作方法。坚持人民至上,就是要坚持从群众中来,到群众中去,集中人民智慧,尊重人民创造。

现在,我们来看看在具体工作中如何运用这个世界观和方法论。我们依据什么制定目标?习近平总书记指出,我们的目标很宏伟,也很朴素,归根结底就是让全体中国人民都过上好日子。他又说,人民对美好生活的向往,就是我们的奋斗目标。什么是政绩,到哪里去创造政绩?坚持人民至上告诉我们,为民造福是最大的政绩;哪里有人民需要,哪里就能创造政绩。以什么为工作标准?坚持人民至上,就要把人民拥护不拥护、赞成不赞成、高兴不高兴、答应不答应作为衡量一切工作得失的根本标准。我们的工作精力应该用在何处？坚持人民至上要求我们牢记党的根本宗旨，想群众之所想，急群众之所急，把所有的精力都用在让老百姓过好日子上。我们想问题、做决策、办事情应该怎么考虑？坚持人民至上要求我们认真想一想，是不是站在人民的立场上，是不是有助于解决群众的难题，是不是有利于增进人民福祉，不断增强人民群众获得感、幸福感、安全感。我们要怀着强烈的爱民、忧民、为民、惠民之心。我们应当怎么当官、当什么样的官？坚持人民至上，就要当老百姓的官，把自己也当成老百姓，不要做官当老爷。这是习近平总书记在2021年春季学期中央党校（国家行政学院）中青年干部培训班开班式上发表的重要讲话。他特别叮嘱年轻干部从一开始就要弄清楚，而且要终身牢记。以什么心态当官？坚持人民至上，就必须把人民放在心中最高位置，始终以百姓心为心。人民是我们党的力量源泉，我们党的根基在人民，血脉在人民。

可见，坚持人民至上就是我们必须牢牢记住并始终坚持的立场观点方法。其他五个坚持，我们可以举一反三加以学习、领会和运用。①我们学习习近平新时代中国特色社会主义思想，就是要把功夫下在掌握它的世界观和方法论，掌握它的立场观点方法上。

牢牢把握以中国式现代化推进中华民族伟大复兴的使命任务

党的二十大报告明确提出，从现在起，我们党的中心任务就是

---

① 详见本书第31页《学好用好习近平新时代中国特色社会主义思想的世界观和方法论》一文。

团结带领全国各族人民全面建成社会主义现代化强国、实现第二个百年奋斗目标，以中国式现代化全面推进中华民族伟大复兴。

（一）现代化与中国提出现代化

这里，我们要着重理解中国式现代化。世界现代化的进程是从西方开始的，大体上分为两大阶段：第一次现代化是从农业社会向工业社会、农业经济向工业经济、农业文明向工业文明的转变。第二次现代化是从工业社会向知识社会、工业经济向知识经济、工业文明向知识文明的转变。有人把第二次现代化称为后现代化。

新中国一成立就非常重视现代化。1954年召开的第一届全国人民代表大会第一次会议就提出要实现工业、农业、交通运输业和国防的四个现代化。最著名的就是1964年，周恩来总理在三届全国人大一次会议上所作的政府工作报告中提出的，我们要全面实现农业、工业、国防和科学技术的现代化，使我国经济走在世界的前列。这就是著名的"四个现代化"。周总理把"四个现代化"作为我们20世纪内也就是在2000年以前要实现的奋斗目标。

（二）中国式现代化道路的探索和发展

那么，怎么来实现现代化呢？新中国成立初期经济基础极为薄弱，1954年，毛泽东同志在中央人民政府委员会第三十次会议上的讲话中说，现在我们能造什么？能造桌子椅子，能造茶碗茶壶，能种粮食，还能磨成面粉，还能造纸。但是一辆汽车、一架飞机、一辆坦克、一辆拖拉机都不能造。于是，他提出要实现国家工业化。中国的工业化是从学习苏联模式起步的。从1953年开始的第一个五年计划，确立的就是优先发展重工业的指导方针。随着计划的实施，苏联模式的缺陷也暴露出来。毛泽东同志提出，要以苏联经验教训为借鉴，探索适合中国国情的社会主义建设道路。1956 年，毛泽东发表的《论十大关系》，标志着我们党开始探索中国自己建设社会主义的道路。这个阶段对中国式现代化道路的探索，虽然经历了曲折和磨难，但仍然取得了令人鼓舞的伟大成就。

党的十一届三中全会开创了中国改革开放和社会主义现代化建设新的历史进程。1979 年，邓小平会见日本首相大平正芳时第一次提出"小康"的概念。他说，我们要实现的四个现代化，是中国式的四个现代化，不是像你们那样的现代化概念，而是小康之家。我们党创造性地用"小康"这个概念来诠释中国式现代化，在开创中国式现代化道路上迈出了重要一步。

1982 年党的十二大召开，邓小平同志在大会开幕词中指出走自己的道路，建设有中国特色的社会主义。这是中国特色社会主义第一次被提出，为开创中国式现代化道路指明了方向。1987 年，邓小平同志阐述了三步走发展战略，在 20 世纪末走完前两步，分别达到温饱和小康。21 世纪用 30 年到 50 年时间再走一步，达到中等发达国家的水平。这是 2030—2050 年的奋斗目标。后来我们国家的发展很快，人均 GDP 达到 4000 美元左右的目标，在 2010 年就基本实现了。1992 年召开的党的十四大，明确了我国经济体制改革的目标，就是建立社会主义市场经济体制，从而大力度地开启了市场化改革。党的十五大对第三步目标作出了新的战略部署，提出 21 世纪第一个 10 年，也就是到 2010 年实现 GDP 总值比 2000 年翻一番，使人民的小康生活更加宽裕，形成比较完善的社会主义市场经济体制。2000 年 GDP 是 1.21 万亿美元，翻一番就是 2.42 万亿美元。实际上 10 年之后的 2010 年，我国的 GDP 总量达到 6.09 万亿美元，

全面建设社会主义现代化国家的政治宣言和行动纲领

进入世界第二。2002年召开的党的十六大,进一步提出要在21世纪头二十年全面建设惠及十几亿人口的更高水平的小康社会,提出了全面建设小康社会的奋斗目标。2007年召开的党的十七大根据国内外形势发展变化,对实现全面建设小康社会的目标提出新要求,提出人均GDP到2020年比2000年翻两番。2000年我们人均GDP是多少呢?980多美元不到1000美元,翻一番2000美元,再翻一番是4000美元。实际上到2020年,我国人均GDP超10000美元,发展速度远远超出了我们的预定目标。

党的十八大开始,中国特色社会主义进入新时代。十八大提出,到2020年全面建成小康社会,并且赋予全面小康更高的标准、更丰富的内涵,特别提出要建设"五位一体"全面进步的小康社会。为了确保这个目标实现,党中央提出的"四个全面"战略布局,把全面建成小康社会摆在战略布局的引领地位,把全面深化改革、全面依法治国、全面从严治党作为确保实现战略目标的战略举措。党的十八届三中全会又提出国家治理体系和治理能力现代化。习近平总书记指出,我们讲过很多现代化,包括农业现代化、工业现代化、科学技术现代化、国防现代化等,国家治理体系和治理能力现代化是第一次讲。这就是我国的第五个现代化。我们党还提出,要抓重点、补短板、强弱项,特别是把脱贫攻坚作为重中之重。

(三)中国式现代化的特色和本质要求

这条道路取得了巨大成功。党的二十大报告指出,在新中国成立特别是改革开放以来长期探索和实践基础上,经过十八大以来在理论和实践上的创新突破,我们党成功推进和拓展了中国式现代化。中国式现代化是我们党领导的社会主义现代化,既有各国现代化的共同特征，更有基于自己国情的中国特色。党的二十大报告阐述了中国式现代化的五大特色，这就是：中国式现代化是人口规模巨大的现代化，是全体人民共同富裕的现代化，是物质文明和精神文明相协调的现代化，是人与自然和谐共生的现代化，是走和平发展道路的现代化。由此概括出中国式现代化的五大特色，这是第一次。

党的二十大报告还阐明了中国式现代化的本质要求，这就是坚持中国共产党领导，坚持中国特色社会主义，实现高质量发展，发展全过程人民民主，丰富人民精神世界，实现全体人民共同富裕，促进人与自然和谐共生，推动构建人类命运共同体，创造人类文明新形态。这九句话是对中国式现代化本质要求的首次集中概括。

（四）中国式现代化的伟大意义

中国式现代化具有特别重要的意义。第一，中国式现代化的道路破除了西方现代化模式的唯一性，打破了现代化等于西方化的思维定式。第二，中国式现代化的道路拓展了发展中国家走向现代化的途径。我们知道，西方国家的现代化都伴随着残酷压榨、剥削劳动人民的血汗史，包含着侵略掠夺其他国家的殖民史。今天，发展中国家走向现代化不可能走这条道路，而中国式现代化为他们提供了一个新的途径。第三，中国式现代化道路为推动人类文明进步贡献了中国智慧。中国式现代化的成功，表明世界上不存在定于一尊的现代化模式，不存在放之四海而皆准的现代化标准。党的二十大报告强调，我们必须以中国式现代化全面推进中华民族伟大复兴，既不走封闭僵化的老路，也不走改旗易帜的邪路，坚决把国家和民族发展放在自己力量的基点上，把中国发展进步的命运牢牢掌握在自己手中。

（五）人类文明新形态

建党百年来，我们党走出了中国式现代化新道路，创造了人类文明新形态。与"社会"对应的就是"文明"这个概念。文明是物质生活实践创造的。当人类的实践活动发展到把自己和动物区别开来的时候，就开创了人类文明。文明指的是实践的积极成果。随着世界的发展，文明不断演进，一定的文明总是对应着一定的社会形态。比如奴隶制社会有奴隶制文明，封建社会是封建文明，资本主义社会是资本主义文明。在很长的一段时间里，资本主义社会形态是现代文明的唯一载体。因此，经典作家常用"文明国家""文明世界""文明社会"或者"现代文明"来指代资本主义，这是我们读经典著作所要注意的一点。经典作家明确批判道：文明的一切进步，都不会使工人致富，而只会使资本致富，只会增大支配劳动力的客体的权力。大家注意，"文明的一切进步"，指的就是资本主义社会的一切进步。由于资本主义社会固有的内在矛盾，马克思认为资本主义必将被更先进的共产主义社会所取代。而且，他认为，共产主义社会将首先在先进资本主义国家中产生。后来与理论构想不同，落后的俄国首先建立了社会主义国家，但由于对社会主义发展规律认识不足，苏联共产党对社会主义的认识逐步后退，偏离得越来越远。

我们党吸取了国内外的经验教训，经过革命、建设和改革的百年探索，对社会主义认识不断深化发展，创造了中国式现代化新道路，创造了人类文明新形态。我们将坚定不移地以中国式现代化推进中华民族伟大复兴的使命任务。

牢牢把握以伟大自我革命引领伟大社会革命的重要要求

勇于自我革命是我们党的鲜明品格。我们党的伟大不在于不犯错,而在于从不讳疾忌医,勇于直面问题,勇于自我革命,具有极强的自我修复能力。这是习近平总书记在省部级主要领导干部学习贯彻党的十八届六中全会精神专题研讨班开班式上的讲话中指出的。

(一)全面建设社会主义现代化国家关键在党

党的二十大报告提出了党要继续进行自我革命的要求。为什么要这么做?因为办好中国的事情关键在党。党的二十大报告指出,全面建设社会主义现代化国家,全面推进中华民族伟大复兴,关键在党。我们党是世界上最大的马克思主义执政党。大党有大党的难题,我们必须时刻保持解决大党独有难题的清醒和坚定。

(二)新时代十年党坚持自我革命成就斐然

过去十年,我们党坚持自我革命,成就斐然。十年前,我们面对的形势是,党内存在不少对坚持党的领导的认识模糊、行动乏力的问题,存在不少落实党的领导弱化、虚化、淡化的问题,有些党员、干部政治信仰发生动摇,一些地方和部门形式主义、官僚主义、享乐主义和奢靡之风屡禁不止,特权思想和特权现象较为严重,一些贪腐问题触目惊心。十年来,我们深入推进全面从严治党,坚持打铁必须自身硬,提出和落实新时代党的建设总要求,以党的政治建设统领党的建设各项工作,以钉钉子精神纠治"四风",反对特权思想和特权现象，刹住了一些长期没有刹住的歪风，纠治了一些多年未除的顽瘴痼疾。我们开展了史无前例的反腐败斗争，"打虎""拍蝇""猎狐"多管齐下，反腐败斗争取得压倒性胜利并全面巩固。党的十八大以来，全国纪检监察机关共立案审查调查464.8万余件、处分457.3万人。其中，中管干部553人，厅局级干部2.5万多人，县处级干部18.2万多人。①

（三）党的自我革命永远在路上

但是，我们必须牢记，全面从严治党永远在路上，党的自我革命永远在路上，不能有松劲歇脚、疲劳厌战的情绪。必须持之以恒地推进全面从严治党，深入推进新时代党的建设新的伟大工程，以党的自我革命引领社会革命。为什么要这么做？这里仅说三个原因：一是尽管党的十八大以来，我们从严治党解决了许多党内存在的突出问题，但是问题依然存在。党的二十大报告指出：一些党员、干部缺乏担当精神，斗争本领不强，实干精神不足，形式主义、官僚主义现象仍较突出；铲除腐败滋生土壤任务依然艰巨；等等。二是"四大考验""四大危险"将长期存在。"四大考验"就是执政考验、改革开放考验、市场经济考验、外部环境考验。"四大危险"就是指精神懈怠危险、能力不足危险、脱离群众危险、消极腐败危险。三是我们党是世界上最大的马克思主义执政党，截至2021年底，全国9671.2万党员，493.6万个党的基层组织。老百姓都知道"大有大的难处""林子大了，什么鸟都有"。党的二十大报告指出：必须时刻

---

① 参见《党的二十大报告辅导读本》编写组编著：《党的二十大报告辅导读本》，人民出版社2022年版，第582页。

保持解决大党独有难题的清醒和坚定。

（四）落实新时代党的建设总要求

自我革命就要落实新时代党的建设总要求，实现党的建设总目标，这就是要把我们党建设成为始终走在时代前列、人民衷心拥护、勇于自我革命、经得起各种风浪考验、朝气蓬勃的马克思主义执政党。这个总目标是党的十九大制定的。

在自我革命的进程中，我们要坚持党中央集中统一领导。党的领导是全面的、系统的、整体的，必须全面系统整体落实这次报告提出的要求。我们要拥护"两个确立"，增强"四个意识"、坚定"四个自信"、做到"两个维护"，坚决维护以习近平同志为核心的党中央权威和集中统一领导，健全总揽全局、协调各方的党的领导制度体系，完善党中央重大决策部署落实机制，确保全党在政治立场、政治方向、政治原则、政治道路上同党中央保持高度一致，确保党的团结统一。

进行自我革命，就要求我们要坚持不懈用习近平新时代中国特色社会主义思想凝心铸魂，全面加强党的思想建设，加强理想信念教育，引导全党牢记党的宗旨，自觉做共产主义远大理想和中国特色社会主义共同理想的坚定信仰者和忠实实践者。

（五）扎实有效抓好关键性工作

进行自我革命，我们就要扎实有效地抓好关键性工作，这就是干部队伍建设。我们要建设堪当民族复兴重任的高素质干部队伍，选拔任用忠诚干净担当的高素质专业化干部。这就要抓好组织建设，增强党组织政治功能和组织功能，把基层党组织建设成为有效实现党的领导的坚强战斗堡垒。这就要不断正风肃纪，我们要坚持以严的基调，强化正风肃纪，重点纠治形式主义、官僚主义，坚决破除特权思想和特权行为，打好打赢反腐败斗争的攻坚战、持久战。党的二十大报告特别指出，反腐败是最彻底的自我革命，必须永远吹冲锋号，以零容忍态度反腐惩恶。

牢牢把握团结奋斗的时代要求

党的二十大报告在最后部分讲道：时代呼唤着我们，人民期待着我们，唯有矢志不渝、笃行不怠，方能不负时代、不负人民。二十大报告指出全党必须牢记"五个必由之路"。

（一）牢记"五个必由之路"

这就是坚持党的全面领导是坚持和发展中国特色社会主义的必由之路，中国特色社会主义是实现中华民族伟大复兴的必由之路，团结奋斗是中国人民创造历史伟业的必由之路，贯彻新发展理念是新时代我国发展壮大的必由之路，全面从严治党是党永葆生机活力、走好新的赶考之路的必由之路。这"五个必由之路"是我们党在长期的实践中得出的至关重要的规律性认识。

（二）新时代十年变革是团结奋斗的光辉结晶

团结奋斗是中国人民创造历史伟业的必由之路，因为团结就是力量，团结才能胜利。十年来，我们的一切变革都是团结奋斗的光辉结晶。我们遭遇的风险挑战风高浪急，有时甚至是惊涛骇浪，各种风险挑战接踵而至，复杂性严峻性前所未有。我们党依靠人民稳经济、促发展、战贫困、建小康、控疫情、抗大灾、应变局、化危机，攻克了一个个看似不可攻克的难关险阻，创造了一个个令人刮目相看的人间奇迹。我们取得的一切成就，都是党和人民一道奋斗出来的，是团结奋斗的结果。

（三）依靠顽强斗争打开事业发展新天地

我们现在已经走上全面建设社会主义现代化国家的新征程。这是一项伟大而艰巨的事业，前途光明，任重道远，风险挑战依然存在。我们必须增强忧患意识，坚持底线思维，做到居安思危、未雨绸缪。准备经受风高浪急，甚至是惊涛骇浪的重大考验。因此，我们要有志气、骨气、底气，不信邪、不怕鬼、不怕压，知难而上，迎难而上，依靠顽强斗争打开事业发展新天地。这最后一句话是"7·26"讲话的新提法，也写在党的二十大报告里。

依靠顽强斗争打开事业发展新天地，我们可以分三层来理解：一是强调了"顽强"斗争，重点在"顽强"两个字。关于斗争，习近平总书记讲过"坚决"斗争、"敢于"斗争、"善于"斗争，也讲过"顽强的斗争精神"，还讲过"顽强奋斗"。这里突出使用了"顽强斗争"，显然是根据我们面临的斗争的全面性、长期性、复杂性而提出来的。二是强调"依靠"顽强斗争，重点在"依靠"两个字。因为面对国际局势的急剧变化，要想维护国家尊严和核心利益，除了顽强斗争，没有别的出路。面对突如其来的新冠肺炎疫情，除了开展抗击疫情的人民战争、总体战、阻击战，我们必须要有这个意识，就是依靠顽强斗争去战胜一切风险挑战，来不得半点幻想。三是明确指出，顽强斗争是为了打开事业发展新天地，落脚点在"新天地"三个字，这就指明了斗争的目的和方向。我们党的斗争从来都是有目标有方向的。

（四）在党的旗帜下团结成"一块坚硬的钢铁"

我们讲的团结奋斗，首先就是要确保全党在政治立场、政治方向、政治原则、政治道路上同党中央保持高度一致，确保党的团结统一。同时，党要始终同人民同呼吸、共命运、心连心，不断巩固全国各族人民的大团结。我们还要加强海内外中华儿女大团结，形成同心共圆中国梦的强大合力。因为要全面建设社会主义现代化国家，就必须充分发挥亿万人民的创造伟力。10月17日，习近平总书记在参加党的二十大广西代表团讨论时指出，我们要在党的旗帜下团结成"一块坚硬的钢铁"，心往一处想，劲往一处使，推动中华民族伟大复兴号巨轮乘风破浪，扬帆远航。

以人民至上的情怀把握报告的各项战略部署

这一部分，我们来谈谈党的二十大报告的各项战略部署。我特意从胸怀"人民至上"这个角度来谈。不忘初心、牢记使命，为人民谋幸福、为民族谋复兴，是贯穿党的二十大报告始终的核心思想。在庆祝我们党成立100周年大会上的讲话中，习近平总书记用"实现中华民族伟大复兴"这10个字总结过去，擘画未来。为了实现初心使命，习近平总书记要求全党"以人民为中心""以百姓心为心"，发出"人民至上"的宗旨强音。"我将无我，不负人民"是习近平总书记自己的座右铭。我们学习党的二十大报告，贯彻党的二十大报告，只要一切奉行"人民至上"，就一定能够把各项工作做得更好。

党的二十大报告对未来一个时期党和国家事业发展作出的战略

部署，强调必须完整、准确、全面贯彻新发展理念，着力推动高质量发展、主动构建新发展格局，坚持社会主义市场经济改革方向，坚持高水平对外开放，加快构建以国内大循环为主体、国内国际双循环相互促进的新发展格局，构建高水平社会主义市场经济体制；建设现代化产业体系；全面推进乡村振兴；促进区域协调发展；推进高水平对外开放。

党的二十大报告提出要实施科教兴国战略、强化现代化建设人才支撑，坚持教育优先发展、科技自立自强、人才引领驱动，办好人民满意的教育；完善科技创新体系；加快实施创新驱动发展战略；深入实施人才强国战略；加快建设教育强国、科技强国、人才强国。

党的二十大报告提出要发展全过程人民民主、保障人民当家作主，坚定不移走中国特色社会主义政治发展道路，坚持党的领导、人民当家作主、依法治国有机统一，坚持人民主体地位，充分体现人民意志、保障人民权益、激发人民创造活力。加强人民当家作主制度保障，坚持和完善我国根本政治制度、基本政治制度、重要政治制度；全面发展协商民主；积极发展基层民主；巩固和发展最广泛的爱国统一战线。

党的二十大报告提出要坚持全面依法治国、推进法治中国建设，围绕保障和促进社会公平正义，坚持依法治国、依法执政、依法行政共同推进，坚持法治国家、法治政府、法治社会一体建设，完善以宪法为核心的中国特色社会主义法律体系；扎实推进依法行政；严格公正司法；加快建设法治社会。

党的二十大报告提出要推进文化自信自强、铸就社会主义文化新辉煌，激发全民族文化创新创造活力，增强实现中华民族伟大复兴的精神力量，巩固全党全国各族人民团结奋斗的共同思想基础，

全面建设社会主义现代化国家的政治宣言和行动纲领

建设具有强大凝聚力和引领力的社会主义意识形态；广泛践行社会主义核心价值观；提高全社会文明程度；繁荣发展文化事业和文化产业；增强中华文明传播力影响力。

党的二十大报告提出要增进民生福祉、提高人民生活品质，坚持在发展中保障和改善民生，鼓励共同奋斗创造美好生活，扎实推进共同富裕，完善分配制度；实施就业优先战略；健全社会保障体系；推进健康中国建设。

党的二十大报告提出要推动绿色发展、促进人与自然和谐共生，牢固树立和践行绿水青山就是金山银山的理念，站在人与自然和谐共生的高度谋划发展，坚持山水林田湖草沙一体化保护和系统治理，统筹产业结构调整、污染治理、生态保护、应对气候变化，加快发展方式绿色转型；深入推进环境污染防治；提升生态系统多样性、稳定性、持续性；积极稳妥推进碳达峰碳中和。

此外，党的二十大报告对国家安全和社会稳定、国防和军队建设、港澳台工作、外交工作、全面从严治党等，一一作出了战略安排。党的二十大报告的最后一部分是对青年和青年工作的要求。我们要以"人民至上"的理念和情怀把握这些部署。江山就是人民，人民就是江山。这是我们党的执政理念的一个非常生动的表述，也是人民至上情怀的集中体现。我们党领导人民打江山、守江山，守的是人民的心。

在全面学习、全面把握、全面落实上下功夫

关于党的二十大精神的学习和贯彻，习近平总书记在二十届中共中央政治局第一次集体学习时作了重要部署，《中共中央关于认真

学习宣传贯彻党的二十大精神的决定》已经于 2022 年 10 月 29 日发布。我们要做到：

第一，在全面学习上下功夫。只有全面、系统、深入学习，才能完整、准确、全面领会党的二十大精神，对是什么、干什么、怎么干了然于胸。

第二，在全面把握上下功夫。党的二十大精神内容十分丰富，既有政治上的高瞻远瞩和理论上的深邃思考，也有目标上的科学设定和工作上的战略部署，这些是相互联系、有机统一的。要把着力点聚焦到习近平总书记是党中央的核心、全党的核心，习近平新时代中国特色社会主义思想是党必须长期坚持的指导思想上；聚焦到党的十九大以来的重大成就和新时代十年的伟大变革上；聚焦到把握好马克思主义中国化时代化最新成果的世界观和方法论，坚持好、运用好贯穿其中的立场观点方法上；聚焦到中国式现代化在理论和实践的创新突破上；聚焦到贯彻落实党的二十大作出的重大决策部署上；聚焦到以习近平同志为核心的新一届中央领导集体是深受全党全国各族人民拥护和信赖的领导集体上；聚焦到习近平总书记是全党拥护、人民爱戴、当之无愧的党的领袖上。

第三，在全面落实上下功夫。空谈误国、实干兴邦，一分部署、九分落实。不注重抓落实，不认真抓好落实，再好的规划和部署都会沦为空中楼阁。让我们撸起袖子加油干，一步一个脚印，把党的二十大所作出的重大决策部署付诸行动，见之于成效。

学好用好习近平新时代中国特色社会主义思想的世界观和方法论

习近平新时代中国特色社会主义思想是当代中国马克思主义、二十一世纪马克思主义,是中华文化和中国精神的时代精华,实现了马克思主义中国化新的飞跃。党的二十大报告强调,继续推进实践基础上的理论创新,首先要把握好新时代中国特色社会主义思想的世界观和方法论,坚持好、运用好贯穿其中的立场观点方法,为我们如何进行理论创新、用好党的创新理论提出了明确的要求,指出了明确的方向。

"六个必须坚持":习近平新时代中国特色社会主义思想世界观和方法论的新概括

世界观是人们关于世界的总看法和根本观点。当人们以一定的世界观观察问题、处理问题时,世界观也就有了方法论意义。世界观决定方法论,方法论是世界观的表观,有什么样的世界观就有什么样的方法论。世界观和方法论的不同就在于,世界观侧重说明世界"是什么",方法论侧重说明"怎么办";世界观决定怎么去"想",方法论决定怎么去"做",二者统一于人的实践。辩证唯物主义和历史唯物主义是我们党一以贯之的世界观和方法论。

党的十八大以来，习近平总书记自觉坚持和运用辩证唯物主义和历史唯物主义，坚持解放思想、实事求是、与时俱进，统筹中华民族伟大复兴战略全局和世界百年未有之大变局，正确处理治党治国治军的关系，正确处理改革发展稳定的关系，正确处理内政外交国防的关系，科学决策领航，稳健驾驭复杂局面，统筹推进各项工作，带领我们党经受住了来自政治、经济、意识形态、自然界等方面的风险挑战考验，党和国家事业取得历史性成就、发生历史性变革，推动我国迈上全面建设社会主义现代化国家新征程。

伟大的实践创造了伟大的理论，伟大的理论指导着伟大的实践，这是同一过程的两个方面。一方面，国内外形势新变化和实践新要求，迫切需要我们党从理论和实践的结合上深入回答关系党和国家事业发展、党治国理政的一系列重大时代课题。我们党勇于进行理论探索和创新，以全新的视野深化对共产党执政规律、社会主义建设规律、人类社会发展规律的认识，在实际工作中正确把握现象和本质、形式和内容、原因和结果、偶然和必然、可能和现实、内因和外因、共性和个性的关系，取得重大理论创新成果，创立了习近平新时代中国特色社会主义思想，实现了马克思主义中国化时代化新的飞跃，这是新时代十年位列第一的伟大变革。另一方面，这一重大理论创新又指导着新时代中国特色社会主义伟大事业，并在实践中不断丰富和发展。实践告诉我们，中国共产党为什么能，中国特色社会主义为什么好，归根到底是马克思主义行，是中国化时代化的马克思主义行。拥有习近平新时代中国特色社会主义思想的理论指导，是我们党坚定信仰信念、把握历史主动的根本所在。

习近平新时代中国特色社会主义思想既是世界观，也是方法论，

学好用好习近平新时代中国特色社会主义思想的世界观和方法论

党的二十大报告将其集中概括为"六个必须坚持":必须坚持人民至上,必须坚持自信自立,必须坚持守正创新,必须坚持问题导向,必须坚持系统观念,必须坚持胸怀天下。这"六个必须坚持"是对党的创新理论的世界观和方法论的第一次明确概括,为我们深入系统学习和运用习近平新时代中国特色社会主义思想提供了一把"金钥匙"。通过研读和思考,我们可以看出以下几点:

第一,"六个必须坚持"是对党的百年奋斗历史经验的概括和总结,特别是从十年来以习近平同志为核心的党中央治国理政的成功实践中提炼概括出来的,具有很强的现实感和亲和力。坚持人民至上,坚持理论创新,坚持独立自主,坚持胸怀天下,明确写在党的十九届六中全会通过的《中共中央关于党的百年奋斗重大成就和历史经验的决议》中;党的十九大报告阐述了必须贯彻落实的十四条基本方略,其中,坚持以人民为中心,坚持人民当家作主,是坚持人民至上的世界观和方法论的具体体现;坚持全面深化改革,坚持全面依法治国,坚持全面从严治党,坚持人与自然和谐共生,坚持总体国家安全观,是坚持系统观念的世界观和方法论的具体体现;坚持推动构建人类命运共同体,是坚持胸怀天下的世界观和方法论的具体体现。而所有这一切,都始终贯穿着坚持自强自立、坚持守正创新、坚持问题导向的世界观和方法论。

第二,"六个必须坚持"是根据实现党的第二个百年奋斗目标、全面推进中华民族伟大复兴的客观需要概括出来的,具有很强的针对性和适用性。进入新时代以来,我们党以"六个必须坚持"的世界观和方法论为指导,党和国家各项事业取得了巨大成就;在新征程上,我们仍然需要运用"六个必须坚持"的世界观和方法论去指导各项工作。

第三，"六个必须坚持"是具有内在紧密联系的有机整体，构成了一个具有独到特色的当代中国化马克思主义世界观和方法论的哲学体系，具有很强的时代性和独创性。

这"六个必须坚持"虽然贯穿于习近平新时代中国特色社会主义思想中，体现在我们党治国理政的伟大实践中，但明确提炼概括为一个世界观和方法论的完整哲学体系，把它们从宝贵经验和基本方略上升为马克思主义世界观和方法论，这还是第一次。这深刻揭示了习近平新时代中国特色社会主义思想的理论品格和鲜明特色。深刻理解、准确把握并自觉运用"六个必须坚持"，既是继续推进理论创新的客观需要，也是推动党和国家各项事业发展的必然要求。

深刻领会"六个必须坚持"的道理学理哲理

"六个必须坚持"，作为习近平新时代中国特色社会主义思想的世界观和方法论，蕴含着深刻的道理学理哲理。只有搞清楚其中的道理学理哲理，才能做到知其言更知其义、知其然更知其所以然，切实把党的创新理论的世界观和方法论运用于工作各方面全过程。

在这里，道理是指论点的根据和理由、事物的内在规律；学理是指科学上的原理、法则或依据；哲理是指哲学的道理或学理；哲学是关于自然、社会和人的思维的一般规律的科学，因此，哲理具有最大的普遍性和最广的适用性。无论是道理、学理还是哲理，共同之处在于一个"理"。所谓学深学透，就是要悟透"六个必须坚持"所蕴含的"理"。

坚持人民至上所蕴含的"理"，在于人民是历史的创造者，人民是真正的英雄，这是为全部人类社会发展历史所证明了的真理，也是历史唯物主义的基本原理。人民，只有人民，才是创造世界历史的动力。我们党百年奋斗的成功，在于奋斗的目的是为了让人民过上好日子，在于得到了千百万人民的拥护和支持。习近平总书记指出，人民是历史的创造者，是我们的力量源泉；人民是我们党执政的最大底气，是我们共和国的坚实根基，是我们强党兴国的根本所在。

坚持自信自立所蕴含的"理"，在于马克思主义者从来都坚定不移地深信"星星之火可以燎原"，深信人民的事业必胜、得道多助失道寡助；深信掌握了客观规律，按客观规律办事，就能一往无前；深信社会进步的发展规律不可抗拒，历史车轮不可阻挡，"英特纳雄耐尔"一定能实现；深信从来就没有什么救世主，也不靠神仙皇帝，必须把国家和民族发展放在自己力量的基点上，牢牢掌握发展主动权。走自己的路，以中国式现代化推进中华民族伟大复兴，是党百年奋斗得出的历史结论。坚持自信自立，是党战胜各种风险挑战的重要法宝，也是中国特色社会主义充满生机与活力的重要原因。

坚持守正创新所蕴含的"理"，植根于物质世界的客观辩证法和马克思主义的唯物辩证法，马克思主义的唯物辩证法是物质世界的客观辩证法的能动反映。事物的发展、社会的进步总是肯定与否定的统一、发扬和抛弃的统一。守正创新正是客观辩证法对理论创新和实际工作的必然要求和必须遵守的基本原则。守正才能不偏离正道，创新才能顺应时势。守正与创新是相互联系、不可分割的有机整体。守正是创新的前提和基础，只有在守正基础上的创新才是有源之水、有本之木，才是方向正确的创新、有价值的创新；创新是守正的保证和动力，创新是为了更好地守正，只有创新才能使所守之"正"与时俱进，获得强大生命力。

坚持问题导向所蕴含的"理"，在于矛盾的普遍性，在于客观世界矛盾不断解决又不断产生的无休止过程。矛盾往往表现为问题。毛泽东指出："问题就是事物的矛盾。哪里没有解决的矛盾，哪里就有问题。"①马克思主义的使命就是揭示世界特别是人类社会的固有矛盾，解决人类面临的问题，推动社会不断发展进步。因此，坚持问题导向是马克思主义的鲜明特点。习近平总书记指出："我们中国共产党人干革命、搞建设、抓改革，从来都是为了解决中国的现实问题。"②鲜明的问题意识和问题导向是习近平总书记治国理政的重要特点。党的十八大以来，党和国家事业取得历史性成就、发生历史性变革，贯彻始终的是鲜明的问题意识、问题导向，更有善于抓住事物主要矛盾和矛盾的主要方面的科学方法。

坚持系统观念所蕴含的"理"，在于世界上的万事万物都是一个系统，小到个体生命，大到浩瀚宇宙，都是如此。因此，无论是认识世界还是改造世界，都必须坚持系统观念。系统观念是马克思主义世界观和方法论的重要范畴，是马克思主义政党基础性的思想方法和工作方法。党的十八大以来，党中央坚持系统谋划、统筹推进党和国家各项事业，根据新的实践需要，形成一系列新布局和新方略，其中最具标志性的是"四个全面"战略布局、"五位一体"总体布局、"十四个坚持"基本方略，带领全党全国各族人民取得了历史性成就。习近平总书记指出："在这个过程中，系统观念是具有基础性的思想和工作方法。"③实践证明了系统观念的重要性和必要性。

坚持胸怀天下之"理"，在于马克思把人类幸福作为自己的毕生

---

① 《毛泽东选集》（第3卷），人民出版社1991年版，第839页。
② 中共中央文献研究室编：《习近平关于全面深化改革论述摘编》，中央文献出版社2014年版，第8页。
③ 《习近平谈治国理政》（第4卷），外文出版社2022年版，第117页。

学好用好习近平新时代中国特色社会主义思想的世界观和方法论

追求，哪怕颠沛流离、贫病交加，仍然矢志不渝；对此，习近平总书记指出："马克思主义博大精深，归根到底就是一句话，为人类求解放。"①中国共产党作为马克思主义政党，自成立之日起就以推动人类社会文明进步为己任，把实现社会主义、共产主义作为奋斗目标。坚持胸怀天下所蕴含的"理"，还在于"人类是一个整体，地球是一个家园。面对共同挑战，任何人任何国家都无法独善其身，人类只有和衷共济、和合共生这一条出路。"②。党的十八大以来，习近平总书记坚持将中国的前途命运同世界的前途命运紧紧联系在一起，积极推动构建人类命运共同体，不断以中国新发展为世界提供新机遇，推动建设开放型世界经济，更好惠及各国人民。

综上所述，可以看出，"六个必须坚持"建立在深厚的道理学理哲理基础上。这些深厚的道理学理哲理，一方面来自马克思主义的科学理论，具有坚实的真理力量；另一方面来自党的百年奋斗的历史经验总结，特别是党的十八大以来以习近平同志为核心的党中央治国理政的经验概括，具有坚实的实践力量，因此是科学的世界观和方法论，是马克思主义世界观和方法论在当代中国的最新发展。

自觉用好"六个必须坚持"的世界观和方法论

学习和把握"六个必须坚持"，既是理论创新的要求，也是实践工作的要求。一方面，继续推进实践基础上的理论创新，首先要把

---

① 习近平：《论党的宣传思想工作》，中央文献出版社2020年版，第322页。
② 《习近平谈治国理政》（第4卷），外文出版社2022年版，第424页。

握好习近平新时代中国特色社会主义思想的世界观和方法论，坚持好、运用好贯穿其中的立场观点方法。另一方面，理论创新的目的在于运用，在于用来指导党和国家各项事业的发展，用来指导各项工作。用好了"六个必须坚持"，就能围绕党的中心任务，做好各项工作，确保党的第二个百年奋斗目标如期实现。

如何坚持人民至上？党的理论是来自人民、为了人民、造福人民的理论。我们要站稳人民立场、把握人民愿望、尊重人民创造、集中人民智慧，形成为人民所喜爱、所认同、所拥有的理论。一切脱离人民的理论都是苍白无力的，一切不为人民造福的理论都是没有生命力的。掌权用权，要牢记江山就是人民，人民就是江山，中国共产党领导人民打江山、守江山，守的是人民的心；制定目标任务，都要落脚在"归根结底就是让全体中国人民都过上好日子"，党员干部"所有精力都用在让老百姓过好日子上"；创造政绩，要懂得为民造福是最大政绩，哪里有人民需要哪里就能创造政绩；评价工作，要把人民拥护不拥护、赞成不赞成、高兴不高兴、答应不答应作为衡量一切工作得失的根本标准；想问题、作决策、办事情，都要想一想是不是站在人民的立场上，是不是有助于解决群众的难题；是不是有利于增进人民福祉，不断增强人民群众获得感、幸福感、安全感；当官行事，要坚持当"老百姓的官"，把自己也当成老百姓，不要做官当老爷；必须把人民放在心中最高位置，始终"以百姓心为心"。

如何坚持自信自立？要坚持对马克思主义的坚定信仰、对中国特色社会主义的坚定信念，坚定道路自信、理论自信、制度自信、文化自信，以更加积极的历史担当和创造精神为发展马克思主义作出新的贡献，既不能刻舟求剑、封闭僵化，也不能照抄照搬、食洋不化。坚定不移走中国式现代化新道路，把中国发展进步的命运牢牢掌握在自己手中。中国的问题必须从中国基本国情出发，由中国人自己来解答。同时，增强忧患意识，准备经受风高浪急甚至惊涛骇浪的重大考验。增强志气、骨气、底气，不信邪、不怕鬼、不怕压，知难而进、迎难而上，依靠顽强斗争打开事业发展新天地。

如何坚持守正创新？要以科学的态度对待科学、以真理的精神追求真理，坚持马克思主义基本原理不动摇，坚持党的全面领导不动摇，坚持中国特色社会主义不动摇，既不走封闭僵化的老路，也不走改旗易帜的邪路，以满腔热忱对待一切新生事物，敢于说前人没有说过的新话，敢于干前人没有干过的事情，开创当代中国马克思主义新境界，开创中国特色社会主义事业发展新局面。

如何坚持问题导向？问题是时代的声音，回答并指导解决问题是理论的根本任务。勇于直面矛盾，善于解决问题，是担当作为的具体表现。要聚焦改革发展稳定存在的深层次问题、人民群众急难愁盼问题、国际变局中的重大问题、党的建设面临的突出问题，不断提出真正解决问题的新理念新思路新办法。当下问题解决了，新的问题又产生了；中华民族伟大复兴绝不是轻轻松松、敲锣打鼓就能实现的，各种纷繁复杂的问题将伴随始终，"四大考验""四大危险"将长期存在。我们要有强烈的问题意识，坚持问题导向的世界观和方法论，及时发现问题、科学分析问题、正确解决问题。

如何坚持系统观念？要用普遍联系的、全面系统的、发展变化的观点观察事物，前瞻性思考、全局性谋划、整体性推进党和国家各项事业。要加快建设现代化经济体系、高质量教育体系、科技创新体系，健全人民当家作主制度体系、中国特色社会主义法律体系，健全现代公共文化服务体系、就业公共服务体系、社会保障体系、健全国家安全体系、社会治理体系，健全全面从严治党体系，完善党的自我革命制度规范体系……这些体系都是党的二十大报告所提出的许多体系的重要组成部分，党的二十大报告是坚持系统观念的光辉典范。推进改革发展、调整利益关系往往牵一发而动全身。我们要善于通过历史看现实、透过现象看本质，把握好全局和局部、当前和长远、宏观和微观、主要矛盾和次要矛盾、特殊和一般的关系，不断提高战略思维、历史思维、辩证思维、系统思维、创新思维、法治思维、底线思维能力，为前瞻性思考、全局性谋划、整体性推进党和国家各项事业提供科学思想方法。

如何坚持胸怀天下？就是要在当前世界之变、时代之变、历史之变加速演进的世界格局面前，继续奉行独立自主的和平外交政策，维护国际关系基本准则，维护国际公平正义，致力于推动构建人类命运共同体，坚持经济全球化正确方向，不断以中国新发展为世界提供新机遇，更好惠及各国人民；促进各国人民相知相亲，共同应对各种全球性挑战，同世界人民携手开创人类更加美好的未来。我们要拓展世界眼光，深刻洞察人类发展进步潮流，积极回应各国人民普遍关切，为解决人类面临的共同问题作出贡献，以海纳百川的宽阔胸襟借鉴吸收人类一切优秀文明成果，推动建设更加美好的世界。

只要我们自觉学好用好习近平新时代中国特色社会主义思想的世界观和方法论，自觉做到"六个必须坚持"，团结奋斗、勇毅前行、扎实工作，党的二十大确立的各项目标任务和大政方针，就能一一落到实处。

指导哲学社会科学工作的重要文献

——学习习近平《在哲学社会科学工作座谈会上的讲话》精神

2016年5月17日，习近平总书记在北京主持召开哲学社会科学工作座谈会，并且发表了重要讲话。

此外，党的十八大以来，习近平总书记先后主持召开了全国宣传思想工作会议、文艺工作座谈会、党的新闻舆论工作座谈会、网络安全和信息化工作座谈会、全国党校工作会议、全国高校思想政治工作会议。在这一系列的会议上，习近平总书记都发表了重要讲话。

今天，我和大家一起来学习习近平总书记在哲学社会科学工作座谈会上的讲话，讲几点我的体会和思考。

哲学社会科学工作者的使命问题

这是习近平总书记首先讲到的问题。哲学社会科学工作者的使命在哪里？责任又何在？这是由哲学社会科学本身的地位决定的。

哲学社会科学历来是我们认识世界、改造世界的重要工具，也是推动历史发展和社会进步的重要力量。正如大家所熟知的，每次重大的社会革命之前，都是哲学社会科学做了社会革命的先声，无论是英国资产阶级革命、法国大革命,还是中国改革开放的伟大实践,都是如此。对于一个国家、一个民族,哲学社会科学的发展如何,就反映了这个国家、这个民族的思维能力、精神品格和文明素质,是国家综合国力和国际竞争力的一个重要组成部分。一个国家的发展水平不仅取决于自然科学的发展水平,也取决于哲学社会科学的发展水平。如果自然科学不能走在世界前面,这个国家肯定不能走在世界前列。同样,如果哲学社会科学工作发展跟不上,这个国家要想走在世界前列,也是不可能的事情。

对于我们国家来说,哲学社会科学事业是党和人民的重要事业,哲学社会科学战线是党和人民的重要战线。我们要想坚持和发展中国特色社会主义,就必须高度重视哲学社会科学;哲学社会科学所处的地位,是任何其他科学所不能替代的,它是独特的。我国改革开放和社会主义现代化建设新时期的到来,首先发端于哲学社会科学的发展,这就是真理标准问题大讨论,而不是由自然科学的发展促成的。因此,哲学社会科学的作用不可替代,哲学社会科学工作者的使命独特。

那么在当前形势下,哲学社会科学的地位怎么样,任务又如何呢?习近平总书记在讲话中进行了充分的阐述。

第一,巩固共同思想基础需要哲学社会科学发挥作用。现在的社会思想观念、价值取向是非常活跃的,主流的、非主流的同时并存,社会思潮纷纭激荡。在这种情况下,如何巩固马克思主义在意识形态领域的指导地位,如何培育践行社会主义核心价值观,巩固全党全国各族人民团结奋斗的共同思想基础,迫切需要哲学社会科学来发挥作用。

第二,促进社会公平正义需要哲学社会科学发挥作用。公平正义是人类固有的愿望和理想，但是在其他社会条件下没有条件实现，社会主义社会应当是人类历史上最具有公平正义的社会。实现这一点需要物质基础，需要我们加快发展，转变经济发展方式，提高发展的质量和效益，从而保障和改善民生，实现公平正义。这就需要哲学社会科学来发挥作用。

第三，提高国家治理水平需要哲学社会科学发挥作用。我们党已经提出了国家治理体系和治理能力的现代化，这个现代化越早一天实现，中国梦的实现、中国公平正义的实现、第二个百年奋斗目标的实现，就越有保障。因此，如何转变观念，深化改革，提高治理水平，迫切需要哲学社会科学来发挥应有的作用。

第四，增强文化软实力需要哲学社会科学发挥作用。我们党已经提出了建设社会主义文化强国的目标，根据我的印象，"强国"两个字我们是非常慎重的，最早提出的是人才强国，接着是文化强国、科技创新强国。经济、军事、科技是硬实力，而一个国家的实力不光取决于硬实力，还取决于软实力，软实力就是文化。所以，为了提高国家的综合实力，加快建设文化强国，提高我们在国际上的话语权，就显得非常迫切。毫无疑问，这需要哲学社会科学来发挥作用。

第五，把党建设成为坚强的领导核心，需要哲学社会科学发挥作用。在全面从严治党的过程中，如何不断提高党的领导水平和执政水平，提高拒腐防变和抵御风险的能力，使我们党始终成为坚强的领导核心，就需要哲学社会科学更好地发挥作用。

习近平总书记代表党中央将哲学社会科学的作用看得这么重，地位提得这么高，我们应该感到自豪，同时也应该感到肩上的责任重大。现实的状况是，尽管哲学社会科学这些年取得了不少成绩，大家都在孜孜不倦地工作，比起它承担的责任，它所处的地位，仍存在着明显的问题。

习近平总书记主要指出了三个方面的问题：首先，哲学社会科学发展战略不够明确，学科体系、学术体系、话语体系建设水平总体不高，学术原创能力还不强。其次，哲学社会科学训练培养教育体系不健全，学术评价体系不够科学，管理体制和运行体制还不完善。这一点我们都能亲身感受，比如一篇论文、一本著作，到底有没有价值？价值有多高？现在还缺少科学的评价依据。通常的做法是，根据发表在哪一级刊物，有没有领导批示，以及被引用、被转载的情况而定。而大家知道，被引用、被转载的情况虽在一定程度上能够反映其价值，但是不全面。最后，人才队伍的总体素质需要提高，学风方面的问题比较突出。这一点我们大家的感受也很深，学风问题，比如抄袭之风；研究还不够扎实、不够深入；基础理论研究下的功夫还不够；等等。特别是理论联系实际这方面，存在的问题就更加普遍。所以习近平总书记说，总体来看，我国哲学社会科学处在"有数量缺质量""有专家缺大师"的状况，作用还没有充分发挥出来。

这个状况的改变，一方面需要加强党的领导、国家的重视，另一方面需要大家加倍努力，解决存在的问题，使哲学社会科学的研究、教学，不断地上新台阶。所以，我们一定要增强责任感、使命感。

坚持以马克思主义为指导的问题

这是一个老问题了，老问题之所以还要讲，是因为多年来这个问题一直是问题。对于要不要坚持从来就有两种态度。

（一）对于要不要坚持的两种态度

一种是否定的态度，怀疑、动摇，甚至反对。比如，一直有人认为马克思主义已经过时了；有人认为我们现在搞的不是马克思主义；还有人认为马克思主义只是一种说教，是一种意识形态，缺少学术上的学理性和系统性；等等。在实际工作中、在有的领域，马克思主义被边缘化、空泛化、标签化；在一些学科中"失语"，教材中"失踪"，论坛上"失声"。自2008年全球金融危机以来，西方不少学者重新学习和研究马克思主义的政治经济学，研究马克思的《资本论》，借此来反思资本主义的弊端，我们反而觉得它过时了，这种态度是不可取的。

另一种是肯定的态度：坚定不移地坚持。我们是按照马克思主义建党立国的，坚持马克思主义的指导思想，是我们国家社会主义的根本标志，是我们党和国家的精神旗帜。习近平总书记《在哲学社会科学工作座谈会上的讲话》里指出，坚持以马克思主义为指导，是当代中国哲学社会科学区别于其他哲学社会科学的根本标志。在这一部分，习近平总书记讲了马克思主义为什么应当成为我们的指导思想，不光是信仰问题，还因为它是科学。

第一，马克思主义揭示了规律。马克思主义深刻地揭示了自然界、人类社会、人类思维发展的普遍规律，为人类社会发展的进步指明了方向。

第二，马克思主义坚持人民立场。马克思主义就是以人类解放为己任，让劳苦大众摆脱剥削、摆脱压迫、过上好日子为自己的奋斗目标。这跟我们对美好梦想的追求是完全一致的。所以党的十八大以来，习近平总书记反复讲"以人民为中心"。在庆祝中国共产党成立95周年大会上的讲话当中，他提出两个专门概念，一个是"人民立场"，另一个是"为人民造福事业"。这就坚持了马克思主义的人民立场，也坚持了我们党的宗旨。

第三，马克思主义是我们的认识工具。它是认识自然、认识社会、认识人的思维本身的一个伟大的认识工具，是我们观察世界、分析问题的有力武器。它有鲜明的实践品格，先前的很多学说只是解释世界，而马克思主义是要积极地改变世界，其核心是马克思主义哲学更以改变世界为己任。在人类历史上，还没有一种理论像马克思主义那样对人类文明进步产生了如此广泛而巨大的影响。

这样一个伟大的理论，这样一个指引着我们党从成立到取得革命战争的胜利，到取得社会主义建设的胜利，再到引领我们进入改革开放的新时期，证明它是正确的，是我们必须坚持的。

（二）对于如何坚持的两种态度

对于怎样坚持的问题，从来也有两种态度：一种是马克思主义的态度，另一种是非马克思主义的态度。

自从马克思主义进入中国，非马克思主义态度就同时产生了。这种态度最主要的内容就是奉行教条主义和本本主义，表现为照搬照抄，表现为把马克思主义看作能够包治百病的灵丹妙药，表现为把本本作为评判现实是非的标准。教条主义、本本主义的态度，给我们党造成了极大的损失。比如，暴力革命是无产阶级实现目标、完成使命的必经道路，这是普遍规律。列宁按照这个学说，领导城市武装起义，一举推翻沙俄统治，建立了社会主义国家。我们革命早期就把它搬过来，组织了大大小小几十场城市起义，却最终没有成功。为什么？因为我们早期没有看到所处的形势跟列宁所处的形势有很大的不同，我们的城市是反动势力的堡垒。我们以非常年轻、稚嫩的力量去搞城市武装暴动，无疑是以卵击石。毛泽东同志把马克思的普遍真理跟中国的具体实践相结合，提出在中国不能走这条路；只能建立农村革命根据地，而且不能建在交通便利、敌人力量相对强大集中的地方，只能在几个地区交界的地方，比如鄂豫皖边区、晋察冀边区、陕甘宁边区，各股势力鞭长莫及，再加上那个时候军阀割据，各种反动力量都在忙着打自己的算盘。这正好是我们休养生息、发展壮大、凝聚力量、积累经验的好地方、好时机。毛泽东同志提出在农村建立根据地，逐步形成农村包围城市，最后夺取城市，取得全国胜利。这条道路成功了，而教条主义态度让我们一而再、再而三地蒙受惨重损失。

马克思主义不是教条，对马克思主义不能采取教条主义的态度，可以说，这是一条马克思主义的基本原则，也是马克思主义所要求的一贯学风。按道理，我们拥护坚持马克思主义，首先就要拥护坚持这个原则、这个学风。让我们不解的是，持教条主义态度的人，是一再表示拥护和坚持马克思主义的人。实践发展到今天，时代发展到今天，马克思主义发展到今天，持教条主义的态度的人应该清醒了：理论怎么能一成不变呢？在特定的历史条件下，针对具体情况作出的个别论断和具体的行动纲领，怎么能成为今天评判实践的标准呢？我们今天的实践怎么能削足适履，也就是说，怎么能让今天的改革发展实践去附会过去特定的历史条件下作出的某些个别的论断和具体行动纲领呢？教条主义对我们事业造成的损害，我们怎么能淡忘呢？近年来，习近平总书记关于坚持马克思主义、反对教条主义地对待马克思主义讲得很多，在哲学社会科学工作座谈会上的讲话讲了，"七一"讲话讲了，党的十八届六中全会上也讲了。我们哲学社会科学工作者要把思想认识统一到这些讲话精神上来，对待马克思主义再也不能采取教条主义的态度。

习近平总书记至少讲到了三种教条主义态度。

第一，固守具体的论断。他指出，如果不顾历史条件和现实情况的变化，拘泥于马克思主义经典作家在特定历史条件下，针对具体情况作出的某些个别论断和具体行动纲领，我们就会因为思想脱离实际而不能顺利前进，甚至发生失误。这些具体论断和行动纲领，至少有三种情况需要我们认真思考。

第一种情况，马克思主义经典作家对许多问题的论述，都是有一定前提条件的；如果无视这些前提条件，随意套用，我们就容易扭曲马克思主义。比如，他们对社会主义所有制的设想，是建立在资本主义充分发展的前提下，他们关于商品经济、市场经济在社会主义社会的命运的论述，大致也是如此。实际上他们论述的是我们今天称为发达阶段的社会主义，而我国是在半殖民地半封建的废墟上建立起来的社会主义。邓小平同志说，严格来说我们不够格，我们处在社会主义初级阶段。联系改革开放以来我国的巨大发展来学习，我深切地感到，"社会主义初级阶段"是我们党这几十年一个伟大的发现，社会主义初级阶段的理论是我们党一个伟大的理论创新。正是基于"初级阶段"这个基本国情，我们党制定了在社会主义初级阶段的基本路线，制定了国家基本经济制度。初级阶段有多长？至少要100年。此后是巩固和发展社会主义制度，需要更长的时间，需要几代人、十几代人，甚至几十代人坚持不懈的努力。所以，党的基本路线一百年不动摇。如果忽略了初级阶段这个最大的国情，而大段引证经典作家关于社会主义所有制的构想，对照今天所有制结构，怀疑我们搞的不是社会主义，肯定是不恰当的。那些担心我们不再搞社会主义的人，就犯了这样的错误。

第二种情况，马克思主义经典作家的很多论述，是对特定社会背景下特定对象的论述。如果我们看不到这个特定的社会背景和这个特定的对象，把那些论述普遍化、绝对化，就容易误解马克思主义。比如列宁指出，小生产每日每时都在产生资本主义和资产阶级，这里的"小生产"指的是封建社会小生产，这句话讲的是资本主义社会存在大量的小生产，而不是讲中国今天的个体户。有一段时间，我们就依据列宁这句话，对大量的个体劳动者产生了担忧，怕他们一头变成无产阶级，另一头变成资产阶级。实际上，今天的个体劳动者都是劳动人民，即使他们有发展程度的差异，也不能轻易地把它叫作两极分化。两极分化在马克思主义本本里有固定的含义，就是一头是贫困的积累，另一头是财富的积累。今天，在社会主义条件下，也就是先富后富、发展程度高低的问题，我们不能将列宁对于特定历史阶段小生产的分析，硬套到我们今天上。无论是个体户，还是大量的民营企业，至少在三个方面都跟国有企业的功能是一样的：一是提供产品供应市场，满足人民需求；二是提供劳动就业岗位；三是为政府提供税收。所以，党的十八届三中全会明确指出，公有制经济和非公有制经济都是社会主义市场经济的重要组成部分，都是我国经济社会发展的重要基础。

第三种情况，马克思主义经典作家所论述的对象，今天已经发生了很大的变化。马克思、恩格斯所处的时代，也就是19世纪中叶，工人阶级从当时的状况到今天已经有了很大的变化，列宁在《帝国主义论》一书中所论述的当时的资本主义情况，100多年来经过了很多的改革和调整，这就需要我们研究这些变化，作出当代马克思主义的新结论。如果我们硬是重复过去的论断，而不顾事实产生的变化，就难免要闹笑话，难免要给人们带来疑惑。所以我认为，在有些群体中马克思主义信仰所遇到的问题，与教条主义地对待马克思主义有很大关系，大家一定要认识到这个问题。

所以，习近平总书记指出："如果不顾历史条件和现实情况变化，拘泥于马克思主义经典作家在特定历史条件下、针对具体情况作出的某些个别论断和具体行动纲领，我们就会因为思想脱离实际而不能顺利前进，甚至发生失误。"①

第二，用语录说话。习近平总书记指出："什么都用马克思主义经典作家的语录来说话，马克思主义经典作家没有说过的就不能说，这不是马克思主义的态度。"②

第三，生硬"裁剪"现实。习近平总书记指出："根据需要找一大堆语录，什么事都说成是马克思、恩格斯当年说过了，生硬'裁剪'活生生的实践发展和创新，这也不是马克思主义的态度。"③

在这篇讲话当中，习近平总书记还指出："对待马克思主义，不能采取教条主义的态度，也不能采取实用主义的态度。"④因此，我们必须用马克思主义的态度对待马克思主义。马克思主义经典作家们

---

① 习近平：《在哲学社会科学工作座谈会上的讲话》，人民出版社2016年版，第13页。
② 习近平：《在哲学社会科学工作座谈会上的讲话》，人民出版社2016年版，第13—14页。
③ 习近平：《在哲学社会科学工作座谈会上的讲话》，人民出版社2016年版，第14页。
④ 习近平：《在哲学社会科学工作座谈会上的讲话》，人民出版社2016年版，第13页。

声明，他们从来没有结束真理，而是开辟了通向真理的道路；马克思主义的学说从来不是教义，而是教给人们一种认识和研究问题的方法——这就是马克思主义的态度。

（三）用马克思主义态度研究马克思主义

用马克思主义的态度研究马克思主义，我想到了自己发表过的三句话。

第一句话，马克思主义不是我们现在所熟知的思想观点的总汇。因为多年来能够通读《马克思恩格斯全集》的人少之又少，而且当时我们学得最多的是他们的代表作，比如《马克思恩格斯选集》，而且在《马克思恩格斯选集》当中我们读得最多的，往往是这个学科的经典，在哲学上我们知道有《德意志意识形态》《哥达纲领批判》《费尔巴哈论》《共产党宣言》等。这样一种学习方式，我们就很难说是了解马克思主义的全部了；马克思主义有一个再发现和再发掘的问题。马克思主义是个巨大的思想宝库，需要我们钻进去。

第二句话，马克思主义也不是我们对这些熟知的思想观点的现有理解。比如，马克思主义经典作家关于阶级斗争的学说，我们今天的理解跟几十年前一样吗？已经有很大变化了。我们对马克思关于社会主义制度的论述，在理解上跟以前也不一样。再如，我们对计划经济的理解，我们正在进行的经济体制改革的目标就是建立和完善社会主义市场经济体制。即使今天我们也不能说，我们的理解就很准确了，经典文本需要阅读者、学习者与之对话交流，理解经典文本取决于我们的认识水平和思想水平，取决于我们所处的时代和背景的实践水平与认识水平。所以在一定时期的认识，很难说已经全面了、透彻了；马克思主义有一个再学习和再领会的问题。我们怎么能把今天的理解当成绝对正确的呢？

第三句话，马克思主义是一个开放系统，它不是现有著作文献的总体。马克思主义是吸收以往人类历史一切优秀的文明成果而发展起来的，同样它要继续吸收人类的一切积极的精神成果去丰富和发展自我，所以马克思主义有一个再发展和再突破的问题。任何时候都不能把马克思主义看成一成不变、到此止步的。

在这样的认识前提下，我们要做到：一是把马克思主义中国化。马克思的本本不能现成地拿来成为我们的指导，应把它跟中国的具体实际相结合，形成中国化马克思主义。几十年来，我们党一直就是这么做的，不断地把马克思主义中国化，先后形成了毛泽东思想、邓小平理论、"三个代表"重要思想、科学发展观、习近平新时代中国特色社会主义思想。

不仅如此，中国化的马克思主义还要时代化。无论是时代的变化，还是我们国家的发展，都远远超过了任何人的想象，当然也超出了马克思主义经典作家的想象。习近平总书记指出，这些问题只能靠我们自己去研究、去探索，去开辟21世纪马克思主义的新境界。

马克思主义还要大众化，这很好理解。我们党和国家的指导思想要让老百姓理解和运用，就需要我们做大众化的工作，从学术层面转换为大众能够看得懂的东西。

（四）以我们正在做的事情为中心

面对马克思主义的本本，我们唯一正确的态度就是"以我们正在做的事情为中心"。我以这句话为题目，先后写了两篇文章，一篇文章是在党的十五大以后。时隔19年后，根据习近平总书记提出的

"以我们正在做的事情为中心",让当代中国马克思主义放射出更加灿烂的真理光芒,我又写了一篇文章,题目还是《以我们正在做的事情为中心》。

我们正在做的事情,也就是说,中国特色社会主义的伟大事业,是一项前无古人的事业,马克思的本本没有讲过,社会主义国家没有做过,我们以前也没有搞过,只能靠自己在实践当中去探索、去开拓。当今天的实践跟"本本"不相吻合的时候,只能靠我们在实践当中提升出理论,去丰富"本本"、发展"本本"。而不能把我们正在做的事情,加以改造制作,让它符合"本本"的要求。如果躺在马克思的本本上,一切从本本出发,本本上没有的就不能做,本本上没有的就不能变,我们就什么事情也做不成,中国特色社会主义就无法发展与前进。

通过以上分析,我们看到,同样是"坚持马克思主义",一种是马克思主义的态度,另一种是非马克思主义的态度。习近平总书记对我们提出了一个时代性要求:把坚持马克思主义和发展马克思主义统一起来,结合新的实践,不断作出新的理论创造,这是马克思主义永葆生机活力的奥妙所在。并且,习近平总书记画龙点睛地指出,坚持马克思主义,最重要的是坚持马克思主义的基本原理和贯穿其中的立场、观点、方法,而不是针对某些特定问题的结论,一些个别的具体行动纲领。这是马克思主义的精髓和活的灵魂。

哲学社会科学研究工作

我们多年从事哲学社会科学的研究工作,这个研究工作本身就值得我们思考。习近平总书记在讲话中花很大的篇幅讲了这个问题。

我们要对照习近平总书记的讲话，联系研究工作认真思考、认真落实。我们要思考什么问题呢？

（一）为谁研究

我们从事哲学社会科学研究到底为谁？1986年，我还在中国人民大学读博士研究生的时候，就发现我们的一些哲学同行，下笔写文章时过多地考虑专家同行，过少地顾及社会大众；过多地重视哲学文字的学术价值，过少地考虑它的社会效益；过多地把哲学当作学问来研究，过少地把它当作武器来锻造。结果，辛辛苦苦点灯熬油写出来的文章，读者没有多少。我就感到哲学成了哲学家们自我肯定、自我欣赏、自我陶醉的私藏珍品。我们冷落社会、冷落大众，毫无疑问，社会和大众就会冷落我们。所以要从我们自己身上找原因。要想哲学社会科学得到社会的喜爱，我们一定要创造让人们喜爱的作品。习近平总书记把它点明了，这就是为什么人的问题。

我们一动笔就要想想"为谁而写"的问题，切忌"为写而写"。我们早就知道文艺工作有一个"为什么人"的问题，毛泽东同志在延安文艺座谈会上讲了这个重要问题，哲学社会科学好像还没有突出地提出过这个问题。习近平总书记指出："为什么人的问题是哲学社会科学研究的根本性、原则性问题。"[①] 他还指出："世界上没有纯而又纯的哲学社会科学。世界上伟大的哲学社会科学成果都是在回答和解决人与社会面临的重大问题中创造出来的。"[②]

习近平总书记就这样把一个尖锐的问题提到了我们面前：哲学

---

① 习近平：《在哲学社会科学工作座谈会上的讲话》，人民出版社2016年版，第12页。

② 同上。

社会科学工作者为谁著书，为谁立说？是为少数人服务，还是为绝大多数人服务，这是必须搞清楚的问题。显然，我们要想有所作为，我们要想得到重视，必须坚持以人民为中心的研究导向，树立为人民做学问的理想，要把个人学术追求同国家和民族发展联系在一起。

请大家记住这句话：脱离了人民，哲学社会科学就不会有吸引力、感染力、影响力、生命力。

（二）怎样研究

回想我自己走上哲学社会科学研究之初，找不到题目研究，希望老师给我个题目写。我们找研究题目的思路，长期以来本身是有问题的。怎么找课题来研究，怎么找题目来写？要坚持问题导向。从某种意义上说，我们领导干部抓工作就是抓问题，做工作就是解决问题；没有问题不要去抓，也不要去管。讲话、文章要想有听头、有看头，必须有针对性，即针对问题。现在我们国家的发展处在关键阶段，而且越是发展，新情况、新问题就越多，需要我们去解决。所以有没完没了的问题，就有做不完的工作。

同样的道理，科研就是研究问题，不是问题无须研究。习近平总书记指出："以马克思主义为指导，必须落到研究我国发展和我们党执政面临的重大理论和实践问题上来，落到提出解决问题的正确思路和有效办法上来。"[①] 这是我们坚持以马克思主义为指导的根本目的。

放眼全球，可以看到，世界上伟大的哲学社会科学成果，都是

---

① 习近平:《在哲学社会科学工作座谈会上的讲话》，人民出版社 2016 年版，第 14 页。

在回答和解决人与社会面临的重大问题中创造出来的。坚持问题导向，是马克思主义的鲜明特点。因此，习近平总书记要求我们哲学社会科学研究要"三个加强"：加强对改革开放和社会主义现代化建设的实践经验的系统总结；加强对发展社会主义市场经济、民主政治、先进文化、和谐社会、生态文明以及党的执政能力建设等领域的分析研究；加强对党中央治国理政新理念新思想新战略的研究阐释，提炼出有学理性的新理论，概括出有规律性的新实践。他指出这是构建中国特色哲学社会科学的着力点、着重点。

党的十八大以来，党中央提出了一系列新理论、新观点、新论断，比如推进国家治理体系和治理能力现代化，培育践行社会主义核心价值观，"四个全面"战略布局，新发展理念，推动构建人类命运共同体，"一带一路"，等等。这都是以问题为导向来研究的，而且真正是概括了新情况、新形势提出来的。别的不说，我单说"人类命运共同体"。大家知道，如果在几十年前，美国纽约曼哈顿的两座高楼遭受恐怖袭击倒塌了，与我们有什么关系？可是今天恐怖主义袭击成了全球范围内各个民族、各个国家均须面对的棘手问题。

全球真的是一个"命运共同体"了，在这个共同体中，我们面临着共同的问题，我们应当承担着共同的责任。比如，如何应对气候变暖，如何应对资源枯竭，如何应对环境恶化，如何应对恐怖袭击等，人类成了"利益共同体"。习近平多次在国际场合讲道，中国梦实现了，对各国人民不是威胁而是福音，中国梦为法国梦提供机遇，法国梦为中国梦提供机遇，我们是利益共同体。我们提出进行"一带一路"建设，也是基于这一点。既然是命运共同体，既然是利益共同体，那么在这个共同体中我们就有责任，人类成了一个"责任共同体"，各国都要履行自己的责任。

我们传统的理论强调"两大阵营",后来又提出"三个世界",现在我们突出强调命运共同体、利益共同体、责任共同体,用这个视角来处理国与国之间的交往关系,包括其他各种关系。如果我们以本本为衡量标准,这些话本本里有吗?所以本本主义是要不得的,我们一定要抛弃本本主义,坚持用马克思主义态度来对待所面临的问题。党的二十大报告指出:我们坚持以马克思主义为指导,是要运用其科学的世界观和方法论解决中国的问题,而不是要背诵和重复其具体结论和词句,更不能把马克思主义当成一成不变的教条。

(三)如何收集资料

我们知道,搞科研掌握资料,既是一个前提,也是一个基本功。那么,应当如何收集资料呢?很多研究者到资料当中找资料。本来关起门来在书本里找题目,已经与现实有很大距离了,现在找资料又到图书馆里找,到数据库里去找,到文摘报刊当中去找,就跟实践又差了一大截。我们研究审批制度改革,研究供给侧结构性改革,研究法治政府建设,研究文化发展对策,研究社会管理和社会建设,研究环境资源保护、生态文明建设,一定要到现实当中去找资料,而不能仅仅到图书馆、到网上去找资料。到图书馆和网上查资料,一是了解别人的相关研究,二是寻找和学习理论工具、思想依据。

在国家新型智库当中,党校(行政学院)排在第一梯队。我们的职责不仅是教学,以教学为中心,搞科研也是为教学服务的;今天我们多了一项任务,还要为党委、政府提供决策咨询。我们更应该去了解党委、政府的工作,包括各个部委办局的工作。

我们一定要认真落实习近平总书记的要求:"哲学社会科学应该以我们正在做的事情为中心,从我国改革发展的实践中挖掘新材料、发现新问题、提出新观点、构建新理论。"①

（四）追求何种评价

我们的研究成果如何评价，实际上是一个导向问题。现在通常的做法是，能够在核心期刊发表的就是好文章，就是有价值的文章。在其他杂志发表，如果被人大复印报刊资料复印，《新华文摘》转载，那也是好文章。这是一种评价，说明你的文章受到了关注。

但仅仅追求这些是不够的，换句话说，同行的评价只是一个方面；按照我们的使命和职责，我们应该关注党和政府的评价，看重人民和社会的反响。习近平总书记指出，学术性和应用性、理论性和实践性、学理性和普及性，这几个方面都是我们应当追求的。

因此，我们以及学术主管部门，一定要转变学术价值观。所谓学术价值观，就是对一篇文章、一项研究成果有没有价值的根本观点和评价标准。我们认定一篇文章、一本书的价值，不能仅看篇幅的大小，小文章往往很有价值；不能只追求发表在学术刊物，报纸上的"豆腐块"往往也很有影响；不光是出版社的出版物有价值，一次电视访谈、一次大众讲座，只要承载正能量，往往都很有社会价值。我们不光要为学术刊物写，也要为大众传媒写；不光要写理论上的"大部头"，也要写理论上的"小小说"。

通过学术评价标准、人才评价标准等配套的转变，引导大家研究现实、研究当下，紧紧围绕党中央、国务院的决策部署，围绕当地党委和政府的工作，围绕改革开放和社会主义现代化建设，围绕社会热

---

① 习近平:《在哲学社会科学工作座谈会上的讲话》，人民出版社2016年版，第21—22页。

点、难点，围绕人民群众关心的问题开展研究，像习近平总书记所要求的那样，哲学社会科学工作者要成为"先进思想的倡导者、学术研究的开拓者、社会风尚的引领者、党执政的坚定支持者"。

如何对待洋人和古人的问题

我们搞教学和研究，对外国哲学社会科学的了解，对古代思想的把握，是我们的基本功，也是我们进行研究的基础。所以，我们一定要深入学习思想史、学科史、经典著作，一定要跟踪国际哲学社会科学研究的新动向、新成果、新理论。

（一）重视宝贵资源

习近平总书记把这些作为我们哲学社会科学工作者的宝贵资源。我们有三大资源。

一是马克思主义的资源。这一点在讲指导思想时，我已经讲过了。

二是中华优秀传统文化的资源。这是中国特色哲学社会科学发展十分宝贵、不可多得的资源。绵延几千年的中华文化，是中国特色哲学社会科学成长和发展的深厚基础，对此我们应该有自信。因为我们有5000多年的传统文化，也有在几十年革命斗争中创建的革命文化，还有社会主义先进文化。总而言之，文化自信是我们最基本、最深沉、最持久的力量。所以，我们要加强对中华优秀传统文化的发掘和阐发。习近平总书记很早就讲过，系统梳理传统文化资源，让收藏在博物馆里的文物、陈列在广阔大地上的遗产、书写在古籍里的文字都"活"起来，进行创造性转化、创新性发展，让它们变成我们的思想资源，让它们进入我们的生活。这是宝贵资源啊！

三是国外哲学社会科学的资源。世界所有国家哲学社会科学取得的积极成果，都是可以成为中国哲学社会科学的有益的养料。

我们要牢记三句话：不忘本来，吸收外来，面向未来。

这是我们要做到的第一点，把古今中外人类一切优秀成果作为我们哲学社会科学教学研究的宝贵资源。

（二）要摆正位置

为什么要摆正位置呢？我们很容易犯一种错误，就是以西方的学术观点为观点，以西方的学术标准为标准，以西方的认可为价值。这个情况不光在哲学社会科学领域，在很多领域都发生过。

这就要求我们首先要胸怀宽阔，放眼世界，广泛吸收一切优秀成果，绝对不能故步自封。但是，我们要坚决防止用一种模式、一种学术成果来束缚我们。习近平总书记讲得好：一些理论观点和学术成果可以用来说明一些国家和民族的发展历程，在一定地域和历史文化中具有合理性，如果硬要把它们套在各国各民族头上，用它们来对人类生活进行格式化，并以此为裁判，那就是荒谬的了。这种研究模式、这种思维方式，在我们身边经常出现，比如说达到多少收入，文化消费就会达到什么程度；投资率超过多少就容易发生通货膨胀；GDP过了多少就容易陷入"中等收入陷阱"；等等。别人走过的路、别人出现过的问题，的确足以引起我们的思考，但不能把它们绝对化，各国有各国的情况，应避免陷入机械论的陷阱。

所以，我们要总结中国自身改革发展的规律，总结出适合中国的临界点、底线，这样对我们才有实际价值。对国外的理论、概念、方法、话语，要有分析，要有鉴别，实用的就拿来用，不适合的不要生搬硬套。我们要有批判精神，因为批判精神是马克思主义最可贵的精神品质。

解决中国的问题，提出解决人类问题的中国方案，就要坚持中国人的世界观和方法论。如果不加分析，把国外学术思想和学习方法奉为圭臬，一切以此为准绳，就没有创新可言了。如果用国外的方法，得出与国外同样的结论，也就没有多少创新可言了。

理论创新问题

在习近平总书记的讲话当中，这是非常突出的一点。

（一）理论的生命力就在于创新

哲学社会科学有没有中国特色，归根结底要看有没有主体性、原创性。跟在别人后面亦步亦趋，不仅难以形成中国特色，而且解决不了我国的实际问题。理论的生命力就在于创新，创新是哲学社会科学发展的永恒主题，也是社会发展、实践深化、历史前进对哲学社会科学的必然要求。习近平总书记说，如果我们不突出一个新字，比如运用新思想、新理念、新方法，理论就会苍白无力，哲学社会科学就会"肌无力"。

那么什么是创新呢，什么样子就叫创新呢？习近平总书记说可大可小，形式多样。揭示一条规律是创新，提出一种学说是创新，阐明一个道理是创新，创造一种解决问题的办法也是创新。

（二）要想创新只能从问题开始

我们从什么地方开始研究，至关重要。思维的起点决定着理论创新的结果；找不准问题，研究就很难有创新、有发现。从某种意义上讲，理论创新的过程就是发现问题、筛选问题、研究问题、解决问题的过程。

改革开放以来，我们党就是抓准了问题，获得了重大理论突破。第一个问题：什么是社会主义，怎样建设社会主义，探索的结果产生了邓小平理论。第二个问题：我们要建设一个什么样的党，怎样建设党，结果产生了"三个代表"重要思想。第三个问题：我们追求什么样的发展，以及怎样发展，结果产生了科学发展观。问题抓准了、问题抓对了，理论创新就会有重大成果。党的十八大以来，我们党提出了这么多的新思想、新概念、新理论，就是因为抓准了问题。

创新发展位于新发展理念之首，创新发展的头一条就是要求思想理论的创新，接着就是制度创新、科技创新、文化创新，最后要落实到实践创新。思想理论的创新是创新发展之首，这给我们哲学社会科学工作者提出了重要的要求，也给我们提供了广阔的舞台。因此，我们作为哲学社会科学研究的主体，一定要养成创新的素质。

（三）养成主体的创新素质

创新素质包括哪些方面呢？我考虑有以下几点。

立志创新。习近平总书记说，自古以来我国知识分子就有"为天地立心，为生民立命，为往圣继绝学，为万世开太平"的志向和传统，这是我们大家都熟悉的北宋张载的话。我们要立时代之潮头，通古今之变化，发思想之先声。我们要以创新为使命，以创新为价值，以创新为追求。我们都是写文章、写书的人，应该是没有新话不动笔，没有新话的文章有什么价值呢？

树立正确的世界观和方法论。凡是写作、讲课都要努力创新，要创新，就要树立正确的世界观与方法论。哲学社会科学的研究，与研究者坚持什么样的世界观、什么样的方法论密切相关。在这方面我们一定要准确地掌握马克思主义的世界观和方法论。

端正学风。习近平总书记说，发展我国哲学社会科学必须解决好学风问题，大力弘扬优良学风，形成崇尚精品、严谨治学、注重诚信、讲求责任的优良学风，营造风清气正、互学互鉴、积极向上的学术生态。

（四）营造利于创新的环境

创新是需要环境的，不说别的，如果后勤保障供应不好，就会影响创新。所以习近平总书记提倡百花齐放、百家争鸣，鼓励大胆设想，小心求证。

鼓励开展平等、健康、活泼和充分说理的学术争鸣，活跃学术气氛，发扬学术民主，尊重差异，包容多样，提倡不同学术观点、不同风格学派相互切磋，平等讨论。

习近平总书记还特别强调，要正确区分学术问题和政治问题，不要把一般的学术问题当成政治问题，也不要把政治问题当成一般的学术问题。既反对打着学术研究的旗号，从事违背学术道德、违反宪法法律的假学术行为，也反对把学术问题和政治问题混淆起来，用解决政治问题的办法对待学术问题的简单化作风。

今天，我们面临着哲学社会科学发展的大好时机，习近平总书记指出，这是一个需要理论而且一定能够产生理论的时代，这是一个需要思想而且一定能够产生思想的时代，我们不能辜负了这个时代。

在新时代新征程上留下无悔的奋斗足迹
——学习习近平在中央党校（国家行政学院）中青年干部培训班开班式上的系列重要讲话精神

2022年春季学期中央党校（国家行政学院）中青年干部培训班于2022年3月1日上午在中共中央党校开班，习近平总书记在开班式上发表重要讲话。

这是继2019年3月以来，习近平总书记第六次出席中央党校（国家行政学院）中青班开班式并亲授"第一课"。这六次"授课"的时间和题目分别是：

• 2019年春季学期：在常学常新中加强理论修养 在知行合一中主动担当作为

• 2019年秋季学期：发扬斗争精神增强斗争本领 为实现"两个一百年"奋斗目标而顽强奋斗

• 2020年秋季学期：年轻干部要提高解决实际问题能力 想干事能干事干成事

• 2021年春季学期：立志做党光荣传统和优良作风的忠实传人 在新时代新征程中奋勇争先建功立业

• 2021年秋季学期：信念坚定对党忠诚实事求是担当作为 努力成为可堪大用能担重任的栋梁之才

• 2022年春季学期：筑牢理想信念根基树立践行正确政绩观 在

新时代新征程上留下无悔的奋斗足迹

在中央党校（国家行政学院）开设的班次每年都非常多，习近平总书记出席开班式并作重要讲话的，目前只有两种类型的班次，一种是由中共中央举办的省部级主要领导干部专题研讨班；另一种是春、秋两季开班的中青年干部培训班，简称中青班或青干班。

出席中青班开班式并作重要讲话表明，习近平总书记对中青年干部高度重视。他说："要建设一支忠实贯彻新时代中国特色社会主义思想、符合新时期好干部标准、忠诚干净担当、数量充足、充满活力的高素质专业化年轻干部队伍。"[①] 2021年9月1日，习近平总书记在中青班开班式上的讲话中指出，年轻干部生逢伟大时代，是党和国家事业发展的生力军，必须练好内功、提升修养，……努力成为可堪大用、能担重任的栋梁之才，不辜负党和人民期望和重托。

今天，我们就一起来学习和领会习近平总书记在中青班的六次重要讲话。归结起来，主要讲了以下重要问题。

筑牢理想信念根基

（一）理想信念是立党兴党之基

我们知道，中国特色社会主义伟大事业，是需要年轻干部接班

[①] 习近平：《在全国组织工作会议上的讲话》，人民出版社2018年版，第27—28页。

的。最重要的是接什么班呢？习近平总书记明确指出：年轻干部接好班，最重要的是接好坚持马克思主义信仰、为共产主义远大理想和中国特色社会主义共同理想而奋斗的班。这是因为"理想信念是中国共产党人的精神支柱和政治灵魂，也是保持党的团结统一的思想基础"。

　　回顾党的历史可以看到，我们党是从理想起步、由信念支撑的。1921年7月，各地13名代表，代表着全国50多名党员，出席党的第一次全国代表大会。这是一次年轻人的会议，最年长的何叔衡不过45岁，最年轻的刘仁静只有19岁。他们或西装革履，或身着长袍，都是知识分子。他们冒着生命危险，在上海法租界开会创建中国共产党，不是因为个人生活所迫，而是为了实现他们心中共同的理想。他们的理想写在大会通过的中国共产党第一个纲领中："推翻资本家阶级的政权""消灭资本家私有制，没收机器、土地、厂房和半成品等生产资料""承认无产阶级专政""承认苏维埃管理制度，要把工人、农民和士兵组织起来，并以社会革命为自己政策的主要目的。"这就是他们的初心。这个初心被习近平总书记概括为"为中国人民谋幸福，为中华民族谋复兴"。对于理想的实现，他们充满信心；如果他们不相信能够实现，就不会成立中国共产党。他们相信，历史车轮不可阻挡、历史规律不可抗拒、人民事业必胜，等等，这就是信念。信念支撑着他们不怕险恶的环境，不怕挫折和失败，不怕流血牺牲。

　　党的十九大闭幕仅一周，2017年10月31日，中共中央政治局常委瞻仰上海中共一大会址和浙江嘉兴南湖红船。习近平总书记指出，建党时的每件文物都十分珍贵、每个情景都耐人寻味，我们要经常回忆、深入思索，从中解读我们党的初心。

（二）理想信念是党员干部安身立命之本

有没有理想信念，结局大不一样。习近平总书记指出，一个政党有了远大理想和崇高追求，就会坚强有力，无坚不摧，无往不胜，就能经受一次次挫折而又一次次奋起；一名干部有了坚定的理想信念，站位就高了，心胸就开阔了，就能坚持正确政治方向，做到"风雨不动安如山"。党员干部有了坚定理想信念，才能经得住各种考验，走得稳、走得远。

反之，没有理想信念，或者理想信念不坚定，就经不起风吹浪打，关键时刻就会私心杂念丛生，甚至临阵脱逃。陈公博、周佛海、张国焘这三个人，都是中共一大代表，张国焘在党内一直居于高位，但他们后来都丧失了理想信念，走上了背信弃义、叛党投敌的道路。特别是张国焘在长征途中闹分裂另立"中央"，在党和红军最艰难的时候，他的分裂行为使我党和红军陷于近乎"腹背受敌"的境地。1960年10月，美国作家埃德加·斯诺在北京中南海采访毛泽东时问道："您一生中最黑暗的时刻是什么时候？"毛泽东回答："那是在1935年的长征途中，在草地与张国焘之间的斗争。""当时党内面临着分裂，甚至有可能发生前途未卜的内战。"

所以，理想信念是党员干部安身立命之本。习近平总书记不止一次说过：理想信念的动摇是最危险的动摇，理想信念的滑坡是最危险的滑坡。

（三）坚定理想信念是终身课题

如何才能坚定理想信念呢？习近平总书记指出，坚定理想信念，必先知之而后信之，信之而后行之。"知之"，就是要求我们开口就能回答：这个理想信念，就是马克思主义信仰、共产主义远大理想、中国特色社会主义共同理想。但"知之"只是开头，更重要的是"信之"和"行之"。

形成坚定理想信念，既不是一蹴而就的，也不是一劳永逸的，而是要在斗争实践中不断砥砺、经受考验。年轻干部要牢记，坚定理想信念是终身课题，需要常修常炼，要信一辈子、守一辈子。

"坚定理想信念是终身课题"这句话，是习近平总书记的一个重要判断，是总书记对我们的重要告诫。这个判断和告诫告诉我们，坚定理想信念不是一阵子而是一辈子的事，要常修常炼、常悟常进，无论顺境逆境都坚贞不渝，经得起大浪淘沙的考验。

因此，习近平总书记要求我们：信仰认定了就要信上一辈子，否则就会出大问题。干部要把党的初心、党的使命铭刻于心，这样，人生奋斗才有更高的思想起点，才有不竭的精神动力。

那么，如何判断一个干部有没有理想信念呢？

（四）衡量干部有无理想信念关键看是否对党忠诚

这是习近平总书记关于理想信念的又一个重要思想：衡量干部是否有理想信念，关键看是否对党忠诚。也就是说，有理想信念就要表现在对党忠诚上。习近平总书记强调，领导干部要忠诚干净担当，忠诚始终是第一位的。对党忠诚，就要增强"四个意识"、坚定"四个自信"、做到"两个维护"，严守党的政治纪律和政治规矩，始终在政治立场、政治方向、政治原则、政治道路上同党中央保持高度一致。这种一致必须是发自内心、坚定不移的，任何时候任何情况下都要站得稳、靠得住。

另外，坚定理想信念又是对党忠诚的前提或必要条件，没有坚定的理想信念就不可能对党忠诚。所以，习近平总书记指出：理想信念坚定和对党忠诚是紧密联系的。理想信念坚定才能对党忠诚，对党忠诚是对理想信念坚定的最好诠释。

那么，怎样看一名党员干部对党是不是忠诚呢？习近平总书记说，检验党员干部是不是对党忠诚，在革命年代就要看能不能为党和人民事业冲锋陷阵、舍生忘死，在和平时期也有明确的检验标准——四个"能不能"：第一，能不能坚持党的领导，坚决维护党中央权威和集中统一领导，自觉在思想上政治上行动上同党中央保持高度一致；第二，能不能坚决贯彻执行党的理论和路线方针政策，不折不扣把党中央决策部署落到实处；第三，能不能严守党的政治纪律和政治规矩，做政治上的明白人、老实人；第四，能不能坚持党和人民事业高于一切，自觉执行组织决定，服从组织安排，等等，都是对党忠诚的直接检验。

习近平总书记的话让我们懂得了，有没有理想信念要看对党是不是忠诚；对党是不是忠诚，要看四个"能不能"。这就使理想信念有了实实在在的载体，有了看得见、摸得着的衡量标准。这是关于理想信念论述的重要发展。

这里，我们要特别领会和牢记"对党忠诚"在坚定理想信念中的重要地位和重要作用。在中青班开班式上的六次重要讲话中，习近平总书记反复强调对党忠诚，形成了对党忠诚的系统要求。

第一，对党忠诚，是共产党人首要的政治品质。我们党一路走来，经历了无数艰险和磨难，但任何困难都没有压垮我们，任何敌人都没能打倒我们，靠的就是千千万万党员的忠诚。

第二，对党忠诚，必须一心一意、一以贯之，必须表里如一、知行合一，任何时候、任何情况下都不改其心、不移其志、不毁其节。

第三，对党忠诚要有实实在在的行动。要立志为党分忧、为国尽责、为民奉献，勇于担苦、担难、担重、担险，以实际行动诠释对党的忠诚。这里，要与前面的四个"能不能"结合起来领会。

第四，既然对党忠诚是共产党人首要的政治品质，那么要自觉加强政治历练，接受严格的党内政治生活淬炼，不断提高政治判断力、政治领悟力、政治执行力，使自己的政治能力同担任的工作职责相匹配。习近平总书记指出，在干部干好工作所需的各种能力中，政治能力是第一位的。

最根本的本领是理论素养

年轻干部要胜任领导工作，需要掌握的本领是很多的，最根本的本领是理论素养。这里，我们要领会"第一位的能力"政治能力和"最根本的本领"理论素养之间的关系。

政治能力已经被提到"第一位的能力"，为什么还要强调理论素养是"最根本的本领"呢？习近平总书记作出了有力的论证，这是因为，政治上的坚定、党性上的坚定都离不开理论上的坚定。我们党在中国这样一个有着14亿多人口的大国执政，面对十分复杂的国内外环境，肩负繁重的执政使命，如果缺乏理论思维，则难以战胜各种风险和困难，也难以不断前进。

关于提高理论素养，习近平总书记强调了以下几点。

第一，掌握看家本领。习近平总书记说，马克思主义立场、观点、方法是做好工作的看家本领，是指导我们认识世界、改造世界的强大思想武器。

党员干部一定要加强理论学习、厚实理论功底，自觉用新时代党的创新理论观察新形势、研究新情况、解决新问题，使各项工作朝着正确方向、按照客观规律推进。

第二，理论联系实际。学习马克思主义，学习新时代党的创新理论，一定要坚持理论联系实际。习近平总书记用党史上正反两方面的教训说明理论联系实际的重要性。他指出，我们党的历史反复证明，什么时候理论联系实际坚持得好，党和人民事业就能够不断取得胜利；反之，党和人民事业就会受到损失，甚至出现严重曲折。这使我们想起党在早期"照搬照套"攻打大城市的失败教训，从社会主义初级阶段这个"最大国情"出发制定党的基本路线的成功经验。

习近平总书记指出，学习马克思主义、学习新时代党的创新理论，目的在于武装头脑、指导实践、推动工作，落脚点在指导实践、推动工作；对马克思主义、新时代党的创新理论，要学懂弄通做实，落脚点在做实；要牢记空谈误国、实干兴邦的道理，坚持知行合一、真抓实干，做实干家。

实践证明，结合工作需要学习，是理论联系实际的一个有效办法。习近平总书记要求年轻干部做到"干什么学什么、缺什么补什么"。要学习马克思主义理论特别是新时代党的创新理论，学习党史、新中国史、改革开放史、社会主义发展史，学习经济、政治、法律、文化、社会、管理、生态、国际等各方面基础性知识，学习同做好本职工作相关的新知识新技能，不断完善履职尽责必备的知识体系。

第三，努力学懂弄通。理论联系实际，前提是学懂弄通理论、掌握思想真谛。那么，如何才能做到这一点呢？

一定要刻苦钻研。习近平总书记说，年轻干部要刻苦钻研马克思主义基本原理特别是新时代党的创新理论成果，努力掌握蕴含其中的立场观点方法、道理学理哲理，做到知其言更知其义、知其然更知其所以然。

在学习理论上，干部要舍得花精力，全面系统学，及时跟进学，深入思考学，联系实际学。

应当在哪些方面花精力呢？习近平总书记说，学习新时代中国特色社会主义思想，要深刻认识和领会其时代意义、理论意义、实践意义、世界意义，深刻理解其核心要义、精神实质、丰富内涵、实践要求。

学习理论最有效的办法是读原著、学原文、悟原理，强读强记，常学常新，往深里走、往实里走、往心里走，把自己摆进去、把职责摆进去、把工作摆进去，做到学、思、用贯通，知、信、行统一。

要发扬"挤"和"钻"的精神，多读书、读好书，从书本中汲取智慧和营养。

第四，坚持在干中学、学中干。实践出真知，实践长真才。坚持在干中学、学中干是领导干部成长成才的必由之路。同样是实践，是不是真正上心用心，是不是善于总结思考，收获大小、提高快慢是不一样的。如果忙忙碌碌，只是机械做事，陷入事务主义，则很难提高认识和工作水平。

第五，切忌主观臆断、不懂装懂。要坚持理论和实践相结合，注重在实践中学真知、悟真谛，加强磨炼、增长本领。关键是要虚心用心，甘当"小学生"，不懂就问、不耻下问，切忌主观臆断、不懂装懂。

年轻干部精力充沛、思维活跃、接受能力强，正处在长本事、长才干的大好时期，一定要珍惜光阴、不负韶华，如饥似渴学习，一刻不停提高。

通过以上梳理，大家可以看到，关于提高理论素养，习近平总书记不仅讲了重要性，而且讲了学什么、怎么学、应当抱什么态度，既有原则性的要求，也有具体指导，真是苦口婆心，对我们年轻干部寄予厚望。我们一定要付诸行动。

守住拒腐防变防线

党的十八大以来，反对腐败和党风廉政建设是习近平总书记突出强调的工作，也是效果显著的工作。年轻干部任重道远，必须把拒腐防变这根弦绷得紧紧的。在中青班系列讲话中，习近平总书记叮嘱年轻干部拒腐防变是非常突出的内容。

（一）牢记清廉是福、贪欲是祸的道理

要做到拒腐防变，让年轻干部明白"清廉是福、贪欲是祸"的道理，至关重要。这是习近平总书记一个非常重要的思想。

某位贪官在狱中算了一笔"账"，我感到对年轻干部很有警示意义。一算"政治账"，自毁前程，多年努力毁于一旦。二算"经济账"，倾家荡产。三算"名誉账"，身败名裂。曾是家里的光荣和骄傲，是父母最大的安慰，现在则臭名远扬。四算"家庭账"，夫离女散。五算"亲情账"，众叛亲离。六算"自由账"，身陷牢笼。渴望自由的感觉也许只有失去自由的人才能真正体会到。七算"健康账"，身心交瘁。这七笔"账"从一个特殊的角度，让人懂得了"清廉是福、贪欲是祸"的道理。

（二）守住防线过"五关"

如何守住守牢拒腐防变防线？习近平总书记说，要层层设防、处处设防，守住"五关"：一要守住政治关，时刻绷紧旗帜鲜明讲政治这根弦，在大是大非面前、在政治原则问题上做到头脑特别清醒、立场特别坚定，决不当两面派、做两面人，决不拿党的原则做交易。二要守住权力关，始终保持对权力的敬畏感，坚持公正用权、依法用权、为民用权、廉洁用权。三要守住交往关，交往必须有原则、有规矩，不断净化社交圈、生活圈、朋友圈。四要守住生活关，培养健康情趣，崇尚简朴生活，保持共产党人本色。五要守住亲情关，严格家教家风，既要自己以身作则，又要对亲属子女看得紧一点、管得勤一点。

（三）修身为本

要守住拒腐防变防线，从根本上说，要严以修身。习近平总书记指出，为政之道，修身为本。干部的党性修养、道德水平，不会随着党龄工龄的增长而自然提高，也不会随着职务的升迁而自然提高，必须强化自我修炼、自我约束、自我改造。

要经常对照党的理论和路线方针政策、对照党章党规党纪、对照初心使命，看清一些事情该不该做、能不能干，时刻自重自省，严守纪法规矩。

守住拒腐防变防线，最紧要的是守住内心，从小事小节上守起，正心明道、怀德自重，勤掸"思想尘"、多思"贪欲害"、常破"心中贼"，以内无妄思保证外无妄动。

一是拧紧"总开关"。一个干部只有把世界观、人生观、价值观的"总开关"拧紧了,把思想觉悟、精神境界提高了,才能从不敢腐到不想腐。习近平总书记多次强调要牢固树立正确的世界观、人生观、价值观和权力观、政绩观、事业观,使自己的思维方式和精神世界更好地适应事业的发展需要。习近平总书记还讲到要树立正确的地位观、利益观。

二是提升境界。习近平总书记指出,党员干部只有胸怀天下、志存高远,不忘初心使命,把人生理想融入党和人民事业之中,把为人民幸福而奋斗作为自己最大的幸福,才能拥有高尚的、充实的人生。

我们共产党人为的是大公、守的是大义、求的是大我,更要正心明道、怀德自重,始终把人民放在心中最高位置,做一个一心为公、一身正气、一尘不染的人。

三是要有敬畏心。心有所畏,方能言有所戒、行有所止。干部一定要知敬畏、存戒惧、守底线,敬畏党、敬畏人民、敬畏法纪。严以修身,才能严以律己。一个人廉洁自律不过关,做人就没有骨气。

四是怀德自重,增强自制力。习近平总书记指出,干部要想行得端、走得正,就必须涵养道德操守,明礼诚信,怀德自重,保持严肃的生活作风、培养健康的生活情趣,特别是要增强自制力,做到慎独慎微。任何时候都要稳得住心神、管得住行为、守得住清白。

(四)学好习近平新时代中国特色社会主义思想

习近平新时代中国特色社会主义思想不仅包含着我们党治国理政的重要思想,也贯穿着中国共产党人对政治品格、价值追求、精神境界、作风操守的要求。要涵养政治定力,练就政治慧眼,恪守政治规矩,自觉做政治上的明白人、老实人。

树立和践行正确政绩观

现实中少数党员干部政绩观错位：有的只考虑领导满意，不顾及基层干部群众感受，把对上负责和对下负责进行人为割裂；有的重数字增长轻发展质量，为了追求发展速度不计后果、不计成本，浪费了大量资源却收效甚微；还有的重短期利益轻长远发展，热衷短、平、快的项目，对协调发展和可持续发展造成损害。这是从我读过的一篇文章中概括出来的。

那么，如何树立和践行正确政绩观呢？习近平总书记为我们指明了努力方向。

第一，要有功成不必在我、功成必定有我的境界。干部干事创业要树立正确政绩观，有功成不必在我的精神境界、功成必定有我的历史担当，发扬钉钉子精神，脚踏实地干。很多工作不是一蹴而就的，不是一年两年，甚至不是一届两届，因此不能急功近利，功成不必在我；同时，从现在开始，扎扎实实推进，一年接着一年干，一届接着一届做，一张蓝图绘到底，此即功成必定有我。

习近平总书记倡导的"右玉精神"可贵之处就在这里。

第二，党性坚强才能保证政绩观不出偏差。树立和践行正确政绩观，起决定性作用的是党性。只有党性坚强、摒弃私心杂念，才能保证政绩观不出偏差。

共产党人必须牢记，为民造福是最大政绩。我们谋划推进工作，一定要坚持全心全意为人民服务的根本宗旨，坚持以人民为中心的发展思想，坚持发展为了人民、发展依靠人民、发展成果由人民共享，把好事实事做到群众心坎上。

第三，要从群众切身需要考量。什么是好事实事，要从群众切身需要考量，不能主观臆断，不能简单化、片面化。哪里有人民需要，哪里就能做出好事实事，哪里就能创造业绩。有些事情是不是好事实事，不能只看群众眼前的需求，还要看是否会有后遗症，是否会"解决一个问题，留下十个遗憾"。

干部要把人民放在心中最高位置。同人民风雨同舟、血脉相通、生死与共，是我们党战胜一切困难和风险的根本保证。离开了人民，我们就会一事无成。要牢记群众是真正的英雄，任何时候都不能忘记我是谁、为了谁、依靠谁，真正同人民结合起来。

年轻干部无论是立身处世还是从政干事，首先要解决好"我是谁、为了谁、依靠谁"的问题，不断追求"我将无我，不负人民"的精神境界。

为什么人、靠什么人的问题，是检验一个政党、一个政权性质的试金石。干部要坚持立党为公、执政为民，虚心向群众学习，真心对群众负责，热心为群众服务，诚心接受群众监督。

要始终坚守我们党全心全意为人民服务的根本宗旨，用心用情用力解决好群众急难愁盼问题，让群众有更多、更直接、更实在的获得感、幸福感、安全感。

人民是我们党的力量源泉，党的根基在人民、血脉在人民，必须把人民放在心中最高位置，始终以百姓心为心。

坚持当"老百姓的官"，把自己也当成老百姓，不要做官当老爷，在这一点上，年轻干部从一开始就要想清楚，而且要终身牢记。

干部要怀着强烈的爱民、忧民、为民、惠民之心，心里要始终装着父老乡亲，想问题、作决策、办事情都要想一想：是不是站在人民的立场上，是不是有助于解决群众的难题，是不是有利于增进人民福祉，不断增强人民群众获得感、幸福感、安全感。

第四，一定要真抓实干。业绩都是干出来的，真干才能真出业绩、出真业绩。面对新形势新任务，党员干部一定要真抓实干，务实功、出实招、求实效，善作善成，坚决杜绝口号式、表态式、包装式落实的做法。

对当务之急，要立说立行、紧抓快办，不能慢慢吞吞、拖拖拉拉。对长期任务，要保持战略定力和耐心，坚持一张蓝图绘到底，滴水穿石，久久为功。

要强化精准思维，做到谋划时统揽大局、操作中细致精当，以绣花功夫把工作做扎实、做到位。

第五，一切从实际出发。坚持一切从实际出发，是我们想问题、作决策、办事情的出发点和落脚点。要坚持实事求是、求真务实，从实际出发谋划事业和工作，使提出的点子、政策、方案符合实际情况、符合客观规律、符合科学精神，以创造性工作把党中央决策部署落到实处。要坚持真抓实干、狠抓落实，一切工作都要往实里做、做出实效，不好高骛远、不脱离实际，力戒形式主义、官僚主义。要把做老实人、说老实话、干老实事作为人生信条，这样才能真正立得稳、行得远。

坚持从实际出发、实事求是，不只是思想方法问题，也是党性强不强问题。从当前干部队伍实际看，坚持实事求是最需要解决的是党性问题。

年轻干部要坚持以党性立身做事，把说老实话、办老实事、做老实人作为党性修养和锻炼的重要内容。干部是不是实事求是可以从很多方面来看，最根本的要看是不是讲真话、讲实话，是不是干实事、求实效。

坚持从实际出发，前提是深入实际，要掌握调查研究这个基本功。要眼睛向下、脚步向下，经常扑下身子，沉到一线，近的远的都要去，好的差的都要看，干部群众的表扬和批评都要听，真正把情况摸实摸透。既要"身入"基层，更要"心到"基层，听真话、察真情，真研究问题、研究真问题，不能搞作秀式调研、盆景式调研、蜻蜓点水式调研。

发扬担当和斗争精神

只有全党继续发扬担当和斗争精神，才能实现中华民族伟大复兴的宏伟目标。担当和斗争是一种精神，最需要的是无私的品格和无畏的勇气。无私者无畏，无畏者才能担当、才能斗争。担当和斗争是一种责任，敢于负责才叫真担当、真斗争。

怎样做才是敢于担当？习近平总书记的论断是：面对大是大非敢于亮剑，面对矛盾敢于迎难而上，面对危机敢于挺身而出，面对失误敢于承担责任，面对歪风邪气敢于坚决斗争，做疾风劲草、当烈火真金。

干事担事，是干部的职责所在，也是价值所在。党把干部放在各个岗位上是要干部担当干事，而不是做官享福，要做好工作就要担当作为。

担当和作为是一体的，不作为就是不担当，有作为就要有担当。做事总是有风险的。正因为有风险，才需要担当。凡是有利于党和人民的事，我们都要事不避难、义不逃责，大胆地干、坚决地干。能否敢于负责、勇于担当，最能看出一个干部的党性和作风。具体包括如下几点。

第一，担当和斗争就要坚持原则。坚持原则是共产党人的重要品格，是衡量一个干部称职的重要标准。对共产党人来说，"好好先生"并不是真正的好人。奉行好人主义的人，没有公心、只有私心，没有正气、只有俗气，好的是自己，坏的是风气、是事业。党的干部都要有秉公办事、铁面无私的精神，讲原则不讲面子、讲党性不徇私情。大是大非面前要讲原则，小事小节中也有讲原则的问题。

第二，讲党性、讲原则，就要讲斗争。共产党人讲党性、讲原则，就要讲斗争。在原则问题上决不能含糊、决不能退让，否则就是对党和人民不负责任，甚至是犯罪。

发扬斗争精神，增强斗争本领，是习近平总书记2019年9月1日讲话的主题。实现伟大梦想必须进行伟大斗争。全面从严治党、坚持马克思主义在意识形态领域的指导地位；全面深化改革、推进供给侧结构性改革、推动高质量发展、消除金融领域隐患、保障和改善民生、打赢脱贫攻坚战、治理生态环境、应对重大自然灾害；全面依法治国、处理群体性事件、打击黑恶势力、维护国家安全；等等，都要敢于斗争、善于斗争。

共产党人的斗争是有方向、有立场、有原则的，大方向就是坚持中国共产党领导和我国社会主义制度不动摇。凡是危害中国共产党领导和我国社会主义制度的各种风险挑战，凡是危害我国主权、安全、发展利益的各种风险挑战，凡是危害我国核心利益和重大原则的各种风险挑战，凡是危害我国人民根本利益的各种风险挑战，凡是危害我国实现第二个百年奋斗目标、实现中华民族伟大复兴的各种风险挑战，我们就必须进行坚决斗争，而且必须取得斗争胜利。领导干部要做敢于斗争、善于斗争的战士。

第三，提高解决实际问题能力。面对复杂形势和艰巨任务，我们要在危机中育先机、于变局中开新局，干部特别是年轻干部要提高政治能力、调查研究能力、科学决策能力、改革攻坚能力、应急处突能力、群众工作能力、抓落实能力，勇于直面问题，想干事、能干事、干成事，不断解决问题、破解难题。

第四，发扬历史主动精神。在机遇面前主动出击，不犹豫、不观望；在困难面前迎难而上，不推诿、不逃避；在风险面前积极应对，不畏缩、不躲闪。

担当和斗争是一种格局，坚持局部服从全局、自觉为大局担当更为可贵。要心怀"国之大者"，站在全局和战略的高度想问题、办事情，一切工作都要以贯彻落实党中央决策部署为前提，不能为了局部利益损害全局利益、为了暂时利益损害根本利益和长远利益。

第五，要有狭路相逢勇者胜的气概。无数事实告诉我们，唯有以狭路相逢勇者胜的气概，敢于斗争、善于斗争，我们才能赢得尊严、赢得主动，切实维护国家主权、安全、发展利益。年轻干部一定要挺起脊梁、冲锋在前，在斗争中经风雨、见世面。

做好新形势下群众工作

要深入研究和准确把握新形势下群众工作的特点和规律，改进群众工作方法，提高群众工作水平。信访是"送上门来的群众工作"，要通过信访渠道摸清群众的愿望和诉求，找到工作差距和不足，举一反三，加以改进，更好地为群众服务。

领导干部要学网、懂网、用网，了解群众所思所愿，收集好想法好建议，积极回应网民关切。要高度关注新业态发展，坚持网上网下相结合，做好新就业群体的思想引导和凝聚服务工作。

要拜人民为师，甘当"小学生"，特别要多交几个能说心里话的基层朋友，这样才有利于了解真实情况，才有利于把工作做好。

人民是我们党的力量源泉，党的根基在人民、血脉在人民，必须把人民放在心中最高位置，始终以百姓心为心。

习近平总书记的这些讲话，既是对年轻干部讲的，也是对全体干部的要求，因此，各级领导干部都要认真学习、深刻领会、贯彻落实。

广大干部特别是年轻干部要在常学常新中加强理论修养，在真学真信中坚定理想信念，在学思践悟中牢记初心使命，在细照笃行中不断修炼自我，在知行合一中主动担当作为，保持对党的忠诚心、对人民的感恩心、对事业的进取心、对法纪的敬畏心，做到信念坚、政治强、本领高、作风硬。

干部成长无捷径可走，经风雨、见世面才能壮筋骨、长才干。要做起而行之的行动者、不做坐而论道的清谈客，当攻坚克难的奋斗者、不当怕见风雨的泥菩萨，在摸爬滚打中增长才干，在层层历练中积累经验。

组织上安排年轻干部去艰苦边远地区工作，是信任更是培养，年轻干部应该以此为荣、争先恐后。刀要在石上磨、人要在事上练，不经风雨、不见世面是难以成大器的。

希望广大年轻干部以习近平总书记系列重要讲话为指导，在新时代新征程上留下无悔的奋斗足迹！

二 时政篇

中国式现代化道路的形成及其伟大意义

从"为人民服务"到"以人民为中心"
——中国共产党宗旨理论的形成和发展

中国特色社会主义的创立和发展

中国改革开放大获成功的奥秘

中国共产党百年奋斗的成功之道及其教育意义

时刻坚持"以我们正在做的事情为中心"

中国式现代化道路的形成及其伟大意义*

在党的二十大报告中,有一个极其引人注目的概念,这就是"中国式现代化"。报告在阐述新时代新征程中国共产党的使命任务时指出:"从现在起,中国共产党的中心任务就是团结带领全国各族人民全面建成社会主义现代化强国、实现第二个百年奋斗目标,以中国式现代化全面推进中华民族伟大复兴。"[①] 报告的这一部分,为我们指明了全面推进中华民族伟大复兴的方式和路径,并且构建了一整套中国式现代化理论、原则和战略思路,表明我们党对中国特色社会主义现代化建设的理解达到了新的历史高度。

中国式现代化道路是党和人民在长期的历史实践中探索出来的、实现中国向现代转型的正确道路,但走上并走好这条道路实属不易。深刻把握中国式现代化道路的形成、发展及巨大意义,梳理总结前进中产生的经验教训,对我们继续坚定不移地发展中国式现代化、全面建成社会主义现代化强国,进而全面推进中华民族伟大复兴,

---

* 本文为作者与中国人民大学讲师张时坤博士合作完成。

① 习近平:《高举中国特色社会主义伟大旗帜 为全面建设社会主义现代化国家而团结奋斗——在中国共产党第二十次全国代表大会上的报告》,人民出版社2022年版,第21页。

具有重大的理论和现实意义。

中国式现代化道路的艰辛探索

（一）中国式现代化道路的根本政治前提

现代化是人类社会从传统农业文明到现代工业文明的转化历程。这一历程肇始于17世纪的欧洲，逐渐影响世界其他落后地区。现代化代表着先进的生产和生活方式，表征着一个国家的文明发达水平。正如马克思在《资本论》序言中所说："工业较发达的国家向工业较不发达的国家所显示的，只是后者未来的景象。"[①]现代化作为"铁的必然性"，是人类社会发展的必然趋势。

当西方开始现代化进程之时，中国还处在闭关锁国和妄自尊大的封建社会，直到1840年鸦片战争战败后，才在西方列强的侵略和诱导下被迫开启现代化道路的探索。中国开始向西方学习，向西方寻求真理，现代化被理解为"西化"或"欧化"。但是，康有为、严复、孙中山等先行者们的理想以及提出的方案都被证明是失败的。毛泽东感叹当时的情景是"一切别的东西都试过了，都失败了"。[②]外国帝国主义与国内封建主义相互勾结，使得资本主义这条现代化道路在中国根本走不通。

1917年俄国十月革命胜利后，诞生了世界上第一个社会主义国家，让陈独秀、李大钊、毛泽东等一批先进分子看到通过走社会主义道路建设现代化国家的另一种可能。这批先进分子"以俄为师"，

---

① 马克思：《资本论》（第1卷），人民出版社2004年版，第8页。
② 《毛泽东选集》（第4卷），人民出版社1991年版，第1471页。

学习马克思列宁主义，并建立中国共产党，确立社会主义与共产主义的奋斗目标。在这个目标的指引下，中国共产党将马克思列宁主义基本原理与中国革命具体实践相结合，带领中国人民经过二十八年的曲折斗争，推翻了帝国主义、封建主义和官僚资本主义三座大山，建立了中华人民共和国，彻底实现民族的独立、人民的解放，中国人民从此站立起来了。毛泽东说："没有独立、自由、民主和统一，不可能建设真正大规模的工业。"① 中国共产党以及中华人民共和国的成立，是开天辟地的大事变，为中国真正开展现代化建设创造了根本的政治前提与和平的社会环境。

（二）新中国现代化建设起步于"一穷二白"

夺取全国胜利、建立新中国，只是中国共产党人实现理想目标的序幕。毛泽东说："我们不但善于破坏一个旧世界，我们还将善于建设一个新世界。"② 早在中华人民共和国成立前夕召开的党的七届二中全会上，中国共产党就绘制了发展的蓝图，开始聚焦工业化建设，其目标是："在革命胜利以后，迅速地恢复和发展生产，对付国外的帝国主义，使中国稳步地由农业国转变为工业国，把中国建设成一个伟大的社会主义国家。"③ 在胜利完成革命任务后，新世界的建设任务又摆在了中国共产党和中国人民面前，而且后者并不比前者更容易。

新成立的中华人民共和国，接管的是国民党留下的烂摊子，经

---

① 《毛泽东选集》（第3卷），人民出版社1991年版，第1080页。
② 《毛泽东选集》（第4卷），人民出版社1991年版，第1439页。
③ 《毛泽东选集》（第4卷），人民出版社1991年版，第1437页。

济基础相当薄弱，是当时世界上最贫穷的国家之一。毛泽东把这种状况形象地称为"一穷二白"。"穷"是指我们现代化的工业很少，绝大部分是农业和手工业，这部分和中国古代社会几乎没有多大区别。"白"就是如同一张白纸，文化和科学水平都不高。[1] 即使到了1954年，国民经济已经全面恢复，毛泽东仍然感慨道："现在我们能造什么？能造桌子椅子，能造茶碗茶壶，能种粮食，还能磨成面粉，还能造纸，但是，一辆汽车、一架飞机、一辆坦克、一辆拖拉机都不能造。"[2] 此外，我们的外部环境也不友好，以美国为首的西方资本主义国家全面采取"封锁""禁运"的政策，单方面对中国实施制裁，用尽一切手段让中国的日子不好过。对于外国先进现代化国家，中国只能向苏联学习，并寻求苏联等社会主义国家的援助。中国的现代化道路就在此基础上艰难起步。

尽管起步艰难，但正如同毛泽东所强调的，穷就要革命，落后才不会骄傲，我们一张白纸，正好写字。党领导人民并且依靠人民，只经过三年的奋斗，就迅速医治了战争创伤，恢复了严重破败的国民经济，彰显了中国共产党领导人民发展国民经济的强大能力。于是，党中央乘胜前进，提出从新民主主义社会向社会主义社会过渡的总路线，即在一个相当长的时间内，逐步实现国家的社会主义工业化，并逐步实现国家对农业、手工业、资本主义工商业的社会主义改造。这个过渡时期总路线的总体精神来自党的七届二中全会。总路线进一步规定我们的主体任务是实现社会主义工业化，重点任

---

[1] 参见《毛泽东文集》（第7卷），人民出版社1999年版，第43—44页。

[2] 《毛泽东文集》（第6卷），人民出版社1999年版，第329页。

务是实现对生产关系的社会主义改造。历史实践证明,过渡时期的总路线是正确的,反映了历史的必然性。尽管过渡时期比预期要短,执行过程有点急于求成,改造工作也做得比较粗糙,但根据我国国情,我们党创造性地完成了对生产资料私有制的社会主义改造,促进了工农业和整个国民经济的发展,取得了伟大的历史性胜利。

(三)从照搬苏联现代化模式到认识苏联模式的弊端

把一个经济落后的农业大国逐步建设成为工业国,从何起步?由于没有管理现代经济的经验,知识储备不足,科学技术落后,也缺乏建设人才,特别是在西方对我们封锁的情况下,我们基本沿袭了苏联的现代化建设道路。1954年,刘少奇在关于宪法草案报告中明确指出:"我们所走的道路就是苏联走过的道路,这在我们是一点疑问也没有的。"[①]我们照搬苏联的现代化建设模式,主要包括确立优先发展重工业的"赶超型工业化"方针,基本照抄苏联的工业建设经验,以苏联援建的工业项目为中心开展工业布局,在单一公有制基础上建立中央计划经济体制以及高度集权的政治社会体制等。在苏联的帮助下,党制定并完成了发展国民经济的第一个五年计划,为实现社会主义工业化奠定初步基础。

从1949年到1956年中华人民共和国成立初期的七年时间内,党领导全国人民有步骤地实现从新民主主义到社会主义的过渡,迅速恢复了国民经济并开展了有计划的大规模经济建设,在全国绝大部分地区基本上完成了对生产资料私有制的社会主义改造,成绩卓著,举世瞩目。经过七年的实践探索,我国积累了一些社会主义现

---

① 《刘少奇选集》(下卷),人民出版社1985年版,第155页。

代化建设的经验，因此也逐渐认识到苏联模式的一些弊端。比如，高度集权、政企不分，片面地强调重工业、忽视轻工业及农业，侵占农民利益等。毛泽东敏锐地觉察到这一问题，虽然我们一直在模仿苏联模式，但他对苏联的做法也表示一定的不满。特别是苏共二十大后，毛泽东号召全党破除对苏联模式的迷信，明确地提出走"中国式工业化道路"的问题。①

（四）《论十大关系》在中国式现代化道路上的标志性意义

1956年，在听取34个部委工作汇报的基础上，毛泽东发表《论十大关系》的重要讲话。这篇讲话针对苏联的一些做法提出了批评，以苏联为鉴，初步总结了我国社会主义建设的基本经验，提出了探索适合中国实际的社会主义建设道路的任务，是我国现代化道路探索初期的宝贵成果。讲话提出的一些基本观点，例如：保持重工业和轻工业、农业的合理比例，充分利用和发展沿海工业，加强经济建设促进国防建设，兼顾国家、集体和个人利益，发挥中央和地方两个积极性，精简党政机构，学习一切外国的优点、但反对照搬照抄别国经验等，对社会主义现代化建设具有长远的指导意义。正如邓小平1975年在给毛泽东的信上所说："这篇东西太重要了，对当前和以后，都有很大的针对性和理论指导意义。"② 可以说，从1956年毛泽东提出十大关系起，我们党开始反思苏联模式的缺陷，自觉探索一条反映中国客观经济规律、适合中国国情的社会主义现代化建

---

① 萧冬连：《筚路维艰——中国社会主义路径的五次选择》，社会科学文献出版社2014年版，第74页。

② 中共中央文献研究室编著：《〈关于建国以来党的若干历史问题的决议〉注释本》（修订），人民出版社1985年版，第245页。

设之路。

根据关于处理十大关系的方针政策，党的八大又进一步丰富发展这条路线，提出一系列重要论断，包括我国社会的主要矛盾是人民对于建立先进的工业国的要求同落后的农业国的现实之间的矛盾，是人民对于经济文化迅速发展的需要同当前经济文化不能满足人民需要的状况之间的矛盾；党和国家的主要任务是集中力量保护和发展生产力，实现国家工业化，逐步满足人民日益增长的物质和文化需要等。这为下一阶段全面建设社会主义指明了方向。

社会主义改造完成后，我们开始全面建设社会主义的十年。在这十年里，我们取得了很大的成就、积累了重要经验。在探索社会主义现代化建设道路方面，我们又逐步提出了"要努力把我国逐步建设成为一个具有现代农业、现代工业、现代国防和现代科学技术的社会主义强国"的"四个现代化"的战略任务以及"两步走"的战略构想。这是对现代化道路的丰富和发展。但是，遗憾的是，《论十大关系》中提出的适合中国国情的社会主义现代化建设方针以及党的八大制定的社会主义现代化建设的正确路线并没有持续地得到贯彻执行，党的工作重心逐渐地从现代化建设转移到阶级斗争，发生了反右派斗争扩大化以及"大跃进"、人民公社化运动等忽视客观经济规律的失误，乃至产生"文化大革命"这样中华人民共和国成立以来最严重的挫折和损失。

中华人民共和国成立后近三十年，我们党初步探索出一条适合中国国情的社会主义现代化道路，并取得了以《论十大关系》为标志的重要理论成果。在具体实践中，我国全面恢复和发展国民经济，在比较短的时间内建立独立的、比较完整的工业体系和国民经济体系。但是，总的来说，我们党对如何进行社会主义现代化建设还

"不甚了了"，经常受到"左"的干扰，急于赶超西方发达资本主义国家，工作重心在现代化建设和阶级斗争之间摇摆，走过一些弯路，甚至跌了大跟头，教训是惨痛的。主要原因在于我们缺乏社会主义现代化建设的经验，生搬硬套、照抄苏联模式，脱离中国国情、脱离中国实际、脱离时代发展。同时，对马克思主义的认识犯了教条主义的错误，没有认识到我国社会主义所处的历史方位，不注重发展社会生产力。这些深刻教训为我们重新确立以实现"四个现代化"为战略目标，以经济建设为中心，走改革开放的现代化道路提供了反面借鉴。

中国式现代化道路的成功实践

以党的十一届三中全会为标志，我国进入改革开放和社会主义现代化建设的新时期，我们党总结中华人民共和国成立以来正反两方面的经验教训，把工作着重点由以阶级斗争为纲重新转移到社会主义现代化建设上来，解放思想、实事求是、求真务实、与时俱进，形成并发展了中国式现代化，带领全国人民走出一条中国式现代化建设道路，创造改革开放和社会主义现代化建设伟大成就。

（一）小康之家：中国式现代化的创造性诠释

"文化大革命"十年严重阻碍我国社会主义建设的发展进程，我国在这十年不仅没有进一步改变贫穷落后的面貌，而且与资本主义国家的差距更大了。这促使我们党深刻反思什么是社会主义、怎样建设社会主义。邓小平首先认识到，贫穷不是社会主义，社会主义必须消灭贫穷，社会主义的优越性应该表现在比资本主义发展得更好更快上。他强调:"我们当前以及今后相当长一个历史时期的主要任务是什么?一句话,就是搞现代化建设。能否实现四个现代化,决定着我们国家的命运、民族的命运。"①他发出庄严的号召:走自己的路,建设有中国特色的社会主义!从此,中国特色社会主义成为改革开放以后我们党全部理论和实践的主题。

对于中国实现四个现代化的步骤,邓小平提出"两步走"构想,第一步是到20世纪末实现小康;第二步是到21世纪中叶达到接近中等发达国家的水平。小康本是中国古代思想家所描绘的一种盛世状态,邓小平借以表述中国现代化的初步目标。1979年,邓小平在会见日本首相大平正芳时说:"我们要实现的四个现代化,是中国式的四个现代化。我们的四个现代化的概念,不是像你们那样的现代化的概念,而是'小康之家'。"①在他看来,实现小康,相当于人均GDP达到800—1000美元。邓小平用小康诠释中国式现代化,在开创中国式现代化道路上迈出重要一步。实践证明这个构想是符合实际的,我国在20世纪末总体实现了小康,并于2021年全面建成小康社会,胜利实现了邓小平当年的伟大构想。

(二)改革开放是中国式现代化建设的关键一招

为了实现中国式现代化战略目标,党的十一届三中全会确立以经济建设为中心,同时作出改革开放的伟大决策。所谓改革就是要改掉违背现代化建设普遍规律的落后思想观念、僵化的体制机制以及一些错误做法。改革以经济体制改革为核心,带动其他体制机制改革。农业是国民经济发展的基础、农村的稳定是中国稳定的基础、

---

① 《邓小平文选》(第2卷),人民出版社1994年版,第237页。

农民的小康是全国人民实现小康的基础,因此经济体制改革首先从农村着手。通过普遍实行家庭联产承包责任制,调动了农民生产的积极性,解放和发展了农村生产力,农民生活水平得到很大改善。农村经济体制改革是具有革命意义的改革,农村改革的巨大成功,解放了人们的思想,增强了改革的信心,推动城市经济体制改革和整个经济体制改革逐步深入全面开展。

党的十三大确立了我国社会的历史方位,即我国处在社会主义初级阶段,并制定了党在初级阶段的基本路线,简称"一个中心、两个基本点"。党的十四大把经济体制改革的目标,确定为建立社会主义市场经济体制。党的十五大提出,坚持和完善社会主义公有制为主体、多种所有制经济共同发展;坚持和完善按劳分配为主体的多种分配方式,允许一部分地区一部分人先富起来,带动和帮助后富,逐步走向共同富裕。党的十八届三中全会提出,使市场在资源配置中起决定性作用,更好发挥政府作用。党的十九届四中全会提出,全面贯彻新发展理念,坚持以供给侧结构性改革为主线,加快建设现代化经济体系。通过不断解放思想,经过一系列改革实践,我们逐步形成公有制为主体、多种所有制经济共同发展,按劳分配为主体、多种分配方式并存,社会主义市场经济体制等社会主义基本经济制度。这些持续推进、逐步深入的带有根本性全局性的改革,极大地调动了各方面的积极性,解放和发展了社会生产力,我国综合国力显著增强,人民群众生活水平明显提高。

闭关自守、封闭僵化是中国近代开始衰落的一个重要原因。中华人民共和国建立初期,由于西方国家的封锁禁运,中国只能对苏联等少数社会主义国家开放,后期由于与苏联交恶,也由于自身原因,中国几乎处于与世隔绝的状态,以至于落后时代而不自知。党的十一届三中全会在制定改革政策的同时，制定对外开放政策。建立深圳、珠海、汕头、厦门经济特区，开放14个沿海城市，批准各地建立经济技术开发区，建立海南经济特区，开发浦东新区，实行沿江沿边到省会城市的开放，2001年我国加入世界贸易组织，实行全方位对外开放。党的十八大以来，我们实施自由贸易区战略，并在海南设立自由贸易港，推进全方位高水平对外开放。通过一系列对外开放的重大举措，我国引进了急需的资金、技术、设备和现代化管理方式，培养了适应时代需要的人才，使我国经济融入世界经济一体化进程，也有力推动了我国的体制改革和法治建设。实践证明，对外开放是中国式现代化建设的必备条件，是我们必须长期坚持的基本国策。中国开放的大门应该越开越大，形成更大范围、更宽领域、更深层次对外开放格局。

综上所述，改革开放是中国的第二次革命，"是决定当代中国命运的关键一招，也是决定实现'两个一百年'奋斗目标、实现中华民族伟大复兴的关键一招"，[1]而党的强有力的领导是改革开放获得巨大成功的根本政治保障。

（三）中国式现代化坚持以人为本、全面协调可持续的科学发展

在我们明确中国式现代化道路必须坚持以经济建设为中心，必须恪守发展是硬道理的理念之前，先后有多种发展观或者发展理念影响我们的发展。"大跃进"时期流行"人有多大胆，地有多大

---

[1] 习近平：《在庆祝改革开放40周年大会上的讲话》，人民出版社2018年版，第21页。

产""不怕做不到，就怕想不到"的豪言壮语，成为一种浪漫发展观。由于它过度强调人的主观能动性，而忽视客观经济规律，结果欲速则不达。"文化大革命"时期，"四人帮"鼓吹"宁要社会主义的草，不要资本主义的苗""宁要贫穷的社会主义，不要富裕的资本主义"，这种荒唐发展观把我国国民经济搞到了近乎崩溃的边缘。此外，我们还有过"重点发展观"，比如，为了解决这么多人口的吃饭问题，我们提出大办农业"以粮为纲"；为了解决钢铁严重短缺，我们提出发展工业"以钢为纲"。改革开放以后，虽然我们提出并坚持发展才是硬道理，但是一段时期发展又被理解为以 GDP 为目的的经济发展。这种缺什么就重点发展什么的思路，很好地解决了我们面临的紧迫问题，但是，事物都具有两面性，既有重视，就有忽视；既有重点，就有一般。所以，我们重视了经济，忽视了社会；重视了城市，忽视了农村；重视了发展，忽视了资源环境保护；重视了眼前，忽视了长远。这些忽视日积月累，便产生了一系列问题，促使我们进一步革新发展观。

科学发展观科学地回答了中国式现代化道路要实现什么样的发展以及怎样实现发展这个重大问题。科学发展观坚持以人为本，全面协调可持续，把人看作是发展的出发点和落脚点，把经济、政治、文化、社会、生态的全面发展作为发展的完整内涵，注重统筹城乡协调发展、区域协调发展、经济社会协调发展、国内发展和对外开放、人与自然和谐发展，推动整个社会走上生产发展、生活富裕、生态良好的文明发展道路。科学发展观是对以经济建设为中心，发展是硬道理，发展是党执政兴国的第一要务等重要思想的继承和发展，进一步明确新阶段中国式现代化的发展要义、发展本质、发展路径和发展方法。树立和落实科学发展观，使中国式现代化目标任务更加明确务实，现代化建设更加全面、协调、可持续。

（四）新时代十年成功推进和拓展了中国式现代化

从党的十八大开始，中国特色社会主义进入新时代。新时代坚持和发展什么样的中国特色社会主义、怎样坚持和发展中国特色社会主义，建设什么样的社会主义现代化强国、怎样建设社会主义现代化强国，建设什么样的长期执政的马克思主义政党、怎样建设长期执政的马克思主义政党，以习近平同志为主要代表的中国共产党人对这些重大理论和实践问题进行了深邃思考，提出一系列原创性的治国理政新理念新思想新战略，创立了习近平新时代中国特色社会主义思想。

在习近平新时代中国特色社会主义思想的指引下，我们党统筹推进经济建设、政治建设、文化建设、社会建设、生态文明建设"五位一体"总体布局；协调推进全面建成小康社会、全面深化改革、全面依法治国、全面从严治党"四个全面"战略布局，并且把国家治理体系和治理能力现代化作为中国的第五个现代化提上议事日程；坚持以人民为中心的发展思想，把握新发展阶段，贯彻创新、协调、绿色、开放、共享的新发展理念，构建以国内大循环为主体、国内国际双循环相互促进的新发展格局，努力实现高水平的自立自强，着力推动高质量发展，统筹发展和安全；科学界定新时代社会的主要矛盾是人民日益增长的美好生活需要和不平衡不充分的发展之间的矛盾，突出抓重点、补短板、强弱项的发展思路，特别是把脱贫攻坚作为重中之重，带领全国人民实现了全面建成小康社会这个党的第一个百年奋斗目标，顺利开启全面建设社会主义现代化国家新征程，成功推进和拓展了中国式现代化。

中国式现代化道路的特色和伟大意义

经过中华人民共和国成立特别是改革开放以来的有益探索和成功实践,我们党对中国式现代化道路的认识日趋成熟、稳固。党的二十大报告系统阐述了中国式现代化的特色、本质要求和伟大意义,集中体现了中华人民共和国成立以来我们党中国式现代化理论创新、实践创新的新成果。

(一)中国式现代化的特色

中国式现代化,首先是中国共产党领导的社会主义现代化。党的百年奋斗第一条历史经验就是坚持党的领导。坚持和加强党的全面领导,是全面建设社会主义现代化国家的基本原则,是确保中国式现代化道路行稳致远的根本政治保障。同时,社会主义是中国式现代化的底色。中国式现代化,是中国特色社会主义的现代化,不是资本主义或其他什么主义的现代化。现代化的发展道路不是线性的、单一的,现代化模式不是定于一尊,现代化标准也不存在放之四海而皆准。中国特色社会主义道路,是我们党历经千锤百炼、万千波折找到的一条"符合中国实际、反映中国人民意愿、适应时代发展要求"的正确道路。历史和实践雄辩地证明,这条道路走得对、走得通,而且走得稳、走得好。社会主义初级阶段是我们最大的国情,我们要坚持独立思考、独立自主、自力更生,最主要是坚持实事求是,以实践为检验标准,坚定走好中国特色社会主义现代化建设之路。

中国式现代化,既是现代化的,又是中国的;既有各国现代化的共同特征,更有基于自己国情的中国特色。这是现代化建设普遍性与特殊性的辩证统一。我们要以海纳百川的博大胸怀充分吸收和借鉴各国现代化的有益经验，但是我们也不要迷信别的国家特别是西方式现代化。与西方式现代化相比，中国式现代化不是人口规模较小的现代化，也极力避免贫富不均、物质膨胀、环境污染、掠夺侵略等西方式现代化的缺陷。党的二十大报告概括了中国式现代化的五大特色，这就是：中国式现代化是人口规模巨大的现代化，是全体人民共同富裕的现代化，是物质文明和精神文明相协调的现代化，是人与自然和谐共生的现代化，是走和平发展道路的现代化。

（二）中国式现代化的本质要求

中国式现代化扎根中国大地，切合中国实际情况。这就要求我们坚持中国共产党领导，坚持中国特色社会主义，实现高质量发展，发展全过程人民民主，丰富人民精神世界，实现全体人民共同富裕，促进人与自然和谐共生，推动构建人类命运共同体，创造人类文明新形态。这是中国式现代化的本质要求。[1] 我们在全面建设社会主义现代化国家的新征程上，在任何时候任何情况下都要遵循这些本质要求。

（三）中国式现代化道路的历史意义

一是以中国式现代化实现中华民族伟大复兴。建成现代化强国，实现中华民族伟大复兴，是近代以来中国人民最伟大的梦想。党的二十大报告提出的中国式现代化发展的战略安排如能按期实现，到2035年我国将基本实现社会主义现代化，到21世纪中叶我国将建成

---

[1] 习近平：《高举中国特色社会主义伟大旗帜　为全面建设社会主义现代化国家而团结奋斗——在中国共产党第二十次全国代表大会上的报告》，人民出版社2022年版，第23—24页。

富强民主文明和谐美丽的社会主义现代化强国，中华民族伟大复兴的中国梦就会逐步变成现实。这意味着具有五千多年文明史的中华民族，从站起来、富起来到强起来，将再次以自信自强的面貌屹立于世界民族之林，并处于人类文明发展的前端，中华民族将会为人类文明作出更多更大的贡献。

二是为发展中国家现代化提供了中国方案。中国式现代化，坚持和平发展道路，以构建人类命运共同体为己任，创造了人类文明新形态，努力塑造人类文明新秩序。这是前无古人的创举，解决了人类社会发展中的诸多难题。作为发展中国家的一员，中国深切理解发展中国家在现代化建设中的困难和需求。中国式现代化的实现，打破西方式现代化的支配性地位，将给发展中国家实现现代化提供有别于西方式现代化的中国智慧、中国经验、中国方案。中国式现代化道路的成功，将激励发展中国家走出一条适合自己本国国情的现代化之路。

三是激发了科学社会主义的勃勃生机。从社会制度上来说，中国是一个社会主义国家。实现社会主义共同理想和共产主义最高理想，是中国共产党人矢志不渝的奋斗目标。社会主义思想从提出到现在，已经有五百多年历史。从世界社会主义的发展历程来看，历史上存在过形形色色的社会主义思潮，也诞生了一些社会主义国家，虽然经历了苏联解体这一世界社会主义运动最严重的挫折，但科学社会主义在中国生根、发芽、结果。中国实现现代化，全面建成社会主义现代化强国，将使社会形态历史演进发生有利于社会主义的重大转变，有力地证明发展中的社会主义依然好、马克思主义依然行，激发科学社会主义的勃勃生机，为其他国家坚定社会主义道路增添信心和希望。

从"为人民服务"到"以人民为中心"

——中国共产党宗旨理论的形成和发展

我首先请大家记住一个地方,这就是四川省仪陇县。这个县出了两位著名的军人,一位是中国人民解放军的缔造者之一、被人们敬称为总司令的朱德;另一位是著名的战士张思德。仪陇人把这个县自豪地称为"两德"。我第一次去的时候,他们介绍说,仪陇县"缺水不缺酒,缺钱不缺德"。

这个县每年都举办一次论坛——宗旨论坛。2019年,我应邀到论坛作了一个主旨演讲,讲题就是《从为人民服务到以人民为中心》。今天加了一个副标题"中国共产党宗旨理论的形成和发展"。

为人民服务:一个概念三个重要思想

《为人民服务》为我们提供了一个概念和三个重要思想。这是毛泽东同志的一个著名演讲,发表在1944年9月8日。中央警备团为张思德同志开追悼会,毛泽东同志亲自参加。

张思德就是中央警备团的战士、班长,领导派他到陕北安塞县(今安塞区)山中烧木炭,因为国民党对中央所在地延安进行了封锁,毛泽东发出了"自己动手,丰衣足食"的伟大号召,南泥湾开荒也是在这个时候。当时所用的木炭都是砍树烧的，不幸炭窑坍塌，张思德同志把战友推出去了，而自己被压在窑土之下光荣牺牲了。三天之后，在追悼会上，毛泽东发表了著名的演讲，这就是《为人民服务》。

这篇著作从此就成了我们党的经典著作，在我们党的理论和实践中占有很重要的地位，它提出了"为人民服务"这个重要概念和三个重要思想。

一是党和军队的性质：完全为着解放人民，彻底为人民的利益而工作。

二是党和军队的使命和目标：我们这个队伍完全是为着解放人民，为人民服务，解救正在受难的中国人民。

三是衡量标准：人民利益。毛泽东说，你说的办法对人民有好处，我们就照你说的办。他提出我们要为人民利益坚持好的，为人民利益改正错的。甚至一个人死得有没有价值，要看他是怎么死的：为人民利益而死就比泰山还重，为人民而死就死得其所。

一个概念和三个重要思想，奠定了我们党后来很多重要理论的基础和来源。

1945年4月—6月，党的七大在延安召开。党的一大没有制定党章，通过了中国共产党第一个纲领，党章是党的二大制定的。从建党到党的七大召开前的党纲、党章，实际上都是在共产国际直接帮助下制定的，党的七大通过的党章是我们党独立自主制定的第一部党章。这部党章把"为人民服务"写了进去，而且加上了四个字"全心全意"，这意味着"为人民服务"被确立为我们党的宗旨。

以毛泽东为主要代表的中国共产党人，制定了一整套群众观点和群众路线：一是全心全意为人民服务，二是一切向人民负责，三是坚信群众自己解放自己,四是向人民群众学习。我们党的群众路线是一切为了群众,一切依靠群众,从群众中来,到群众中去。

为了让全党同志践行为人民服务的宗旨,毛泽东为我们树立了一系列为人民服务的先进典型,直到今天仍然被我们大力弘扬的一是雷锋,二是焦裕禄。雷锋生前所在部队隶属于陆军第79集团军,这是一支有着光荣传统的部队。1962年,他因公牺牲了年轻的生命。焦裕禄是河南兰考县原县委书记,他一心带领兰考人民治理风沙、脱贫致富,却因身患肝癌不幸去世。

为人民服务思想的丰富和发展

我们党把为人民服务这个宗旨,一以贯之地坚持下来,在实践中不断地丰富和发展。对宗旨理论作出发展的首推邓小平,他把"为人民服务"的宗旨发展为"人民标准",并进一步发展为"三个有利于"标准。

(一)"三个有利于"标准和"人民标准"对党的宗旨理论的发展

改革开放以后,特别是创办了经济特区以后,我们采取了一系列改革举措,并率先在经济特区实行。比如引进"三资"企业,就是引进来自资本主义社会的投资,境外投资者受到中国投资环境和相关政策的吸引来中国创办企业搞项目;比如土地买卖,我们以往的观念是国有土地不能买卖;比如打破"铁饭碗",采用聘用制;比如发行股票筹集资金;等等。这一系列举措,引起了一部分人的极端不理解和不满。这是改革开放初期人们思想认识的一种反映。

1984年，邓小平第一次到深圳考察，此时深圳经济特区已经创办4年了，办得怎么样？他要亲自去看一看，看的结果是决定开放14个沿海城市。1992年他第二次去深圳，写下了"深圳的发展和经验证明，我们建立经济特区的政策是正确的"。接着到珠海写下了"珠海经济特区好"。

在这些讲话中，邓小平指出，那些讲多一个"三资"企业就多一分资本主义的人，连一般常识都不懂。他指出，一个"三资"企业办起来，国家要拿到税收，工人要拿到工资，还要学到技术。现在改革开放迈不开步子，主要问题就在于纠缠姓"社"姓"资"。判断的标准，应该主要看：第一，是否有利于发展社会主义社会的生产力；第二，是否有利于增强社会主义国家的综合国力；第三，是否有利于提高人民的生活水平。

这就是著名的"三个有利于"标准，根据这个标准，我们看一个改革举措、一个思想观点，作为衡量标准的不应该是权威的言论，也不应该是某本书，而应该是看实践。具体就看是不是符合"三个有利于"标准，有利就坚持，不利就改正。

他提出，我们党的一切方针政策归根结底要看"人民拥护不拥护、人民赞成不赞成、人民高兴不高兴、人民答应不答应"——我将其称为"人民标准"。

无论是"三个有利于"标准还是"人民标准"，都是把人民作为标准摆在重要位置上。我们今天分析"三个有利于"标准，可以清晰地看到："三个有利于"标准的出发点和落脚点都是实现党的宗旨，提高人民生活水平。"三个有利于"标准清除了党的宗旨实现过程中遇到的种种思想障碍，确保了我国人民走上幸福生活的道路畅通。"三个有利于"标准，指明了实现党的宗旨关键所在，这就是为了提高人民生活水平，必须大力发展生产力，增强综合国力。

因此，"三个有利于"标准是对为人民服务思想的重要丰富和发展。这一丰富和发展对我国解放思想，加快改革开放和社会主义现代化建设步伐产生了巨大作用。

（二）"三个代表"重要思想对党的宗旨理论的发展

以江泽民同志为主要代表的中国共产党人，坚持为人民服务的宗旨，并且进一步丰富和发展了党的宗旨理论，形成了"三个代表"重要思想。

"三个代表"重要思想的伟大贡献就在党建上。我们党就是要始终代表中国先进生产力的发展要求，始终代表中国先进文化的前进方向，始终代表最广大人民的根本利益，要把"三个代表"作为原则建设我们的党。所以，"三个代表"重要思想不仅坚持了"为人民服务"的宗旨，对邓小平理论进行了发展和运用，而且进一步向前发展了党的宗旨理论。党的十六大把"三个代表"重要思想作为指导思想写入党章，十届全国人大二次会议将其写入了宪法，成为党和国家各项工作的指导思想。

（三）科学发展观对党的宗旨理论的发展

以胡锦涛同志为主要代表的中国共产党人，坚持为人民服务宗旨，同时也把我们党的宗旨理论向前发展了，集中体现在"以人为本，全面协调可持续"的科学发展观里。

第一次听到"以人为本"的时候，我无比感慨，也无比激动。曾经有一个年代，我们把"以人为本"看成资产阶级人本主义观点、资产阶级人道主义观点而加以批判。现在，"以人为本"写在党的旗帜上，作为经历过那场批判斗争的人，我非常感慨，也非常激动，因为我们党的思想解放已经到了一个非常高的层面。

根据我的理解，"以人为本"至少包含三层含义：第一，把人当人看。这里的人是指一切人，既指常态的人，又指非常态的人，比如监狱里的犯人、医院里的精神病患者。

第二，发展的根本是为了人。发展不是为了人之外的某种事物、为了干部的政绩、为了某种虚无缥缈的存在，发展是为了让人过上好日子。

第三，这里的"人"特指广大人民群众。因此，实现好、维护好、发展好最广大人民群众的根本利益，是"以人为本"的最高含义。

既然发展是为了人民，那么发展就应当是全面的，我们提出了"五位一体"全面发展。既然发展是为了人民，那么发展必须是协调的，在大力发展的同时坚持协调发展。既然为了人，那么发展一定要可持续。不能这一代不管下一代，这一届不管下一届。"以人为本，全面协调可持续"就成了我们党的宗旨在新时期的新发展、新标志。

不仅如此，胡锦涛同志针对干部队伍中出现的一些问题，把为人民服务的要求具体化。他强调，一切党员领导干部都应该做到权为民所用、情为民所系、利为民所谋。每个党员领导干部，一定要把群众摆在心中最高位置。只有我们把群众放在心上，群众才会把我们放在心上。要把群众当亲人。胡锦涛同志提出把群众当亲人，就是要领导干部换个角度、换种眼光来看老百姓。这些要求对我们如何践行党的宗旨，指导得更加明确。"为人民服务"的宗旨，在胡锦涛同志这里又进一步向前发展了。

从"为人民服务"到"以人民为中心"

通过以上介绍大家可以看到,"为人民服务"由毛泽东同志提出,邓小平同志坚持和发展,江泽民、胡锦涛同志继续向前推进,用党的不断发展的宗旨理论指导发展、指导党建、指导处理干群关系。

从"以人为本"到"以人民为中心"

党的十八大以来确立了习近平同志在全党的核心地位。作为党和国家最高领导人,习近平总书记一如既往地坚持"为人民服务"的宗旨,并把它发展成"以人民为中心"的思想。

(一)"以人民为中心"的提出

这个思想最早是在党的群众路线教育实践活动中提出的。活动开始不久,习近平总书记在全国宣传思想工作会议上就发出了一个号召——"要树立以人民为中心的工作导向",这是"以人民为中心"的最早出处。此后,他多次强调使其外延不断扩展,内涵不断丰富,其中主要集中在两个方面。

第一,精神财富的生产。党的十八大以后,习近平总书记提出了"四个全面"战略布局,分别通过一次全会来专门研究布置"四个全面"战略布局的每个方面。党的十八届三中全会关于全面深化改革作了总体部署,其中有一个部分就专门谈到了文化建设,提出文化建设必须坚持"以人民为中心"的工作导向。2014年10月,在文艺工作座谈会上,习近平总书记提出希望文艺工作者坚持以人民为中心的创作导向。为什么人的问题,是毛泽东同志在延安文艺座谈会上提出的重要问题,直到现在这个问题也是一切文艺工作者必须解决的问题。

2016年5月，习近平总书记主持召开哲学社会科学工作座谈会。他指出，我国哲学社会科学要有所作为，就必须坚持以人民为中心的研究导向。同年11月，习近平总书记在会见中华全国新闻工作者协会第九届理事会第一次会议代表和中国新闻奖、长江韬奋奖获奖者代表时指出，要坚持正确的工作取向，以人民为中心，心系人民、讴歌人民。

第二，物质财富的生产。在党的十八届五中全会上，习近平总书记提出，必须坚持以人民为中心的发展思想，这样"以人为本"的发展被丰富为"以人民为中心"的发展。

接着，在中央城市工作会议上，习近平总书记强调做好城市工作，要顺应人民群众新期待，坚持"以人民为中心"的发展思想。2016年，在庆祝中国共产党成立95周年大会上，习近平提出了我们党要顺应人民群众对美好生活的向往，坚持以人民为中心的发展思想。2016年12月，中共中央政治局召开民主生活会。习近平在讲话中指出，必须要做到以人民忧乐为忧乐、以人民甘苦为甘苦，牢固树立"以人民为中心"的发展思想。到了党的十九大，"以人民为中心"已经是贯穿十九大报告的灵魂，成为习近平新时代中国特色社会主义思想的核心内容。

（二）"以人民为中心"的内涵和要求

那么，"以人民为中心"的内涵是什么，它的要求又是什么？我们学习任何一个东西，都要把其内涵和要求搞清楚。学习任何一门哲学社会科学，每个概念都要弄清楚其内涵和定义，概念不清楚，理论就没法研究了。

在我看来，"以人民为中心"的内涵和要求，也可以说是"以人民为中心"的原则、目标或任务，这些概念在一定意义上是相通的。

第一，奋斗目标奔人民而去。我们做工作的方向在哪里，目标是什么？答案是要看人民的向往。人民群众向往美好生活，我们就要把创造美好生活作为工作的目标。人民群众希望学有所教、住有所居、劳有所得、病有所医、老有所养、弱有所扶，我们就应当满足人民群众在养老、居住、工作、就业、看病、幼儿园、养老院以及其他生活保障方面的需求。我们的工作不能浮在面上，而应该是实实在在地让人民群众过上美好生活，应该深入老百姓生活的方方面面。

反过来讲，人民群众痛恨什么、反对什么，我们就坚决防范和纠正什么。比如老百姓痛恨官僚主义、形式主义，我们就要坚决杜绝；老百姓痛恨领导干部以权谋私，我们也要坚决杜绝。一句话——以人民愿望为奋斗目标。

第二，手中权力为人民所用。这个权力是我们为人民的工具；这个权就是在任期间为民造福、为民排忧解难的手段；这个权是公权，公权就要公用，为人民用权就是公用。国家的一切权力属于人民，领导干部必须始终坚持权为民所用。

第三，根本利益为人民所谋。我们用权就是为人民谋利益，把实现好、维护好、发展好人民的根本利益作为出发点、落脚点，始终把人民利益摆在至高无上的位置。习近平总书记说，人民群众的小事就是我们的大事；人民群众关心的事情，让人民满意的事情，就是我们工作的起点。特别是要保护人民的人身权、财产权、人格权。

第四，工作好坏由人民评定。人民拥护不拥护、赞成不赞成、高兴不高兴、答应不答应，是衡量一切工作得失的根本标准。党的一切工作必须以最广大人民的根本利益为最高标准。因此，在实际工作中，我们既要争取领导满意，更要追求群众满意。

第五，心中位置数人民最高。全党同志要把人民放在心中最高位置，人民至上是中国共产党的根本政治立场。自诞生之日起，我们党就确立了马克思主义唯物史观、人民立场和群众观点，领导干部在任何时候都要忠诚党和人民的事业，都要有强烈的责任心，都要忠实履行自己的职责，始终坚持人民至上、生命至上，把人民群众的生命安全和身体健康放在第一位。

第六，人民和干部是主仆关系。人民是国家的主人，干部是人民的仆人，公仆这个概念是巴黎公社于1871年确定的。一个干部，人民群众不满意，他还能做干部吗，还是一个干部吗？党员领导干部应时时想到，自己是人民公仆，接受人民监督，当好人民公仆，永远保持对人民的赤子之心，始终同人民想在一起、干在一起。

（三）"以人民为中心"对党的宗旨理论的发展

从"为人民服务"到"以人民为中心"，党的宗旨理论的发展体现在三个方面。

首先，人民的主体地位更加突出。"以人民为中心"中人民的主体地位本来就很高，我们党所做的一切工作就是为人民服务的。"为中心"三个字清晰地表明了这一点，它明确要求一切工作，无论是新闻工作、文艺工作、哲学社会科学研究工作，党的执政行为、政府施政行为都要围绕和服从人民这个"中心"，时刻不能偏离这个"中心"。

我们写文章、写书的出发点多种多样，比如为了年度考核、评职称、学位论文答辩，还有就是有兴趣，希望能够成名成家。但是，文字工作者首先要想到为人民而写。

其次，为人民谋利益的要求更高。在不同的历史阶段，为人民谋利益的内涵和目标也不同。解放以前为人民谋利益就是要实现人民解放和民族独立。新中国成立初期，为人民谋利益就是要改善人民的生活水平。进入中国特色社会主义新时代，为人民谋利益就是要改善人民的物质生活水平，满足人民对精神生活的追求，满足人民对美好生活的向往。现在，我们为人民谋利益的要求和内容更多了。随着时代的发展和社会进步，为人民谋利益的内涵不断丰富和发展，为人民利益奋斗永无止境。

最后，作为党的执政理念的意味更强了。"以人民为中心"是工作导向、是发展思想，而且它上升到执政理念的高度，这表明人民是我们党制定一切路线、方针、政策的中心。为什么人、靠什么人的问题，是检验一个政党、一个政权性质的试金石。

只要坚持以人民为中心，领导干部就不会与民争利，不会侵害群众利益；只要坚持以人民为中心，领导干部就不会对群众冷漠或者无视；只要坚持以人民为中心，领导干部就不会言而无信。所以要牢固树立以人民为中心的发展思想，把以人民为中心贯彻到各项工作中。

梳理从"为人民服务"到"以人民为中心"的演进过程，我本人也受到了一次深刻的教育，也更加清晰地看到了我们党之所以伟大与崇高的源泉；更加清楚地懂得了我们党何以能够凝聚力量，带领全国人民实现从站起来、富起来到强起来的伟大飞跃。

党的二十大报告指出，江山就是人民、人民就是江山。中国共产党领导人民打江山、守江山，守的是人民的心。只要全体党员干部坚持以人民为中心去思考和工作，我们党绘制的第二个百年奋斗目标和中华民族伟大复兴的中国梦，就一定会成为光辉灿烂的现实。

中国特色社会主义的创立和发展

2017年7月26日至27日,省部级主要领导干部"学习习近平总书记重要讲话精神,迎接党的十九大"专题研讨班在北京举行。习近平总书记在开班式上发表重要讲话。他指出,中国特色社会主义是改革开放以来党的全部理论和实践的主题。此后,在党的十九大报告和很多重要场合,习近平总书记都强调了这一主题。

今天,我们就来回顾一下这个主题的来龙去脉,弄清楚中国特色社会主义创立和发展的大致过程,从而更加自觉地学习和贯彻习近平新时代中国特色社会主义思想。[①]

经典作家对社会主义经济制度的设想和中国的实践

在500多年前,人类有几位先进的思想家,他们就预见到或者盼望未来有一个美好的社会,将其叫作乌托邦,也就是我们所知道的空想社会主义学说。他们对这一社会制度作了构想,对人们的生

[①] 这一课收入本书时,欣逢党的二十大胜利召开。党的二十大报告对中国特色社会主义作了极其重要的丰富和发展。据此,作者对本课内容作了必要的充实和调整。

活进行了想象，有的方面还非常细致，可越是细致就越是容易陷到空想中，这是十分自然的。比如现在我给大家出一个题目，请大家设想一下，500年后你们的单位是什么样子，500年后你这个家族的后代过着怎样的生活，恐怕大家很难回答。所以，我们不要苛求前人对我们今天的生活作出怎样精确的想象，关键问题在于他们预测了人类社会的发展趋势。

过了300多年，马克思、恩格斯共同创立了马克思主义，他们的重大贡献是使社会主义从空想成为科学。马克思、恩格斯对社会主义制度是如何设想的呢？在经济上有三点：消灭资本主义私有制、有序的社会化大生产和按劳分配。这不是他们坐在书斋里想出来的，而是基于对资本主义的深刻分析。这种分析是循着两个维度进行的：一个维度是资本主义社会工人阶级状况，另一个维度是资本主义经济危机。

此时，工人阶级处于什么状况呢？用中国人的话说，工人干着牛马活儿，过着牛马不如的生活。马克思、恩格斯的研究揭示出，原来工人通过工资拿回来的，只是他们劳动创造的一部分，用以恢复劳动能力，用来养家糊口、繁衍后代，这叫作必要劳动、必要价值。而工人创造的绝大部分价值却被资本家无偿占有了，资本家把它叫作利润，这实际上是工人创造的剩余价值。资本家为什么能够占有呢？因为厂房、机器、原材料是资本家的，因此马克思、恩格斯告诉工人，要想劳动创造的价值百分之百为工人自己所有，就必须建立工人阶级自己的政权，消灭生产资料的资本主义所有制，那样劳动就是为自己劳动，每个人的劳动所得就根据劳动量计算，实现按劳分配，即多劳多得、少劳少得，不劳动者不得食。这里，消灭资本主义的私有制是关键，只有劳动者占有生产资料，才能摆脱剥削。

　　资本主义的经济危机是一种生产过剩的危机，危机到来的时候，产品堆积如山卖不出去，市场萧条。这个时候工厂关门、工人失业，工人过上了没有收入的悲惨生活。由于社会消费还在进行，积压的商品慢慢地被消耗掉，于是企业又逐渐开工生产了。消费创造了新的需求，资本主义企业开足马力加速生产，购销两旺，资本主义经济进入了繁荣时期，然而这种繁荣又是新一轮经济危机的开端。资本主义的经济就是从繁荣到危机，再从危机到繁荣这样一个周而复始的过程。

　　马克思、恩格斯告诉人们，资本主义的机械化大生产已经把孤立的生产变成社会性的，每个企业既是上游的下游，又是下游的上游。资本主义社会化大生产，是一个完整的链条，这个链条客观上要求环环相扣，整个社会生产要有计划、按比例，不至于环环脱节。但是资本主义做不到，因为每个企业都是资本家个人的，每个企业生产都是有秩序的，按照市场大利大干、小利小干、无利不干。结果每个企业均按照自己的利润目标在生产，最后生产过剩，经济危机爆发了。

　　因此，资本主义社会存在一个固有的矛盾，这就是生产的社会化和生产资料私人占有制之间的矛盾，只要这个矛盾存在，经济危机就必然存在。资本主义没法克服这个矛盾；解决这个矛盾的唯一办法，即在社会化大生产充分发展的基础上，消灭资本主义私有制，建立以劳动者占有生产资料的所有制关系，然后由自由人的联合体，从社会化生产自身的整体计划来安排。

　　马克思、恩格斯对两个维度的分析得出一个结论：消灭资本主义私有制。要消灭经济危机要用生产资料公有制代替资本主义私有制，要让工人摆脱剥削也要消灭资本主义私有制，所以马克思、恩格斯在《共产党宣言》中有这样一句话：共产党人可以用一句话把自己的理论概括起来，这就是消灭私有制。

中国共产党人是马克思主义的信徒，按照马克思主义建党，也按照马克思主义立国。1949年，中华人民共和国成立了，用三年时间恢复国民经济、医治战争创伤。从1953年开始，中国着手建立社会主义公有制，办法就是三大改造。一是对农业的社会主义改造，把刚刚分到土地的农民，三五家分一组，组成互助组，接着把若干个互助组合并，组成合作社，叫作初级社，后来若干个初级社又合并，组成一个更大的公有制组织，叫作高级农业生产合作社，1956年完成了。二是对手工业者的社会主义改造，就是把打铁的、修鞋的、刻章的、理发的等组织起来，成立各种店，成立各种厂，这些都是集体所有制。1956年手工业的社会主义改造基本完成了。三是对资本主义工商业的社会主义改造。我们把资本主义企业分为两类，一类是官僚资本主义企业，以蒋、宋、孔、陈四大家族为代表，我们果断地对其没收，转为国营。另一类是广大的中小资产阶级，即民族资产阶级。我们对他们采取的政策就是赎买，实行公私合营，到1956年实现了全行业公私合营。对他们的机器、厂房、原材料，我们作价，每年付5%的定息，共付10年。到1966年，国家规定的定息年限已满，公私合营牌子全部变成了国营。

1956年社会主义改造的完成是社会主义公有制基本建立的重要标志。在这个进程中，我们成立了国家计划委员会，起草了第一个五年计划，1954年宪法明确规定国民经济实行国家计划指导。这样，随着社会主义改造基本完成，生产资料公有制得以建立，与之相适应的分配制度——按劳分配为主体的制度随之建立。

对照马克思、恩格斯的著作，我们总感到公有化程度不高，于是1956年之后，我们不停顿地进行生产关系的变革。生产关系包含三项内容：所有制的形式、人与人的关系、分配方式。我们主要是进行所有制的变革。在农村，我们用两年时间，完成了从高级社到人民公社的过渡，就是把若干个高级社合并成一个更大的公有化组织——人民公社。农民还有自留地，瓦匠、木匠、换糖的、补锅的，还在走村串巷搞个体，这不是"资本主义的尾巴"吗？于是各地不同程度地掀起了一股热潮，就是"割资本主义尾巴"。同时，主张以阶级斗争为纲，长期把生产力的发展摆到次要的地位。特别是有部分人认为社会主义所采取的应当是资本主义所没有的，资本主义所采取的应当是社会主义所不齿的，结果把一些本来不具有社会主义性质的东西，比如"大锅饭"、平均主义，当成社会主义原则来坚持，而一些本来在社会主义条件下也可以使用的东西，我们却当作资本主义的东西抛弃，比如市场机制、股份制。结果形成了这样的局面：我们一直在搞社会主义，但没有搞清楚什么是社会主义，老百姓的温饱问题长期得不到解决，贫穷和落后一直伴随着我们，特别是以阶级斗争为纲的治国方针，最终酿成十年内乱，使我国国民经济处在濒临崩溃的边缘。

改革开放和中国特色社会主义的创立

1976年，"四人帮"被粉碎。1978年，党的十一届三中全会决定实行改革开放。就在这一段时间，发生了三件事。

第一件事是大批的知识青年返城。2000多万名知青从插队的农村返回城市，为了生活，他们就在街头卖饺子、卖馄饨、卖墨镜、卖服装，做各种各样的小生意，个体户便产生了。

第二件事是1978年安徽凤阳县小岗村18户农民搞"大包干"。多年来，他们农忙的时候披星戴月，历尽辛苦；农闲的时候，全家乃至全村出去要饭。他们决定分田到户，即打下的粮食交够国家的、留足集体的，剩下是自己的。他们知道这样做会带来什么后果，于是签字画押：如果有谁因此坐牢，大家同心协力把他的孩子养到18岁。分地的结果，第一年就解决了大伙的温饱问题。党中央总结了这一成功经验，顺应了农民的要求，决定在全国分田到户，实行"大包干"，后来叫作家庭联产承包责任制，接着取消了人民公社，建立乡镇政府。

第三件事是大概在同一时间，安徽出了一个年广九，他炒的瓜子市场销量非常好，生产规模不断扩大，最多用工达到140人。这个时候，有人想起马克思在《资本论》中的一个注解：一个人用两个帮手，那是为了生计；用了8个人及以上，那就是为了积累财富，因此是资本家。按照这个标准，年广九成了大资本家了，这还了得？材料层层上报，报到邓小平那里，小平同志指示不要动他！于是中国就产生了民营企业。

我讲的这三个例子，不是按照时间先后排序的。面对大量的个体户、民营企业、农民分田到户，一个尖锐的问题摆在我们面前，中国还是社会主义国家吗？重温马克思、恩格斯的著作，这才恍然大悟：过去我们理解错了！马克思、恩格斯设想的社会主义，是资本主义阶段之后一个更高级的社会，中国社会没有进入资本主义，我们是在半殖民地半封建社会的废墟上建立的社会主义。严格说来，我们虽说也在搞社会主义，但事实上不够格，这是邓小平同志讲的，我们处在社会主义初级阶段。

初级阶段就是社会主义的不发达阶段。既然处于初级阶段，我们就不能够套用高级阶段的制度设计，必须采取与社会主义初级阶段相适应的制度和政策。于是，我们党制定了社会主义初级阶段的基本路线：领导和团结全国各族人民，以经济建设为中心，坚持四项基本原则，坚持改革开放，自力更生，艰苦奋斗，为把我国建设成为富强民主文明的社会主义现代化国家而奋斗。这条路线通俗地讲就是"一个中心两个基本点"：以经济建设为中心，果断地抛弃以阶级斗争为纲；一个基本点是坚持改革开放，打破封闭、打破僵化，另一个基本点是坚持四项基本原则，保证我们的改革不改变颜色；通过自力更生、艰苦奋斗，把我们国家建设成为富强民主文明的社会主义现代化国家。

社会主义初级阶段有多长呢？党的十四大指出至少要100年。邓小平同志强调，社会主义初级阶段之后是巩固社会主义阶段，要经过几代人、十几代人乃至几十代人的努力。1958年，我们就喊出"跑步进入共产主义"。回顾以往，我国在建设社会主义过程中出现失误的根本原因之一，就是我国提出的任务、设计的制度、方针、政策，超越了社会主义初级阶段。

我们党根据社会主义初级阶段这个基本国情，进行制度设计，制定方针政策。一是以公有制为主体、多种经济成分共同发展。二是以按劳分配为主、多种分配方式并存。主体是按劳分配，但是银行存款可以拿利息，房屋出租可以拿房租，投资入股可以按股分红，发明专利可以算股份，这就叫作按要素分配，而在过去我们坚决认为这些是资本主义的。三是让一部分地区、一部分人先富起来。长期以来，我们把共同富裕理解为同步富裕，理解为齐步走、手挽手、肩并肩，而这样走的结果只能导致共同贫穷。要想走向共同富裕，必须先拉开差距；只有拉开差距才能走向共同富裕，这就是发展的辩证法。

邓小平同志的这个设计，是以拉开差距为前提的。他提出到20世纪末我们再来着手解决差距过大的问题。我们党提出缩小收入差距，也就是在2000年以后提出来的。我们现在强调协调发展、共享发展了，但是大家要有定力。第一，我们不要以为以往的一部分人先富的道路搞错了，没有错，这是通向共同富裕的唯一正确道路，没有第二条道路。只有调动一切积极性，放开手，让能发展的先发展，让能发展的地区先富裕。邓小平同志为我们找到了这条正确的道路。第二，就是现在，就是今后若干年里，我们国家还是奉行这条道路。大家看党的十九大和二十大通过的党章，仍然强调让一部分人先富起来，让一部分地区先富起来。这是国家从富强走向强大的必经之路，我们不能有糊涂的认识。

四是逐步引入市场机制，并最终在1992年党的十四大上，把建立社会主义市场经济体制确定为经济体制改革的目标，走上市场化改革的进程。

正是党实行的这些大政策，使我国发生了翻天覆地的变化。然而非公有制经济快速发展，在各项经济指标中占比越来越高，在有的地方甚至超过了公有制经济的比重，这种情况引发了不少人的疑虑和担忧，"公有制为主体"怎么体现呢？在这种背景下，江泽民同志在1997年5月29日发表了重要讲话，为党的十五大做了理论准备。

"5·29"讲话和党的十五大报告对公有制为主体进行了深入阐述，具体有以下几点。

第一，以公有制为主体是就总体而言的，有些地区、有些行业可以例外。

第二，公有制为主体讲的是一种控制力。这种控制力包含两层含义，一是凡是有关国计民生的重大问题、国家经济命脉都要掌握在公有制经济的手里。比如最初我们认为航空、铁路、银行、保险，应该牢牢地掌握在公有制手里，后来也逐步有序放开，关键在管理，不在所有制。二是企业内部的控制力。在一家股份公司中，如果公有制经济占30%达到绝对控股，那么这个股份公司就是公有制的。这个股份公司用30%股份又控制了一家"儿公司"，这家"儿公司"用30%股份又控制了一家"孙公司"，那么在宝塔尖上，公有制股本只用30%就控制了一个庞大的企业集团，那么这个集团整个就是公有制的。党的十五大作出一个重要的结论，股份公司是企业的一种组织形式，社会主义也可以用。

第三，公有制为主体不仅有一个量的问题，还有一个质的问题。不能解决就业、不能纳税、不能提供优质产品供应市场的公有制企业当然是越少越好，能够纳税、能够解决就业、能够提供优质产品供应市场的民营企业当然是越多越好。这是第一线的领导干部和群众都明白的道理。

党的十五大明确提出，六类人可以入党。一类人就是民营科技的创始人员和技术人员，第二类人是"三资"企业当中的管理技术人员，再有就是个体户、私营企业主、中介组织的从业人员、自由职业者。党的十五大报告对党的性质作了新判断：中国共产党是中国工人阶级的先锋队，是中国人民和中华民族的先锋队。这就把我们党的来源、阶级基础搞得更大。特别是党的十五大把公有制为主体、多种所有制经济共同发展，上升为国家基本经济制度。这就是党的十五大的重大贡献。

当时我以为对于公有制为主体、多种所有制经济共同发展，党的十五大该讲的已经讲到位了，谁知道我想错了。在习近平总书记的思想引领下，党的十八届三中全会又向前跨了一大步，作出了一个重要的判断：公有制经济、非公有制经济都是我国社会主义市场经济的重要组成部分，都是我国经济社会发展的重要经济基础。大家识文断字，两个"都是"的含义一定能够透彻地理解。我们不要再纠缠姓"公"姓"私"了，它们是一样的；公有制经济的财产权不可侵犯，非公有制经济的财产权同样不可侵犯。要做到"两个毫不动摇"，即发展公有制经济毫不动摇，发展非公有制经济同样毫不动摇。这次全会提出一个"混合所有制"的概念，这种经济形式在我们的现实生活中早就有了，但是以党的会议把它确定下来，这是第一次。党的十八届三中全会指出：混合所有制经济是基本经济制度的重要实现形式。这个判断告诉我们，公有制为主体、多种所有制经济共同发展这个基本经济制度，还可以通过混合所有制来实现。在混合所有制当中，既可以公有制经济控股，也可以非公有制经济控股，职工可以持股。

我们再来看看《共产党宣言》的那句名言：共产党人可以用一句话把自己的理论概括起来，这就是消灭私有制。马克思、恩格斯讲的消灭私有制，不是消灭中国今天的个体户和民营企业，特指的是消灭资本主义私有制。我们今天的个体户、民营企业都是翻身当家作主的劳动人民，我们党流血牺牲就是要把劳动人民从无产者变成有产者，提出创造条件让更多群众拥有自己的财产性收入。比如，存款利息、房租收益、股票收入、股本分红、理财增值、土地使用权转让收益，包括知识产权收入，都是财产性收入。我们以往思想根子上就两个字："恐私"。殊不知这个私不是那个私，今天的民营企业解决就业、提供产品供应市场、为国家提供税收，都是为社会主义服务的。因此，我们党早在2001年就宣布私营企业主是中国特色社会主义事业的建设者。

党的十九大的新闻发布会邀请中央统战部副部长到会讲话，他说非公有制经济对我们国家的贡献，可以用五六七八九来概括，五是民营企业对国家税收的贡献超过50%，六是民营企业在国内生产总值、固定资产投资、对外直接投资占比中超过60%，七是高新技术产业的70%是民企，八是城镇就业率的80%是民企完成的，九是每年新增加的劳动就业的90%是民企提供的。所以我们不光从理论上证明，非公有制经济是我们国家的重要经济基础，实际情况也有力证明。如果今天没有非公有制经济，老百姓的就业、家庭收入以及国家综合实力则完全是另外一个样子。

从民营经济的贡献、作用和意义等各个方面来看，习近平总书记在2018年11月1日民营企业座谈会上，作出一个重要判断：民营企业和民营企业家是我们自己人。我们要把思想认识统一到这个重要判断上来。

当然我们是在充分肯定国有企业重要作用的同时讲这句话的。习近平总书记指出，要使国有企业成为党和国家最可信赖的依靠力量，成为坚决贯彻执行党中央决策部署的重要力量，成为贯彻新发展理念、全面深化改革的重要力量，成为实施"走出去"战略、"一带一路"建设等重大战略的重要力量，成为壮大综合国力、促进经济社会发展、保障和改善民生的重要力量，成为我们党赢得具有许多新的历史特点的伟大斗争胜利的重要力量。习近平总书记一下子讲了六个重要力量，这是2016年他在全国国有企业党建工作会议上讲的。希望国有企业的同志们奋发有为，不要辜负了党和国家的期望,把国有企业发展得更好。同样的道理,我们要大力支持民营企业发展,共同为我国经济发展服务,为老百姓的美好生活贡献力量。

中国特色社会主义是改革开放以来党的全部理论和实践的主题

社会主义初级阶段理论、党在初级阶段的基本路线、国家基本经济制度,都是中国特色社会主义的重要内容。中国特色社会主义是改革开放以来党的全部理论和实践的主题。

中国特色社会主义是邓小平同志提出来的。1982年是粉碎"四人帮"的第6年,我们党召开十二大,邓小平同志在开幕词中说,把马克思主义的普遍真理同中国的具体实践相结合,走自己的道路,建设有中国特色的社会主义道路,这就是我们总结长期历史经验得出的基本结论。这是中国特色社会主义第一次被提出,自此,贯穿我们党的全部理论和全部实践,成了这40多年一以贯之的主题。

那么,我们党的理论和实践是怎么贯穿这个主题的呢?这就需要我们认真回顾一下党的全部文献,要回顾改革开放的实践。我找到了一个简单的办法,即从党的历次全国代表大会报告的题目就能清晰地看出来。党的十二大以后,我们党一共召开了8次全国代表大会,从党的十三大到党的二十大。

党的十三大:《沿着有中国特色的社会主义道路前进》(召开时间为1987年10月);

党的十四大:《加快改革开放和现代化建设步伐 夺取有中国特色社会主义事业的更大胜利》(召开时间为1992年10月);

党的十五大:《高举邓小平理论伟大旗帜 把建设有中国特色社会主义事业全面推向二十一世纪》(召开时间为 1997 年 9 月);

党的十六大:《全面建设小康社会 开创中国特色社会主义事业新局面》(召开时间为 2002 年 11 月);

党的十七大:《高举中国特色社会主义伟大旗帜 为夺取全面建设小康社会新胜利而奋斗》(召开时间为 2007 年 10 月);

党的十八大:《坚定不移沿着中国特色社会主义道路前进 为全面建成小康社会而奋斗》(召开时间为 2012 年 11 月);

党的十九大:《决胜全面建成小康社会 夺取新时代中国特色社会主义伟大胜利》(召开时间为 2017 年 10 月);

党的二十大:《高举中国特色社会主义伟大旗帜 为全面建设社会主义现代化国家而团结奋斗》(召开时间为 2022 年 10 月)。

这些题目让我们一目了然:中国特色社会主义确实是改革开放以来党的全部理论和实践的主题。我们党不仅始终如一地高举中国特色社会主义的伟大旗帜,而且始终如一地丰富和发展中国特色社会主义。

党的十一届三中全会以来,以邓小平同志为主要代表的中国共产党人,深刻总结新中国成立以来正、反两方面经验,围绕什么是社会主义、怎样建设社会主义这一根本问题,创立了邓小平理论。

党的十三届四中全会以来,以江泽民同志为主要代表的中国共产党人,坚持党的基本理论、基本路线,加深了对什么是社会主义、怎样建设社会主义和建设什么样的党、怎样建设党的认识,形成了"三个代表"重要思想。

党的十六大以来,以胡锦涛同志为主要代表的中国共产党人,深刻认识和回答了新形势下实现什么样的发展、怎样发展等重大问题，形成了科学发展观。

改革开放以来，我们党不但始终坚持了中国特色社会主义这个主题，而且不断丰富和发展了这个主题。现在，我们来具体回顾一下改革开放以来党的历次全国代表大会对其所作的丰富和发展。

党的十三大提出"社会主义初级阶段和党的基本路线"，并指出：正确认识我国社会现在所处的历史阶段，是建设有中国特色的社会主义的首要问题，是我们制定和执行正确的路线和政策的根本依据。

党的十四大系统阐述了建设有中国特色社会主义理论的主要内容，这就是在社会主义的发展道路、发展阶段、根本任务、发展动力、外部条件、政治保证、战略步骤、领导力量和依靠力量、祖国统一等方面的重要思想，把建立社会主义市场经济体制确立为经济体制改革的目标。

党的十五大阐述了邓小平理论的历史地位和理论意义，强调邓小平理论形成了新的建设有中国特色社会主义理论的科学体系，把邓小平理论确立为我们党的指导思想。党的十五大报告深入阐述了社会主义初级阶段的基本路线和纲领，报告指出，我们讲一切从实际出发，最大的实际就是中国现在处于并将长时期处于社会主义初级阶段。我们讲要搞清楚什么是社会主义、怎样建设社会主义，就必须搞清楚什么是初级阶段的社会主义，在初级阶段怎样建设社会主义。

党的十六大全面阐述了"三个代表"重要思想，并将其确立为我们党的指导思想。党的十六大指出，开创中国特色社会主义事业新局面，必须高举邓小平理论伟大旗帜，坚持贯彻"三个代表"重要思想。指出始终做到"三个代表"，是我们党的立党之本、执政之基、力量之源。大会报告去掉了"有"字，使"有中国特色社会主义"正式变成"中国特色社会主义"。

党的十七大报告系统阐述了科学发展观，并且把我们党改革开放以来持续推进马克思主义中国化的最新理论成果——邓小平理论、"三个代表"重要思想和科学发展观，统称为"中国特色社会主义理论体系"。党的十七大报告明确指出，改革开放以来我们取得一切成绩和进步的根本原因，归结起来就是：开辟了中国特色社会主义道路，形成了中国特色社会主义理论体系。高举中国特色社会主义伟大旗帜，最根本的就是要坚持这条道路和这个理论体系。

党的十八大对中国特色社会主义的重要发展，就是把中国特色社会主义的科学内涵，阐释为中国特色社会主义道路、中国特色社会主义理论体系、中国特色社会主义制度。三者的关系是：中国特色社会主义道路是实现途径，中国特色社会主义理论体系是行动指南，中国特色社会主义制度是根本保障，三者统一于中国特色社会主义伟大实践，要求全党要坚定道路自信、理论自信、制度自信。党的十八大报告同时指出，建设中国特色社会主义，总依据是社会主义初级阶段，总布局是"五位一体"，总任务是实现社会主义现代化和中华民族伟大复兴。

中国特色社会主义新时代的新探索和新成果

从党的十八大开始，中国特色社会主义进入了新时代。新时代提出新课题，要求我们党从理论和实践的结合上回答：新时代坚持和发展什么样的中国特色社会主义、怎样坚持和发展中国特色社会主义，建设什么样的社会主义现代化强国、怎样建设社会主义现代化强国，建设什么样的长期执政的马克思主义政党、怎样建设长期执政的马克思主义政党等重大时代课题，要求我们党对新时代坚持和发展中国特色社会主义的总目标、总任务、总体布局、战略布局和发展方向、发展方式、发展动力、战略步骤、外部条件、政治保证等基本问题，作出清晰的阐述。围绕这个重大时代课题，我们党以全新的视野深化对共产党执政规律、社会主义建设规律、人类社会发展规律的认识，进行艰辛的理论探索，提出一系列原创性的治国理政新理念新思想新战略，取得重大理论创新成果，形成了习近平新时代中国特色社会主义思想。我们党坚持不懈用这一创新理论武装头脑、指导实践、推动工作，为新时代党和国家事业发展提供了根本遵循。

十年来，我们党对新时代党和国家事业发展作出科学完整的战略部署，提出实现中华民族伟大复兴的中国梦，以中国式现代化推进中华民族伟大复兴，统揽伟大斗争、伟大工程、伟大事业、伟大梦想，明确"五位一体"总体布局和"四个全面"战略布局，确定稳中求进工作总基调，统筹发展和安全，明确我国社会主要矛盾是人民日益增长的美好生活需要和不平衡不充分的发展之间的矛盾，并紧紧围绕这个社会主要矛盾推进各项工作，不断丰富和发展人类文明新形态。在这期间，党的十八届六中全会提出坚持四项基本原则，根本是坚持党的领导，坚持中国特色社会主义道路、中国特色社会主义理论体系、中国特色社会主义制度、中国特色社会主义文化，从而把中国特色社会主义拓展为四个组成部分，相应地，三个自信发展为"四个自信"：道路自信、理论自信、制度自信、文化自信。全会把党在社会主义初级阶段的基本路线称作"党和国家的生命线，人民的幸福线，也是党内政治生活正常开展的根本保证"，号召全党必须坚决捍卫党的基本路线，把"是否坚定不移贯彻党的基本路线"作为考察识别干部，特别是高级干部的首要内容。党的十九届四中全会对坚持和完善中国特色社会主义制度，推进国家治理体系和治理能力现代化作出部署，并且把中国特色社会主义基本经济制度，从党的十五大所确立的"公有制为主体、多种所有制经济共同发展"基本经济制度，丰富为"公有制为主体、多种所有制经济共同发展，按劳分配为主体、多种分配方式并存，社会主义市场经济体制"。

党的十九大正式提出习近平新时代中国特色社会主义思想这一科学概念，并把这一思想的重要内涵概括为"八个明确""十四个坚持"，党的十九届六中全会通过的党的第三个历史决议把"八个明确"丰富为"十个明确""十三个方面成就"。党的二十大报告指出：十九大、十九届六中全会提出的"十个明确""十四个坚持""十三个方面成就"概括了习近平新时代中国特色社会主义思想的主要内容，必须长期坚持并不断丰富发展。

党的二十大主题明确宣示了党在新征程上举什么旗、走什么路、以什么样的精神状态、朝着什么样的目标继续前进。大会的主题是：高举中国特色社会主义伟大旗帜，全面贯彻新时代中国特色社会主义思想，弘扬伟大建党精神，自信自强、守正创新，踔厉奋发、勇毅前行，为全面建设社会主义现代化国家、全面推进中华民族伟大复兴而团结奋斗。大会主题是大会的灵魂，是党和国家事业发展的总纲。大会宣布：从现在起，中国共产党的中心任务就是团结带领全国各族人民全面建成社会主义现代化强国、实现第二个百年奋斗目标，以中国式现代化全面推进中华民族伟大复兴。党的二十大把习近平新时代中国特色社会主义思想的世界观和方法论概括为"六个必须坚持"：必须坚持人民至上，必须坚持自信自立，必须坚持守正创新，必须坚持问题导向，必须坚持系统观念，必须坚持胸怀天下。

习近平新时代中国特色社会主义思想是当代中国马克思主义、二十一世纪马克思主义，是中华文化和中国精神的时代精华，实现了马克思主义中国化新的飞跃。

以上我对中国特色社会主义发展的勾勒是提示性的、粗线条的，为大家进一步学习和研究提供一个线索。

中国特色社会主义的"特色"何在

中国特色社会主义，为什么要加"特色"二字，"特色"又作何理解？在我看来，在理论上，它是相对于经典作家构想的社会主义而言的；在实践上，它也是相对于苏联社会主义模式和我们曾经所实践的社会主义而言的。"特色"体现在以下几个方面。

第一，特在起点。马克思设想的共产主义社会是资本主义社会之后的一个社会形态。就是说，是在像欧美这样的资本主义阶段之后产生的一个更高层次的社会，但我们是在半殖民地半封建社会的废墟上建立社会主义。邓小平同志说，严格地说来我们不够格，我们处在社会主义初级阶段。这个初级阶段也就是社会主义的不发达阶段。这样我们就处在两个"初级阶段"，其一，社会主义是共产主义的初级阶段，其二，我们中国又是处在社会主义的初级阶段。所以我们的社会主义跟马克思设想的社会主义的起点不一样，中国是在生产力极其落后的基础上开始社会主义建设进程的。党的十三大在阐述社会主义初级阶段理论时特别指出，这并不是每个国家进入社会主义都必然经过的阶段，而是特指中国的特殊国情所决定的一个初级阶段。这就是"中国特色"的第一个"特"：特在社会主义的起点不同。

第二，特在体制。我们可以把马克思设想的共产主义社会看作未来理想社会的成熟阶段，而我国处在社会主义初级阶段。很显然，初级阶段不能套用成熟阶段的制度设计，必须从中国的实际出发，从初级阶段这个最大的国情出发，进行我国的制度设计。党的十一届三中全会以前，出现失误的根本原因之一，就在于我国提出的目标和任务，制定的体制和政策，超越了初级阶段这个基本国情。于是，在邓小平理论的指引下，我国制定了党在整个社会主义初级阶段的基本路线，制定了公有制为主体、多种经济成分共同发展的战略方针，制定了让一部分地区、一部分人先行发展，然后达到共同富裕的发展道路，制定了按劳分配为主体、多种分配方式并存的分配制度，确立了建立社会主义市场经济的改革目标，制定了一系列适合国情的经济、政治、文化、社会、生态文明建设和党的建设体制。党的十五大把公有制为主体、多种所有制经济共同发展确立为国家基本经济制度，党的十九届四中全会在此基础上，又把按劳分配为主体、多种分配方式并存和社会主义市场经济体制上升为国家基本经济制度。

第三，特在发展模式。我们的根本目标是共同富裕，但是共同富裕绝不能理解为肩并肩、手拉手、齐步走，那样做的结果只能导致共同贫穷。因为当我们被捆绑在一起的时候，就只能向发展速度最慢的看齐，结果大家都走不快。邓小平同志为我国找到了一条正确的发展道路，那就是让一部分有条件的地区和人先行发展、先行富裕，通过先富带动后富最后走向共同富裕。时间证明这是一种正确的发展模式。我国正是靠着这种模式才有今天的成就。当然，这样做拉开了差距，但是为了走向共同富裕，必须先要拉开差距；不拉开差距，只能导致共同贫穷。这就是发展的辩证法。邓小平同志设计这种模式的时候想得非常清楚。他说到 20 世纪末，我们再来着手解决差距问题。我们党重视缩小差距的时候，正是邓小平同志设定的那个时间。因此，我们现在正在努力缩小差距，同时继续坚持鼓励一部分地区和一部分人先富起来，逐步实现人民共同富裕。党的十九大、二十大通过的党章对此都作出了明确的宣示。

第四，特在理论指南。马克思主义是我们党始终坚持的指导思想，也就是我们所说的理论指南。在我们党看来，马克思主义是一个不断发展着的理论体系，需要持续不断地中国化、时代化，形成与时俱进的中国马克思主义理论体系。在进入改革开放后，为适应我国社会主义初级阶段的发展要求和发展步伐，中国马克思主义理论体系在毛泽东思想的基础上，相继产生了邓小平理论、"三个代表"重要思想、科学发展观、习近平新时代中国特色社会主义思想，统称中国特色社会主义理论体系。正是这一整套理论体系，指引着我们坚持改革开放这个基本国策不动摇，指引着社会主义现代化建设阔步前进。实践告诉我们，中国共产党为什么能，中国特色社会主义为什么好，归根到底是马克思主义行，是中国化时代化的马克思主义行。在这套理论体系当中，我们不再把计划和市场看作区分社会制度的标志，因为社会主义也需要市场，所以果断确立了以建设社会主义市场经济体制为目标的改革方案；我们不再把按要素分配看作某个社会制度特有的经济现象，社会主义社会也是可以采用的；对于社会主义社会的资本，我们不再把它简单等同为资本主义社会的资本，而把它看作社会主义市场经济的重要生产要素，认为资本作为重要生产要素是市场配置资源的工具，是发展经济的方式和手段，社会主义国家也可以利用各类资本推动经济社会发展；同样，股份公司、股票市场、聘用制度等都不带有阶级性、社会性，既可以为资本主义社会服务，同样也可以为我们社会主义社会服务。

第五，特在中国共产党的领导。第二次世界大战后世界出现了一批社会主义国家。但我们知道，现在这些国家要么放弃了社会主义，要么发展得不尽如人意，而中国在经过一段艰辛的探索以后，找到了中国特色社会主义道路，大步走上发展的"快车道"，让社会主义在国际舞台上大放异彩，显示出勃勃生机。过去人们常说社会主义救中国，今天我们可以说中国道路拯救了社会主义。同样都是社会主义，为什么前后会出现这么大的反差？原因就在于，中国是由中国共产党领导的。中国共产党的领导是中国特色社会主义最本质的特征，是中国特色社会主义制度的最大优势。

坚定不移走中国特色社会主义道路

中国特色社会主义道路，就是在中国共产党领导下，立足我国基本国情，以经济建设为中心，坚持四项基本原则，坚持改革开放，解放和发展社会生产力，建设社会主义市场经济、社会主义民主政治、社会主义先进文化、社会主义和谐社会、社会主义生态文明，促进人的全面发展，逐步实现全体人民共同富裕，建设富强民主文明和谐的社会主义现代化国家。中国特色社会主义道路的内涵，是党的十七大报告第一次系统阐述、党的十八大报告加以完善的，其中"社会主义生态文明，促进人的全面发展，逐步实现全体人民共同富裕"，就是党的十八大报告新增加的。现在加上了"美丽"，变成"建设富强民主文明和谐美丽的社会主义现代化强国"。

习近平总书记多次强调，必须坚持中国特色社会主义道路。在庆祝改革开放40周年大会上，习近平总书记再次指出："方向决定前途，道路决定命运。我们要把命运掌握在自己手中，就要有志不改、道不变的坚定。改革开放40年来，我们党全部理论和实践的主题是坚持和发展中国特色社会主义。""中国特色社会主义道路是当代中国大踏步赶上时代、引领时代发展的康庄大道，必须毫不动摇走下去。"①

对于中国特色社会主义道路，我们要形成以下几点共识。

第一，这是一条让我国走向成功的道路，要坚定不移走下去。方向决定前途，道路决定命运。短短40多年，我国成为世界第二大经济体、第一大货物贸易国，并在很多领域走在世界的前列，比如高铁、航天、通信、计算机、建筑、金融等，就是因为我们走上了中国特色社会主义道路。

第二，找到这样一条正确道路不容易，我们应该倍加珍惜。1911年辛亥革命推翻封建帝制以后，中国该往何处去？我们试过了很多条道路，比如君主立宪制、议会制、多党制、总统制等，但都走不通。在中国共产党领导下，我们走上了社会主义的道路。这条道路我们既有成功，也有教训，最终在邓小平同志的领导下，找到了中国特色社会主义道路。有外国人对我们这条道路说三道四，但习近平总书记指出，鞋子合不合脚，自己穿了才知道。我们亲身感受到中国独特的历史命运、独特的文化传统、独特的国情，这就注定了我们只能走中国特色社会主义道路而不能走别的路。

第三，对中国特色社会主义的态度是政治问题。党的十八届六中全会通过的《关于新形势下党内政治生活的若干准则》进一步明确：对党的基本路线的态度，对中国特色社会主义的态度，是衡量一个领导干部，特别是高级领导干部合格、可靠的一个重要指标。

---

① 习近平：《在庆祝改革开放40周年大会上的讲话》，人民出版社2018年版，第27—28页。

考察干部，特别是考察党的高级干部，首先要考察他对党的基本路线的态度，也包括对中国特色社会主义道路的态度。党的十八届六中全会要求我们党员领导干部在政治问题上，在这些大是大非问题面前要保持政治定力，绝不能沉默不言，要敢于担当并给予反击。

中国特色社会主义道路之所以完全正确、之所以能够引领中国发展进步，关键在于我们既坚持了科学社会主义的基本原则，又根据我国实际和时代特征赋予其鲜明的中国特色，走出了一条中国式现代化道路。党的二十大报告庄严宣告：从现在起，中国共产党的中心任务就是团结带领全国各族人民全面建成社会主义现代化强国、实现第二个百年奋斗目标，以中国式现代化全面推进中华民族伟大复兴。这一庄严宣告极大鼓舞了全国人民在全面建设社会主义现代化国家的新征程上踔厉奋发，勇毅前行。

中国改革开放大获成功的奥秘*

2018年12月18日,庆祝改革开放40周年大会在北京隆重举行,习近平总书记发表了重要讲话。

讲话深刻地总结了改革开放40年来党和国家事业取得的伟大成就和宝贵经验,高度赞扬了中国人民为改革开放事业作出的杰出贡献,郑重宣示了改革开放只有进行时没有完成时,明确提出了把新时代改革开放继续推向前进的目标要求。毫无疑问,这篇讲话是一篇马克思主义的纲领性文献,是新时代改革开放再出发的宣言书和动员令。

在讲话中有这样两句话:改革开放是我们党的一次伟大觉醒,正是这个伟大觉醒孕育了我们党从理论到实践的伟大创造。改革开放是中国人民和中华民族发展史上的一次伟大革命,正是这个伟大革命推动了中国特色社会主义事业的伟大飞跃。

这两句话,是我今天这一讲的理论指引。我讲三个问题,供大家参考。

---

* 本文系作者2019年初应有关单位之邀所作的专题讲座,帮助干部学习领会习近平总书记在庆祝改革开放40周年大会上的重要讲话精神。收入本书时,作者增补了一些最新资料。本课参阅了曹普等专家关于中国改革开放史研究成果的有关史料,在此表示感谢。

改革开放的历程和主要成就

高尚全同志把改革开放 40 年划分为四个阶段，我觉得这个划分比较合理。

第一阶段是改革的启动和目标的探索阶段，从 1978 年到 1991 年，也就是从党的十一届三中全会开始，到党的十四大之前这一段时间。改革先从农村开始，逐步向城市推进。开放从兴办经济特区开始，向沿海、沿江、沿边、沿线以及内地城市推进。在企业改革方面，开始国有企业扩大自主权的试点，集体经济、个体经济逐步恢复和发展。

第二阶段是社会主义市场经济体制框架初步建立的阶段，从 1992 年到 2002 年。党的十四大确立了改革目标，建立社会主义市场经济体制。党的十四届三中全会通过了《中共中央关于建立社会主义市场经济体制若干问题的决定》，到 2002 年，社会主义市场经济体制框架基本建立。

第三阶段是社会主义市场经济体制的初步完善阶段，从 2003 年到 2012 年党的十八大以前。党的十六大提出到 2020 年，建成完善的社会主义市场经济体制的改革目标。党的十六届三中全会对此作出了全面的部署。同时，党中央总结提出科学发展观和构建社会主义和谐社会，作为深化改革的重要指导思想。从此改革进入了完善社会主义市场经济体制的新阶段。

第四阶段是"五位一体"全面深化改革的新阶段，从 2012 年至今。特别是党的十八届三中全会通过的《中共中央关于全面深化改革若干重大问题的决定》，明确提出改革是涵盖经济、政治、文化、社会以及生态文明的全面的改革，党中央又提出了"五位一体"总体布局、"四个全面"战略布局，提出了全面深化改革的总目标是完善和发展中国特色社会主义制度，推进国家治理体系和治理能力现代化。截至2018年12月共推出了1600多项改革方案，使改革呈现出全面发力、多点突破、蹄疾步稳、纵深推进的新局面。

具体来说，我国推进了党和国家机构改革、行政管理体制改革、依法治国政治体制改革、司法体制改革、外事体制机制改革、社会治理体制改革、生态环境监管体制改革、国家安全体制改革、国防和军队改革、党的领导和党的建设制度改革、纪检监察制度改革等。各项便民、惠民、利民的举措持续实施，使改革开放成为当代中国最显著的特征、最壮丽的气象。

40多年的改革开放成就巨大，举世瞩目。主要表现在：一是经济飞速发展，二是城乡日新月异，三是民生极大改善，四是国家综合实力日益增强，五是中国的国际地位空前提高。这些成就是大家亲身感受到的。

对于40多年改革开放的成就，习近平总书记概括为改变了四个面貌，发生了三次大的飞跃。这就是改变了中国的面貌、中华民族的面貌、中国人民的面貌、中国共产党的面貌。三大飞跃就是中华民族迎来了从站起来、富起来到强起来的伟大飞跃，中国特色社会主义迎来了从创立、发展到完善的伟大飞跃，中国人民迎来了从温饱不足到小康富裕的伟大飞跃。中华民族正以崭新的姿态，屹立于世界的东方。

改革开放大获成功的奥秘

为了帮助大家理解习近平总书记在庆祝改革开放40周年大会上

的讲话精神，我着重讲四个方面。

（一）思想解放不停步

前文我们已经说过，习近平总书记指出，改革开放是我们党的一次伟大觉醒，正是这个伟大觉醒孕育了我们党从理论到实践的伟大创造。我们党的伟大觉醒与思想解放主要表现在哪些方面呢？

觉醒之一：实践是检验真理的唯一标准

1977年2月7日，"两报一刊"社论题目《学好文件抓住纲》，提出了"两个凡是"：凡是毛主席作出的决策，我们都坚决维护；凡是毛主席的指示，我们都始终不渝地遵循。很明显，这"两个凡是"在客观上维护"文化大革命"，维护一系列的错误决定、错误决策，人们担心中国还要在"文化大革命"轨道上运行，所以"两个凡是"一经提出就遭到了质疑和反对。1978年5月11日，《光明日报》发表特约评论员文章《实践是检验真理的唯一标准》。文章发表的当天下午，新华社向全国转发。第二天，全国的主要报纸纷纷转载。真是石破天惊！这篇文章从根本上否定了"两个凡是"，冲破了"文化大革命"错误理论的樊篱，给党的十一届三中全会做了思想准备。

研究理论的人都知道，它是马克思主义哲学最基本的观点。在《费尔巴哈论纲》（《关于费尔巴哈的提纲》旧译名）这本书当中，马克思就指出，人的思维是否具有客观的真理性，这并不是一个理论问题，而是一个实践的问题。人应该在实践中证明自己思维的真理性，以及自己思维的现实性和力量，亦即自己思维的此岸性。关于离开实践的思维是否具有现实性的争论，是一个纯粹经验哲学的问题。

毛泽东在《实践论》中指出，真理的标准只能是社会的实践。

在《新民主主义论》中，毛泽东指出，只有千百万人民的革命实践才是检验真理的尺度。

既然是马克思主义的基本原理，为什么《光明日报》特约评论员的这篇文章却引发轩然大波呢？原因就在于，在20世纪六七十年代，为了强化马克思主义、毛泽东思想在理论上的指导地位，我们形成了一种特别的理论逻辑，这就是实践是检验真理的标准；马克思主义、毛泽东思想是经过实践检验的真理，因此也是检验真理的标准，这就背离了马克思主义。我们重新确立实践权威的意义就在于，被实践检验过的真理本身并不能作为真理标准，只有实践才是检验真理的唯一标准。

党的十一届三中全会充分肯定了关于真理标准问题的讨论，充分肯定了必须完整地、准确地掌握毛泽东思想的科学体系。全会冲破长期"左"的错误的严重束缚，批评"两个凡是"的错误方针，肯定了"四五事件"完全是革命行动，决定撤销中央发出的有关"反击右倾翻案风运动"和"四五事件"的错误文件。会议指出，只有坚决地平反假案、纠正错案、昭雪冤案，才能够巩固党和人民的团结，维护党和毛泽东同志的崇高威信。会议果断地结束了"以阶级斗争为纲"。从此，我国持续40多年的改革开放拉开了帷幕。

习近平总书记指出，党的十一届三中全会实现新中国成立以来党的历史上具有深远意义的伟大转折，开启了改革开放和社会主义现代化的伟大征程。

据不完全统计，从1978年到1982年底，全国一共平反了300多万名干部的冤假错案，47万多名共产党员恢复了党籍，数以千万计的无辜受牵连的干部群众得到了解脱。还为数千万侨属洗掉了不应该有的政治污点，这激发了他们和海外亲人投身祖国建设的巨大能量。如此大规模的拨乱反正和平反冤假错案以及大规模的改革，不解放思想怎么可能做到呢？这就是实践标准的伟大意义。

接着，我们党要从实践标准发展到"三个有利于"标准。邓小平同志果断地提出，我们判断的标准，应该主要看是否有利于发展社会主义社会生产力，是否有利于增强社会主义国家综合国力，是否有利于提高人民生活水平。这就是著名的"三个有利于"标准。这个标准是1992年邓小平同志在视察南方发表重要讲话时提出来的，从此"三个有利于"标准就被我们看作衡量一切工作是非、得失的判断标准。

接着，我们党又提出了"人民标准"。这就是人民拥护不拥护、赞成不赞成、高兴不高兴、答应不答应，是衡量一切工作得失的根本标准。习近平总书记提出，党的一切工作必须以最广大人民根本利益为最高标准。

觉醒之二：中国处在社会主义的初级阶段

这个觉醒同第一个觉醒一样，具有无比重要的意义。我们知道，500多年前，有几位思想家就提出了人类社会将会有一个美好的制度，他们称之为乌托邦，社会主义是他们的后人提出来的，这当然是空想。马克思、恩格斯把社会主义从空想变成科学。

中国共产党人是马克思主义的忠实信徒，我们按照马克思主义建党，也按照马克思主义立国。1949年新中国成立以后，我们用三年时间医治战争创伤，恢复国民经济。从1953年开始，我们按照马克思、恩格斯的构想，特别是苏联模式，建立社会主义的经济制度，主要就是通过三大改造：一是对农业的社会主义改造，把刚刚分得土地不久的农民过渡到互助组、初级社、高级社，也就是高级农业生产合作社，这是集体所有制。二是对手工业的社会主义改造，就是把打铁的、做鞋帽的、刻章的、理发的，组织成店或者厂，成为集体所有制。三是对资本主义工商业的社会主义改造，跟他们搞公私合营，到1956年完成了全行业的公私合营。从1956年—1966年，国家把资本家的厂房、机器、原材料等作价，分十年付给定息，每年定息是5%。

1956年是一个重要的年份，标志着在我国社会主义公有制基本建立。1956年以后，对照马克思、恩格斯的著作，我们感到公有化的水平不高，因此又不停顿地进行生产关系的改革，其中主要就是所有制的改革。比如在农村，我们用两年时间，把农村从高级社过渡到人民公社；农民还有自留地，农民生产的瓜果蔬菜、鸡鱼蛋肉还要拿到集市上去卖。瓦匠、木匠、理发的，还要走村串巷搞个体，这不是资本主义吗？于是我们开始不停地"割资本主义的尾巴"，到"文化大革命"达到顶峰。"文化大革命"结束时，国民经济到了近乎崩溃的边缘。

党的十一届三中全会后，改革开放步伐不断加快。农村普遍推广安徽凤阳县小岗村的"大包干"经验，把集体土地承包给一家一户耕种；同时，全国各地涌现出大量个体户和私营企业。

面对农民分田到户、个体户大量产生、民营企业蓬勃发展，一个尖锐的问题立刻摆在我们面前：中国还叫社会主义吗？我们重新研究马克思、恩格斯的著作，这才恍然大悟：过去长期以来，我们对马克思、恩格斯的话理解得不准确。马克思、恩格斯所设想的社会主义是资本主义以后的阶段，而中国没有到达资本主义，我们是在半殖民地半封建社会的废墟上建立社会主义的。因此，邓小平同志说，严格说来，虽说我们也在搞社会主义，但事实上不够格。

党的十一届三中全会以后，党从实际出发，提出了我国处在社会主义初级阶段，也就是社会主义的不发达阶段。在这个阶段我们就不应该套用成熟阶段的制度设计。

于是，根据中国处在社会主义初级阶段这个基本国情，党的十三大制定了社会主义初级阶段的基本路线，概括为"一个中心两个基本点"，就是以经济建设为中心，坚持四项基本原则，坚持改革开放。根据这条基本路线，我们党提出了四项重大政策：一是在以公有制为主体的前提下，发展多种经济成分；二是在以按劳分配为主体的前提下，实行多种分配方式；三是在共同富裕的目标下，鼓励一部分人通过诚实的劳动和合法经营先富起来。四是逐步引入市场机制，并最终把建立社会主义市场经济体制作为经济体制改革的目标。我们党明确提出这个初级阶段至少需要100年，至于巩固和发展社会主义制度，那还需要更长得多的时间，需要几代人、十几代人，甚至几十代人坚持不懈地努力奋斗。可以肯定的是，社会主义初级阶段是一个很长的历史阶段。在党的十一届三中全会以前，我们出现失误的根本原因之一，就是我们提出的一些任务和政策，超越了社会主义初级阶段。所以我们的改革开放就一定要从社会主义初级阶段这个基本国情出发，不要超越阶段。

觉醒之三：公有制经济、非公有制经济"都是我们自己人"

如前所说，党的十一届三中全会之后，非公有制经济快速发展，主要就是个体户、民营经济、"三资"企业，极大地解决了人们的就业，增加了国家的税收，又满足了市场的需要。然而，这么好的事情却引发了大量疑虑和不安，关于社会主义所有制的传统理论、做法和观念使得一些人怎么也摆脱不了"姓公姓私"的纠缠。

在这种背景下，江泽民同志在1997年5月29日发表了著名的"5·29"讲话，这个讲话是为即将召开的党的十五大做理论准备的。江泽民在"5·29"讲话和党的十五大报告中，对"公有制为主体"进行了深入的阐述，把公有制为主体、多种所有制经济共同发展确立为国家基本经济制度，明确指出：在这些前提下，国有经济的比重减少一些，不会影响我国的社会主义性质。当时我正在中央党校一年制中青班学习，学习了江泽民同志的"5·29"讲话和党的十五大报告，心里非常激动，感到我们党在所有制问题上，思想是足够解放的。

令我更加激动的是，党的十八届三中全会作出了一个更加重要的判断，这就是"公有制经济和非公有制经济都是社会主义市场经济的重要组成部分，都是我国经济社会发展的重要基础"。说到这儿，我们可能会想起马克思、恩格斯在《共产党宣言》当中那句著名的话，这就是共产党人可以用一句话把自己的理论概括起来：消灭私有制。我们一定要正确地理解这句话。在这里马克思、恩格斯要消灭的不是我们中国今天的个体户和民营企业，而是特指资本主义私有制。消灭私有制这项工作，我国已经通过三大改造完成了。1981年，党的十一届六中全会通过的《中国共产党中央委员会关于建国以来党的若干历史问题的决议》明确地指出，在我国生产资料所有制改造基本完成以后，剥削制度消灭了，剥削阶级作为阶级已经不再存在，他们中的绝大多数人已经改造成为自食其力的劳动者。今天，民营企业家都是翻身当家作主的劳动人民，他们之所以能够经商办企业，完全是根据我们党的政策和法律的许可进行的，我们党早就明确指出他们是中国特色社会主义事业的建设者。

针对非公有制经济沸沸扬扬的种种议论，2018年11月1日，习近平总书记主持召开民营企业座谈会，高度评价了民营经济的重要贡献。他指出，40年来，民营经济已经成为推动我国发展不可或缺的力量，成为创业就业的主要领域、技术创新的重要主体、国家税收的重要来源，为我国社会主义市场经济发展、政府职能转变、农村富余劳动力转移、国际市场的开拓等发挥了重要作用。我国经济能够创造中国奇迹，民营经济功不可没。他还进一步阐述了民营经济的重要地位，指出民营经济是社会主义市场经济发展的重要成果，是推动社会主义市场经济发展的重要力量，是推进供给侧结构性改革、推动高质量发展、建设现代化经济体系的重要主体，也是我们党长期执政、团结带领全国人民实现"两个一百年"奋斗目标和中华民族伟大复兴中国梦的重要力量。他特别指出，民营企业和民营企业家是自己人。

为了给民营经济营造更好的发展环境，帮助民营企业解决发展中的问题，习近平总书记还提出了六项要求，这实际上是六项大的政策，表明党中央对民营经济的基本态度，我们一定要深刻理解，今后再也不能出现这样那样不符合党的方针政策和法律法规的议论和担忧了。我们一定要破除这样的心态，即公有制企业是自己的，民营企业是他人的。一定要按照习近平总书记的要求，把民营经济和民营企业家当成自己人。

觉醒之四：计划与市场不是社会主义与资本主义的根本区别

长期以来，我们把社会主义与计划经济画等号，把资本主义与市场经济画等号；我们一直坚持计划经济，批判市场经济。邓小平同志针对这种思想认识指出，计划多一点，还是市场多一点，不是社会主义与资本主义的本质区别。计划经济不等于社会主义，资本主义也有计划，市场经济不等于资本主义，社会主义也有市场，计划和市场都是经济手段。

就在1992年底，党的十四大把建立社会主义市场经济体制作为我们改革的目标。党的十八届三中全会进一步提出，坚持社会主义市场经济，加快发展社会主义市场经济，要紧紧围绕使市场在资源配置中起决定性作用深化经济体制改革。既然我们是社会主义市场经济，就要服从这个一般规律，从而把我们的市场经济认识提高到一个新阶段：让市场在资源配置当中起决定性作用，同时更好地发挥政府作用。党的十九届四中全会把社会主义市场经济体制确立为我国的基本经济制度之一。

觉醒之五：特区姓"社"不姓"资"

我国在推进改革的同时，也扩大对外开放。我国的开放是从办经济特区开始的，根据邓小平同志的倡议，我们在广东的深圳、珠海、汕头和福建的厦门创办了四个经济特区，作为我国对外开放的窗口、排头兵和试验场。

可是从办经济特区开始，人们就有不同的意见，主要担心是不是在搞资本主义？有的人提出多一分外资，多一分资本主义。如果"三资"企业多了，资本主义的东西多了，就发展了资本主义。所以我国的对外开放，从办经济特区开始，就面临着重重思想障碍。邓小平同志明确指出，特区的建设成就明确回答了那些有这样那样担心的人：特区姓"社"不姓"资"。邓小平同志分析说，我国现阶段的"三资"企业，按照现行的法规政策，外商要赚一些钱，但是国家要拿回税收，工人还要拿回工资，我们还可以学习技术和管理，还可以得到信息，打开市场。因此他总结说，"三资"企业受到我国整个政治经济条件的制约，是社会主义经济的有益补充，归根结底是有利于社会主义的。后来根据邓小平同志的倡议，我国还创办了海南经济特区，而且用省级建制来办经济特区，赋予经济特区更大的自主权。

对外开放使我们大量地使用外资。40多年来，我国累计使用外商直接投资超过2万亿美元，同时期对外投资总额达到1.9万亿美元。我们要永远记住邓小平同志的论断，把改革开放说成引进和发展资本主义，认为和平演变的主要危险来自经济领域，这就是"左"。中国要警惕右，但主要是防止"左"。

正当经济特区如火如荼向前大力推进的时候，在1994年前后，国内有的学者提出，我们要加入关贸总协定，经济特区再办下去已经不合时宜了；我们对经济特区实行优惠政策，就是对其他地区实行歧视，因此不公平。这种议论加上其他方面的认识原因，我国的经济特区逐步被淡化了。

党的十八大以后，习近平总书记非常看重经济特区，他在海南建省办经济特区30周年大会上发表的重要讲话中指出，在决胜全面建成小康社会、夺取新时代中国特色社会主义伟大胜利的征程上，经济特区不仅要继续办下去，而且要办得更好、办出水平。习近平总书记大力推行自由贸易区战略，谋划中国特色自由贸易港，共建"一带一路"，成功举办中国国际进口博览会，令我国的对外开放和经济特区事业迈出了更大的步伐，对我国改革开放产生了更重大、更深远的影响。

觉醒之六：以我们正在做的事情为中心

以我们正在做的事情为中心，是针对我们长期存在的教条主义、本本主义的学风的。党的十一届三中全会就指出，一个党、一个国家、一个民族，如果一切从本本出发，思想僵化，迷信盛行，那它就不能前进，它的生机就停止了，就要亡党、亡国。为什么讲这么严重呢？因为如果我们一旦把经典作家的话当作教条，把本本当作教义，就会不顾实际照搬、照套，就会把本本作为包治百病的灵丹妙药，就会把本本作为评价工作的标准，稍有不合就被认为是非马克思主义，甚至是反马克思主义的。长期以来，本本主义给我们的思想和行为套上了枷锁，使得我们不敢越雷池一步，给革命和建设造成重大障碍。

针对这种情况，江泽民同志明确地提出，要以我们正在做的事情为中心。胡锦涛同志重申了这一原则。2016年5月17日，习近平总书记在哲学社会科学工作座谈会上的讲话中，重申了要坚持以我们正在做的事情为中心。他说："坚持以马克思主义为指导，必须落到研究我国发展和我们党执政面临的重大理论和实践问题上来，落到提出解决问题的正确思路和有效办法上来。"[1]这是我们坚持以马克思主义为指导的根本目的。以我们正在做的事情为中心，就一定要坚持问题导向。习近平总书记说："世界上伟大的哲学社会科学成果都是在回答和解决人与社会面临的重大问题中创造出来的。""坚持问题导向是马克思主义的鲜明特点。"[2]

我们正在做的事情，也就是中国特色社会主义事业，这是一项前无古人的开拓性事业。马克思主义的本本没有讲过，社会主义国

---

[1] 习近平：《在哲学社会科学工作座谈会上的讲话》，人民出版社2016年版，第14页。

[2] 习近平：《在哲学社会科学工作座谈会上的讲话》，人民出版社2016年版，第12、14页。

家没有做过，我们以前也没有搞过，只能在实践中去探索、去开拓，并且用我们成功了的实践去增写马克思主义的本本里没有讲过的东西，发展已经讲过但与当今时代和实践已经不相适应的东西，从而开辟了21世纪马克思主义新境界。如果躺在马克思的本本上，一切从本本出发，本本上没有的就不能做，本本上写过的就不能变，那么我们什么事情也做不成，中国特色社会主义事业就无法发展与前进。[1]

党的十八大以来，我们党正是坚持以我们正在做的事情为中心，根据国际、国内形势的新变化、新特点、新问题，提出推进国家治理体系和治理能力现代化，提出培育和践行社会主义核心价值观，提出构建开放型经济新体制，提出实施"四个全面"战略布局，提出新发展理念，坚持总体国家安全观，提出构建人类命运共同体，推进"一带一路"建设，提出坚持走中国特色强军之路，等等，都是我们党具有原创性、时代性的概念和理论。

40多年来，正是我们党解放思想不停步，才不断地把我们的改革开放推向深入、推向前进。也正是由于解放思想不停步，我们才形成了一系列的重大理论成果。一是我们党正确地回答了什么是社会主义，怎样建设社会主义，从而形成了邓小平理论。二是我们党正确地回答了建设什么样的党以及怎样建设党，从而形成了"三个代表"重要思想。三是我们党正确地回答了要实现什么样的发展，怎样发展，从而形成了科学发展观。四是我们党正确地回答了新时代坚持和发展什么样的中国特色社会主义、怎样坚持和发展中国特色社会主义，建设什么样的社会主义现代化强国、怎样建设社会主

---

[1] 关于这一部分内容，本书第170页《时刻坚持"以我们正在做的事情为中心"》一文有更详细的论述。

义现代化强国,建设什么样的长期执政的马克思主义政党、怎样建设长期执政的马克思主义政党,从而形成了习近平新时代中国特色社会主义思想。正是由于解放思想不停步,由于我们党不断地推进理论创新,党不断赋予中国特色社会主义鲜明的实践特色、理论特色、民族特色、时代特色,形成了中国特色社会主义道路、理论、制度、文化,以不可辩驳的事实彰显了科学社会主义的鲜活生命力,才使社会主义伟大旗帜始终在中国大地上高高飘扬。

(二)以经济建设为中心不动摇

改革开放大获成功的第二个方面,就是以经济建设为中心不动摇。习近平总书记在庆祝改革开放40周年大会上的讲话中说,改革开放是中国人民和中华民族发展史上一次伟大的革命,正是这次伟大革命推动了中国特色社会主义事业的伟大飞跃。在我看来,这次伟大革命首推从以阶级斗争为纲转变为以经济建设为中心。

党的十一届三中全会召开以前的很长时间内,我国的口号是"以阶级斗争为纲",它错在哪里呢?在生产资料所有制的改造基本完成并建立公有制之后,我们仍然把阶级斗争摆在第一位,把发展生产力和经济建设摆在次要的位置。在以阶级斗争为纲的氛围下,抓生产力发展被戴上了"唯生产力论"的帽子;钻研业务、技术尖子、专家学者被戴上了"白专"的帽子,而且以政治冲击一切。它的直接后果是发展停滞,经济困难,社会落后,群众生活处在艰难困苦当中,长期得不到改善。

党的十一届三中全会把工作重点转移到以经济建设为中心的轨道以后,党的十三大把以经济建设为中心上升为党的基本路线。这就是前面讲到的"一个中心两个基本点",这个中心就是以经济建设为中心。2008年，在纪念党的十一届三中全会召开30周年的大会上，胡锦涛把以经济建设为中心提到了"兴国之要"的高度。既然以经济建设为中心，那么就是党和国家的各项工作都必须服从和服务于这个中心，而不能离开这个中心，更不能干扰这个中心，除非爆发大规模的战争。邓小平同志说，战争一结束，我们立刻还是要以经济建设为中心。

以阶级斗争为纲的岁月刚刚结束不久，在1978年的五六月，国务院副总理谷牧率团访问西欧，他为资本主义的科技进步和工商业发达而震惊。他感到这些国家的经济运作、政府对经济的调控和对社会矛盾的处理手段，工人的工资和生活福利状况都有新变化，已经不是我们从苏联列昂节夫《政治经济学》上所看到的那些东西了。回国以后，党中央、国务院的领导同志听取了谷牧的汇报，从下午3点半一直听到晚上11点。谷牧同志说，我们要老老实实承认落后了，与世界先进水平拉开了很大的差距。我们怎么赶上世界先进水平？怎么搞现代化，怎么把速度搞快一些？很重要的一条，狠抓先进技术的引进、消化、吸收。

几个月以后，也就是1978年9月，邓小平同志访问朝鲜回国后指出，按照历史唯物主义的观点来讲，正确的政治领导的成果，归根结底要表现在社会生产力的发展上，人民物质文化生活的改善上。现在我们太穷了、太落后了，老实说对不起人民。我们是社会主义国家，生产力的发展速度比资本主义慢，就没有优越性，这是最大的政治。就在这一年的12月，在中共中央工作会议闭幕式上，邓小平同志明确指出，生产的发展和人民生活的改善，这就是今后主要的政治，离开这个主要的内容，政治就变成空头政治，就离开了党和人民的最大利益。邓小平同志这番话，就是把经济建设提高到政治的高度。如果我们的经济上不去，人民的生活得不到改善，我们说的政治就是空头政治，社会主义的优越性是体现不出来的。他说世界天天发生变化，一定要按照国际先进的管理方法、先进的经营方法、先进的定额来管理，也就是说，要按照经济规律来管理经济。邓小平同志强调要"走出去"，好好向世界先进经验学习，到发达国家去看看。1978年，美国《时代》周刊把邓小平评为年度世界风云人物，封面的标题是《邓小平，一个新的中国的梦想家》，杂志的推荐语是，邓小平向世界打开了中央之国的大门。

邓小平同志恢复工作的时候，也就是1977年，他已经73岁了，当时距离20世纪结束还有23年。要在2000年实现四个现代化，实现赶超的任务，从哪里入手？邓小平同志希望从科研、教育两个方面入手，他说如果不从科研、教育入手，实现赶超就是空话。

在教育方面，党中央作出1977年下半年恢复高考的决定，就是在那一年，我得知了这一消息，报名应考，有幸成为"七七级"大学生。我们入学之后，又扩大招生，并启动了研究生培养制度，开始了出国留学。我国的九年制义务教育，现在一些地区又发展成十二年制义务教育。我们允许多种方式办学，除了国家办学以外，支持民办、中外合作办学。我们确立了教师节，全社会尊重教师、尊重人才、尊重知识分子，进一步提高了教师的待遇。所有这一切都促进并加快了教育发展。

在推动科学技术发展方面，我们这一代人都清清楚楚地记得作家徐迟的报告文学《哥德巴赫猜想》，就是把一位不懂得生活，却一心扑在数学上的数学家陈景润推到了全国人民面前。在1978年3月18日召开的全国科学大会上，陈景润和他的老师华罗庚与党和国家领导人一道坐在主席台上。邓小平同志在主席台上第一次提出了

"科学技术是生产力"的崭新观点，而且为陈景润这样的"书呆子"摘掉了"白专"的帽子。他说，"四人帮"胡说，知识越多越反动，鼓吹宁要没有文化的劳动者，把既无知识又反动的交白卷的小丑捧为"红专"典型，把孜孜不倦、刻苦钻研为祖国的科学技术事业作出贡献的好同志，污蔑为"白专"典型，这种是非关系、敌我关系的颠倒，一度在人们的思想上造成很大的混乱。邓小平同志说，知识分子是工人阶级的一部分，我愿意当你们的后勤部部长。讲到这里，全场掌声持续不断。

在这番讲话之后的十年，也就是 1988 年，邓小平在会见捷克斯洛伐克总统胡萨克的时候进一步指出，马克思讲过，科学技术是生产力，这是非常正确的。现在看来这样说还不够，恐怕是第一生产力。在这之后，"科学技术是第一生产力"的论断在多个场合被强调，成为邓小平关于改革开放的名言之一。

在邓小平同志的领导下，中国科学院院长方毅召开院工作会议讨论《1978—1985 年中国科学院发展规划纲要（草案）》，其中提出的科学院五个重点科研项目，在今天看来意义非凡。它们就是分子生物学、材料科学、半导体、计算机技术和科学遥感技术、激光技术。为了敞开大门，学习国外先进的科学技术，党中央提出，在自力更生的基础上，积极发展同世界各国的经济合作，努力采用世界先进的技术和先进的设备。特别是最近这些年，我国紧紧抓住以信息技术带头的科技革命这样一个机遇，发展互联网、大数据、移动终端、人工智能，实现了我国生产力的发展、生产方式和生活方式的巨大变革。

发展科技关键在人，党中央提出要保证科技人员 5/6 的时间搞科研，允许工程技术人员利用周末的时间去兼职。这就是所谓"星期六工程师"。2018年，我到浙江出差，那里很多镇都变成了特色的产业镇。其中有一个镇生产钢琴，他们告诉我，世界上很多著名品牌的钢琴，就是在这里生产出来的。他说这要归功于20世纪的重要政策"星期六工程师"。上海的工程师利用周末到这里帮助乡镇工作，发展成在世界上占有一席之地的钢琴生产地。在这个过程中，中国科学院恢复了学部委员，进而设立了院士，全国又恢复了职称的评定……这一系列动作把人调动起来了，把一切积极性调动起来了。这是我国40多年来科学技术大力发展的一个重要原因。

以经济建设为中心，我们就要进行制度创新。在党中央的领导下，我国对经济管理体制和经济管理方法进行了改革。比如，采用了经济目标责任制、人员聘用制、奖金制、股份制、混合所有制，实行土地使用权转让，让市场配置资源，启动了城镇化，实行了负面清单制，进行商事制度改革、行政审批制度改革、户籍制度改革，所有这些都是为了调动人的积极性，用先进的、实用的管理制度来管理经济，促进生产力的发展，促进以经济建设为中心的政策产生巨大的效果。

我国又逐步地提出了"发展是硬道理""聚精会神搞建设，一心一意谋发展"，坚决反对我们工作中存在的形式主义、官僚主义、享乐主义、奢靡之风等不正之风。目的就是端正党风、端正政风，一心一意把经济建设搞上去。

40多年来，由于我们始终坚持以经济建设为中心，因此生产力得到不断的解放和发展。我们的基础设施越搞越好。德国总统在四川大学发表演讲时指出，高速公路四通八达，信息畅通，偏僻的地方都有机场，高速铁路覆盖了很多的城乡，令他深为震撼的是，中国拥有世界上最先进的基础设施建设。

如今中国已经成了世界第二大经济体、制造业第一大国、货物贸易第一大国、商品消费第二大国、外资流入第二大国，外汇储备连续多年位居世界第一。中国人民在富起来、强起来的征程上迈出了决定性的步伐，真是令人自豪。

（三）让人民过上好日子不含糊

改革开放大获成功的第三个方面，就是坚持让人民过上好日子不含糊。我们党的初心就是为人民谋幸福，为民族谋复兴。让人民过上好日子，这是我们改革开放的根本目标。这40多年来，我们从没有含糊过。

早在1978年，邓小平同志就指出，外国人议论中国人究竟能忍耐多久，我们要注意这句话。我们要想一想，为人民究竟做了多少事情呢？我们一定要根据现在的有利条件，加速发展生产力，使人民的物质生活好一些，使人民的文化生活、精神面貌好一些。40多年的改革开放，我们正是围绕着人民而改革、而开放。

一是为解决人民温饱而改革。我们党坚决支持家庭联产承包责任制，支持鼓励发展个体经济、民营经济，一度还允许干部兼职下海经商，推动所有制的改革等举措，解决了人民的温饱问题。

1987年，党的十三大提出私营经济是社会主义公有制经济必要的和有益的补充，这就彻底扫除了城乡居民从事个体经营的社会认同障碍，个体户发展进入迅速增长的阶段。"下海"也成了这个时代职业变化的主题。当时国务院修改和废止了一批约束经商的文件，全社会掀起了一股"下海"经商的风潮，开创了现代企业发展和经济变革的新篇章，进一步推动了经济的发展。

二是为了让人民便利而改革。让群众办事和生活更加便利，是改革开放坚持的重点内容，也是这些年深化"放管服"改革的重要内容。40多年来，通过行政审批制度改革和各项管理制度改革，也更加注重人性化、便利化，让人民群众办事更加方便。现在办理户口、申领执照护照驾照、房产过户、婚姻登记比以前不知方便了多少倍。微信转账、网上购物，异地交款、看病、社保，也给人民群众带来了极大的便捷。

三是为人民获得公平正义、实现共享而改革。习近平总书记指出，全面深化改革，必须以促进社会公平正义、增进人民福祉为出发点和落脚点。改革开放以来，我们大力推动教育、司法、分配等领域的改革，让人民逐步获得公平正义，实行共享，让发展成果更多、更公平地惠及全体人民。在经济社会不断发展的基础上，朝着共同富裕的方向稳步前进。40多年来，我们基本建成了覆盖全民、城乡统筹、权责清晰、保障适度、可持续的社会保障体系，基本建成了城镇职工基本养老保险和城乡居民基本养老保险制度，完善了城乡居民基本医疗保险制度、大病保险制度、最低生活保障制度。我们打赢了人类历史上规模最大的脱贫攻坚战。

四是为满足人民对美好生活的向往而改革。在党的十八届中央委员会第一次全体会议上当选为中共中央总书记的习近平同中外记者见面时表示，人民对美好生活的向往就是我们的奋斗目标。让老百姓过上好日子，是一切工作的出发点和落脚点。他多次指出要推出一批能够叫得响、立得住、群众认可的硬招实招，让人民群众有更多获得感。从统筹推进"五位一体"总体布局，加大生态文明体制改革力度，加强反腐败和廉政建设等方面入手，不断满足人民对美好生活的向往。

让人民过上好日子不含糊这一改革目标，取得了巨大的效果。

40多年来，全国居民人均可支配收入从171元增加到35128元。中等收入群体持续扩大。我国建成了包括养老、医疗、低保、住房在内的世界最大的社会保障体系。过去人们离不开的粮票、布票、肉票、鱼票、油票、豆腐票、副食本、工业券等票证已经进入了历史博物馆，忍饥挨饿、缺吃少穿、生活困顿这些几千年来困扰我国人民的问题，一去不复返了。

（四）党的强大领导力是关键

改革开放大获成功的第四个方面，党的强大领导力是关键。正是这40多年来，我们始终坚持党的集中统一领导，才能实现伟大的历史转折，开启改革开放新时期和中华民族伟大复兴的新征程。归纳起来，我们党强大的领导力表现在四个层面。

一是理念层面强大的领导力。在很长的时间内，一些"左"的思想观念就像镣铐一样束缚了我们的手脚，窒息了我们的创造活力。中国人民既智慧又勤劳，但是这些不合时宜的思想观念严重地束缚了我们的手脚。人的一切行为都是受理念支配的，因此要想改革一切不合理的做法和体制，就要理念先行。理念层面的领导力强大就强大在它的解放力、感召力、影响力，可以使我们党始终保持解放思想、实事求是、与时俱进、求真务实的精神状态。

二是胆略层面强大的领导力。改革开放不仅需要先进的理念，还需要超常的胆略，敢想、敢干、敢闯、敢试，否则再好的理念和蓝图也是空的。我们党就具备改革开放所需要的超常的胆略和气魄，比如安徽小岗村农民分田到户的"大包干"，一下子解决了温饱问题，我们党果断地把这个做法推向全国。又如由于生活所迫，一些人摆地摊做买卖，谋生有道，我们党陆续出台政策，使全国城乡铺天盖地出现了大众创业的喜人局面。再如生产"傻子瓜子"的企业，竟然"冒天下之大不韪"，雇用140人，邓小平同志一句先不要动他，就催生了大批的民营企业。像国企改革的"砸三铁"、起步走向市场经济的"价格闯关"等，所有这些非常容易引发意想不到结果的改革，都由于我们党超常的胆略而付诸实施。

面对新中国成立后帝国主义对我国实行的封锁，我们党以超常的胆略和智慧，从创办经济特区开始实施对外开放，一步步推进到沿海开放城市，沿边、沿江、沿线对外开放，省会城市对外开放，加入世贸组织，全方位对外开放，提出共建"一带一路"，实施自由贸易区战略，谋划中国特色自由贸易港等。对于我们党的超常胆略，习近平总书记在讲话中说："改革开放之初，虽然我们国家大、人口多、底子薄，面对着重重困难和挑战，但我们对未来充满信心，设计了用70多年、分三步走基本实现社会主义现代化的宏伟蓝图，没有非凡的胆略、坚定的自信是作不出这样宏远的构想和决策的。"[①]

三是组织层面强大的领导力。蓝图要实施，决策要落实，这些都需要组织。改革只有变成大众的行动才能够成功，我国幅员辽阔，人口众多，利益主体多元，推进改革的难度极大。改革跟传统观念决裂，观念没有转变过来必然会遭到反对；改革必然要损害部分人的利益，也会遭到反对。所有这些决定了推进每项改革都要求我们党具有非凡的组织和动员群众的力量，毫无疑问我们党做到了。从实行家庭联产承包责任制，乡镇企业异军突起，到打赢脱贫攻坚战，实施乡村振兴战略；从搞好国营大中小企业，发展个体私营经济，

[①] 习近平：《在庆祝改革开放40周年大会上的讲话》，人民出版社2018年版，第41页。

到深化国企改革，发展混合所有制经济；从传统的计划经济体制到前无古人的社会主义市场经济体制，再到使市场在资源配置中起决定性作用，更好地发挥政府作用；从以经济体制改革为主，到全面深化经济、政治、文化、社会、生态文明体制和党的建设制度改革、党和国家机构改革等，我们党引领人民绘就了一幅波澜壮阔、气势恢宏的历史画卷，谱写了一曲感天动地气壮山河的奋斗赞歌。

四是在调控层面强大的领导力。改革开放是前无古人的事业，难免会发生偏差和阻力，这就需要我们党具有高超的调控力。面对种种思想疑虑，我们党及时提出特区姓"社"不姓"资"，民营经济和民营企业都是自己人等，成功地实施了思想调控；面对党内出现的种种问题，我们党及时出台党内政治生活准则，加强和规范党内政治生活；我们党及时实施经济调控，纠正"市场之手"的失灵；我们党及时开展打击黄赌毒，打黑除恶，及时实施社会调控等；我们党完善政绩考核指标体系，推行河长制，开展严厉的环保督察，实施生态文明建设调控。

打开国门，难免五味杂陈。加入世贸组织，我们也曾担心"引狼入室"。亚洲金融危机、国际金融危机也冲击到中国，中美贸易摩擦，单边主义、保护主义逆流涌动，我们党始终镇定自如，沉着应对，表现着强大的调控力。

我们党正是由于在上述四个层面具有强大的领导力，才能成功应对一系列重大风险挑战，克服无数的艰难险阻；才能应变局平风波、战洪水防非典、抗地震化危机；才能既不走封闭僵化的老路，也不走改旗易帜的邪路，而是坚定不移地走中国特色社会主义道路。

改革开放40多年的巨大成功充分说明：中国共产党领导是中国特色社会主义最本质的特征，是中国特色社会主义制度最大的优势。

正是有了中国共产党的领导,我们才使社会主义制度发挥出巨大的青春活力,才使改革开放产生了这般巨大的效果。

我们党这种地位和作用,就决定了必须不断改善党的领导,让党的领导更加适应实践、时代、人民的要求。我们党这样伟大的地位和作用,就决定了必须从严治党,敢于清除一切侵蚀党的健康肌体的病毒,使党不断地实现自我净化、自我完善、自我革新、自我提高,做到打铁必须自身硬。我们党的伟大地位和作用,决定了我们必须增强"四个意识"、坚定"四个自信"、做到"两个维护",把党的领导贯彻和体现到改革发展稳定、内政外交国防、治党治国治军等各个方面。

将改革开放进行到底

在庆祝改革开放 40 周年大会上的讲话中,习近平总书记指出,40 年的实践充分证明,改革开放是党和人民大踏步赶上时代的重要法宝,是坚持和发展中国特色社会主义的必由之路,是决定当代中国命运的关键一招,也是决定实现"两个一百年"奋斗目标、实现中华民族伟大复兴的关键一招。习近平总书记在讲话中号召我们要将改革开放进行到底,改革开放永远在路上。把改革开放进行到底,就要求我们顺应、定力、接力。

(一)顺应

"顺应"这两个字指的就是要顺应时代潮流,顺应历史规律,顺应人心民意,这三个顺应是我们党让改革开放成为当代中国最显著特征、最壮丽气象的深层逻辑。如果没有这三个顺应,则领导力越是强大，产生的副作用越大。习近平总书记指出，中国40多年改革开放给人们提供了许多弥足珍贵的启示，其中最重要的一条就是，一个国家、一个民族要振兴，就必须在历史前进的逻辑中前进，在时代发展的潮流中发展。

习近平总书记在庆祝改革开放40周年大会上的讲话中说："建立中国共产党、成立中华人民共和国、推进改革开放和中国特色社会主义事业，是五四运动以来我国发生的三大历史性事件，是近代以来实现中华民族伟大复兴的三大里程碑。"[①] 在我看来，这三大里程碑就是三次大顺应，顺应了时代潮流，顺应了历史规律，顺应了人心民意。

这三种顺应，我们回顾近代史，可以清晰地看到其是多么重要。1911年辛亥革命推翻了封建专制制度，中国该向何处去？君主立宪制、复辟帝制、议会制、多党制、总统制都试过了，结果行不通。最后，中国选择了社会主义道路。在建设社会主义长期实践当中，我们有成功，也有失误，甚至发生过严重的曲折。改革开放以后，是在邓小平同志的领导下，我们从中国国情和时代的要求出发，探索、开拓国家发展道路，形成了中国特色社会主义。习近平总书记指出，独特的文化传统、独特的历史命运、独特的国情，注定了中国必然要走适合自己特定的发展道路。我们走出了这样一条道路，并且取得了成功，这就是顺应取得的结果。

历史的发展是有规律的，当然人也不是消极被动的，只要我们把握历史发展的大势，抓住历史变革的契机，奋发有为，锐意进取，

---

① 习近平：《在庆祝改革开放40周年大会上的讲话》，人民出版社2018年版，第4页。

人类社会就能更好地前进。习近平总书记在庆祝改革开放 40 周年大会上的讲话中再次指出,我们有过教训,"文化大革命"十年内乱导致我国经济濒临崩溃的边缘,人民温饱都成问题,国家建设百业待兴,这是我们没有顺应历史规律而带来的痛苦教训。我们党作出实行改革开放的历史性决策就是顺应,习近平总书记把这叫作"四个基于":一是基于对党和国家前途命运的深刻把握,二是基于对社会主义革命和建设实践的深刻总结,三是基于对时代潮流的深刻洞察,四是基于对人民群众期盼和需要的深刻体悟。邓小平同志指出,我们要赶上时代,这是改革所要达到的目的。只有顺应历史潮流,积极应变,主动求变,才能与时代同行。

苏联解体的原因是什么?俄罗斯的官员曾经指出,就是丧失民心。曾经宣称捍卫和维护广大工农阶级等广大劳动人民利益的苏共,在苏联解体之时,却没有一个人站出来维护它,甚至没有一名党员站出来。正如中国的古话所说,国不知有民,民岂知有国?水能载舟,也能覆舟。

我们将改革开放进行到底,要永远坚持以人民为中心。习近平总书记提出的以人民为中心,我经过认真研读,具有以下几个方面的内涵和要求:一是奋斗目标奔人民而去,二是手中权力为人民所用,三是根本利益为人民所谋,四是心中位置数人民最高,五是工作好坏由人民评定。人民和干部的关系是要求我们永远做人民的勤务员,甘当人民的公仆。这就是领导干部在人民中的位置。

(二)定力

将改革开放进行到底,第二个要求就是要有定力。2013 年 12 月 26 日,习近平总书记在纪念毛泽东同志诞辰 120 周年座谈会上的讲话中指出，实现我们确立的奋斗目标，既要有"乱云飞渡仍从容"的战略定力，又要有"不到长城非好汉"的进取精神。2014年2月17日，习近平总书记在省部级主要领导干部学习贯彻十八届三中全会精神全面深化改革专题研讨班开班式上指出，我国国家治理体系需要改进和完善，我们要有主张，有定力。

习近平总书记所讲的定力，首先指雄心壮志、伟大梦想、奋斗目标。他在庆祝改革开放40周年大会上的讲话中指出，党的十九大对我国发展提出了更高的奋斗目标，形成了从全面建成小康社会到基本实现现代化，再到全面建成社会主义现代化强国的战略安排，发出了实现中华民族伟大复兴中国梦的最强音，这就是定力。当然，伟大梦想不是等来的、喊来的，而是拼出来的、干出来的。改革开放，已经走过千山万水，但仍然需要跋山涉水。使命更光荣，任务更艰巨，挑战更严峻，工作更伟大。我们绝不能有半点骄傲自满，故步自封，也绝不能有丝毫的犹豫不决，彷徨徘徊，必须勇立潮头，奋勇搏击，这就是定力即咬定青山不放松。

习近平总书记所讲的定力，其次是指信仰、信念、信心。它们在任何时候都至关重要。小到一个人、一个集体，大到一个政党、一个民族、一个国家，只要有信仰、信念、信心，就会愈挫愈奋、愈战愈勇，否则就会不战自败、不打自垮。习近平总书记指出，无论过去、现在还是将来，对马克思主义的信仰，对中国特色社会主义的信念，对实现中华民族伟大复兴中国梦的信心，都是指引和支撑中国人民站起来、富起来、强起来的伟大精神力量。

（三）接力

将改革开放进行到底，第三个要求是要接力。习近平总书记说：

"建成社会主义现代化强国,实现中华民族伟大复兴,是一场接力跑,我们要一棒接着一棒跑下去,每一代人都要为下一代人跑出一个好成绩。"①

习近平总书记曾经高度赞扬山西省右玉县,他们十几任县委书记,有一件工作始终一棒接着一棒地抓,这就是绿化。几十年过去了,由于每届县委书记都抓绿化,全县的森林覆盖率由不到0.3%提高到52%以上,使一个荒沙遍地的地方变成了绿洲。这就是接力。而我们有的地方,一任领导一个规划,一任领导一个口号,结果前任的前功被后人尽弃,没有把地方的经济发展、城市建设当作一个接力棒,造成了很多不必要的损失。无论干什么工作,尤其是改革开放和社会主义现代化建设,都需要我们一届一届地接力,一代一代地接力。在参观《复兴之路》大型展览的时候,习近平总书记就指出,我们为实现中华民族伟大复兴去奋斗的历史任务光荣而艰巨,需要我们一代又一代中国人不懈地为此共同努力。

习近平总书记在庆祝改革开放40周年大会讲话结束的时候,号召全党全国各族人民要更加紧密地团结在党中央周围,高举中国特色社会主义伟大旗帜,不忘初心,牢记使命,将改革开放进行到底,不断实现人民对美好生活的向往,在新时代创造中华民族新的更大奇迹,创造让世界刮目相看的新的更大奇迹。

我用习近平总书记这段话,作为今天这一讲的结束语。

---

① 习近平:《在庆祝改革开放40周年大会上的讲话》,人民出版社2018年版,第43—44页。

中国共产党百年奋斗的成功之道及其教育意义＊

从 1921 年中国共产党成立，到顺利实现第一个百年奋斗目标，在共产党的带领下，中华民族迎来了从站起来、富起来到强起来的伟大飞跃。面对沧桑巨变，我们不禁感慨万千：中国共产党是怎么做到的？仔细梳理，不难发现，中国共产党百年奋斗的成功之道就是：以理想信念凝聚精英，以为民造福赢得大众，以实事求是顺应时势，以百折不挠走出困境，以自我革命焕发生机。中国共产党的成功之道也是我们在全面建设社会主义现代化国家新征程上继续高歌猛进的精神财富。

以理想信念凝聚精英

翻开党史，我们首先看到，冒着生命危险参加中国共产党创建的 13 名代表，他们不是因为个人生活所迫，而是怀揣理想而来。他们的理想见于中国共产党第一个纲领："推翻资本家阶级的政权""消

＊ 在庆祝中国共产党成立 100 周年的日子里，作者以此为题作了多场讲座，后经王晓云博士整理成文。

灭资本家私有制，没收机器、土地、厂房和半成品等生产资料""承认无产阶级专政""承认苏维埃管理制度，要把工人、农民和士兵组织起来，并以社会革命为自己政策的主要目的。"在100年的非凡奋斗历程中，共产主义远大理想和中国特色社会主义共同理想感染、鼓舞了一批又一批优秀的中华儿女，将他们凝聚在鲜红的党旗下，激励了一代又一代共产党人为之英勇奋斗。

我们党靠理想起步、信念支撑！我们党坚定地相信历史前进的车轮不可阻挡，相信人民的事业、正义的事业必胜！在革命战争年代，"砍头不要紧，只要主义真""敌人只能砍下我们的头颅，决不能动摇我们的信仰"，这些大义凛然的誓言生动地表达了共产党人对理想信念的坚贞。和平建设时期，共产党人为实现既定目标顽强拼搏，涌现出一大批忘我奉献的先进模范和英雄人物。党的十八大以来，习近平总书记多次强调："理想信念是共产党人精神上的'钙'，理想信念坚定，骨头就硬，没有理想信念，或理想信念不坚定，精神上就会'缺钙'，就会得'软骨病'。"①

理想指引方向，信念提供支柱。面对当今越发复杂多变的国际形势带来的各种风险挑战，更需要坚定共产党人的理想信念，牢记共产党人的初心使命。

以为民造福赢得大众

伟大的事业不仅需要精英的领导，更需要人民的支持。我们党的事业是人民的事业，即为了人民、依靠人民、成果由人民共享的

---

① 《习近平谈治国理政》，外文出版社2014年版，第414页。

事业。毫无疑问，这三个方面是紧紧联系在一起的：为了人民就能赢得人民，赢得人民就能取得人民事业的胜利，而赢得人民的办法就是为民造福、为民解忧。

革命战争时期，我们党和红军最鼓舞人心的口号就是"打土豪分田地"，把中国大多数民众争取到自己身边；最打动民心的行为就是纪律严明，"不拿群众一针一线"。人民群众真心拥护共产党、热爱红军，纷纷腾出房子、献出粮食、送子参军，最终夺取了新民主主义革命胜利。新中国成立后，党领导人民开展社会主义革命和建设，改变一穷二白的落后面貌也是为了实现人民利益。进入改革开放和社会主义现代化建设新时期，党领导人民不断深化改革、扩大开放，同样是为了实现人民利益。

党的十八大以来，以习近平同志为核心的党中央顺应人民群众对美好生活的向往，在幼有所育、学有所教、劳有所得、病有所医、老有所养、住有所居、弱有所扶上持续取得新进展。特别是脱贫攻坚战的打赢，书写了人类减贫史上的奇迹；新冠肺炎疫情的成功应对，树立了"以人民为中心"的世界楷模。

中国共产党的百年史，就是一部践行党的根本宗旨的历史。正因为党始终坚持为中国人民谋幸福、为中华民族谋复兴，始终把人民利益摆在至高无上的地位，才能够在一次次的历史关键时期和重大关头，赢得人民的衷心拥护和坚定支持。

以实事求是顺应时势

要取得革命和各项事业的成功，就必须顺应时势。顺应时势就是合乎时代潮流、符合客观规律、顺应人心民意。而要做到顺应，就要实事求是；不实事求是地认识时势，就不可能顺应时势。

我国革命、建设、改革的历史反复证明，只有坚持从我国国情出发，走符合实际的道路，制定符合实际的政策措施，采取符合实际的工作方法，我们的事业才能始终在正确的轨道上前进，才能取得人民满意的成果。在革命战争年代，依靠实事求是，我们党开辟并走上了农村包围城市、武装夺取政权的革命道路；依靠实事求是，我们党提出并推动形成了抗日民族统一战线，赢得了抗日战争的胜利；依靠实事求是，我们党发动并打赢了辽沈、淮海、平津等战役，夺取了解放战争的胜利。

在党和国家面临向何处去的重大历史关头，我们党召开了具有划时代意义的十一届三中全会，实事求是地作出实行改革开放的重大决策。改革开放以来，党始终坚持把马克思主义基本原理同中国的具体实际紧密结合起来，破除阻碍国家和民族发展的一切思想和体制障碍，团结带领人民在中国特色社会主义道路上奋勇向前，取得了举世瞩目的辉煌成就。

习近平总书记指出："实事求是，是马克思主义的根本观点，是中国共产党人认识世界、改造世界的根本要求，是我们党的基本思想方法、工作方法、领导方法。"[①]他要求全党同志一定要把实事求是贯穿到各项工作中。

以百折不挠走出困境

党的百年奋斗历程从来不是一帆风顺的，而是充满坎坷和磨难，

---

① 《习近平谈治国理政》（第1卷），外文出版社2018年版，第25页。

多次面临生死存亡的考验。党能够从腥风血雨中一路走来，靠的就是百折不挠，咬定青山不放松；靠的就是面对艰难困苦越挫越勇、越压越强；靠的就是面临绝处绝境坚持到底、永不言败。

白色恐怖没有吓倒共产党人，他们一次又一次擦干身上的血迹，掩埋同伴的尸体，在南昌城头打响了武装反抗国民党反动派的第一枪。

起义失败没有挫败共产党人，除南昌起义、秋收起义、广州起义等几次规模较大的起义外，党先后领导和发动了一系列武装起义。面对失败，共产党人始终以百折不挠和坚忍不拔的革命精神，坚持斗争。

围追堵截没有消灭共产党人，在二万五千里的征途上，前有围堵，后有追兵，虽然兵力上敌众我寡，装备上对比悬殊，但红军不畏任何艰难险阻，以坚不可摧的革命意志绝地反击，突出重围，获得伟大胜利。

伟大的事业之所以伟大，不仅因为这种事业是正义的、宏大的，而且因为这种事业不是一帆风顺的。习近平总书记强调：中华民族伟大复兴，绝不是轻轻松松、敲锣打鼓就能实现的。因此，共产党人必须继承和发扬老一辈百折不挠、艰苦奋斗的革命精神，方能攻坚克难，开创新的伟业。

以自我革命焕发生机

勇于自我革命，敢于直面问题，勇于修正错误，是我们党最鲜明的品格，也是我们党保持勃勃生机的根本原因。

自我革命，就是自己发现自己的问题，自己纠正自己的问题，就是刀刃向内，自己向自己开刀。面对内部危机，我们党每一次都能化危为机，就在于能够自我识错、自我纠错，及时清除肌体上的毒瘤。自我革命精神是我们党区别于世界上其他政党的显著标志。党的伟大不在于不犯错误，而在于能够及时发现和纠正错误。

整党整风，是我们党独具特色的自我革命方式，也是党的优良传统，对保持党的先进性和纯洁性，增强党的战斗力，具有极其重要的意义。100年来，党先后进行了多次大规模的整党整风运动，通过历次整党整风，党不断增强了自我净化、自我完善、自我革新、自我提高的能力，密切了同群众的联系。

坚定不移推进反腐败斗争，是我们党自我革命的又一重大举措。党的十八大以来，党坚持反腐败无禁区、全覆盖、零容忍，坚持重遏制、强高压、长震慑，坚持"打虎""拍蝇""猎狐"一体推进，使反腐败斗争取得压倒性胜利。

我们党之所以有自我革命的勇气，是因为除了国家、民族、人民的利益，她没有任何自己的特殊利益。党的百年历史充分证明，要兴党强党，就必须以勇于自我革命精神打造和锤炼自己。只有努力在革故鼎新、守正出新中实现自身跨越，才能不断给党和人民事业注入生机活力。

回首百年奋斗，功绩至伟；展望未来航程，信心满怀。我们坚信，在全面建设社会主义现代化国家新征程上，中国共产党人将继续传承党在长期奋斗中形成的宝贵经验和铸就的伟大精神，带领全国人民再创新的辉煌。

时刻坚持"以我们正在做的事情为中心"

实现理论创新，就要遵循"以我们正在做的事情为中心"这个重要原则。这个原则是我们党从马克思主义传入中国以后所遭遇的风风雨雨、所经历的成功与挫折中总结出来的。回顾建党百年的历程，我们之所以在如何对待马克思主义的问题上留下过深刻教训，关键就在于当时没有懂得或者没有坚持好这个原则。

所以，习近平总书记在主持十八届中共中央政治局第一次集体学习时就指出："我们一定要以我国改革开放和现代化建设的实际问题、以我们正在做的事情为中心，着眼于马克思主义理论的运用，着眼于对实际问题的理论思考，着眼于新的实践和新的发展。"[①] 当代中国马克思主义发展的生动局面，就得益于我们党所确立的"以我们正在做的事情为中心"的原则。

我特别钟情于这个原则，以这个题目写过两篇文章。1997年，江泽民同志在党的十五大报告中提出"以我们正在做的事情为中心"时，我写过一篇文章。2016年7月1日，习近平在庆祝中国共产党成立95周年大会上的讲话中重申了这个原则，我又写了一篇文章，

---

① 《习近平谈治国理政》（第1卷），外文出版社2018年版，第9页。

后来这篇文章在我的讲课中多次被引用。此后，通过学习习近平总书记的很多重要讲话，我对这个原则的认识不断加深。这一篇是第五篇，是在先前各篇的基础上综合、提升而成的。

怎样认识"以我们正在做的事情为中心"这个原则

中国共产党100年来取得的伟大成就，从理论上说，靠的就是马克思主义。因此，习近平总书记指出："中国共产党为什么能，中国特色社会主义为什么好，归根到底是因为马克思主义行！"[①] 100年来，我们党一方面坚持了马克思主义，另一方面发展了马克思主义。不坚持马克思主义，没有中华民族的今天；不发展马克思主义，也没有中华民族的今天。那么，我们党是怎么处理坚持和发展的关系的呢？

马克思主义一经传入中国，就面临着两个重大问题：一是要不要坚持马克思主义。有人公开反对坚持马克思主义，说马克思主义不符合中国国情。二是怎样坚持马克思主义。有人大搞本本主义、教条主义，不顾中国实际，把马克思主义的本本作为教条照搬照套，给中国革命造成巨大损失。

以毛泽东同志为主要代表的中国共产党人，一方面坚定地坚持马克思主义，正确回答了要不要坚持马克思主义的问题；另一方面坚持"以我们正在做的事情为中心"，正确回答了怎样坚持马克思主义的问题。那时，坚持"以我们正在做的事情为中心"被表述为

---

① 习近平：《在庆祝中国共产党成立100周年大会上的讲话》，人民出版社2021年版，第13页。

"以研究中国革命实际问题为中心",即把马克思列宁主义与中国革命的实际相结合。这一结合就产生了新形态的马克思主义——中国化的马克思主义,这就是毛泽东思想。

由此我们得出一个清晰的结论:坚持即发展,发展才是坚持!离开了发展,就没法坚持;离开了发展,坚持就成了照搬照抄。也就是说,坚持马克思主义,是以发展马克思主义为前提的。发展,就是把马克思主义中国化。中国共产党坚持马克思主义的过程,就是发展马克思主义的过程。中国共产党对马克思主义的"坚持",就是把马克思主义"中国化"。

时代在发展,任务在翻新,中国化的马克思主义必须跟着发展与时俱进。也就是说,中国化的马克思主义必须时刻"以我们正在做的事情为中心",实现"时代化"。比如,统一战线思想、将革命进行到底思想、新民主主义社会的思想、过渡时期及其总路线等,都是中国化的马克思主义不断时代化、毛泽东思想不断与时俱进的成果。从中我们又可以得出一个结论:坚持马克思主义,就是持续推进马克思主义时代化。没有时代化的"坚持",就是固守;没有与时俱进的"坚持",就是僵化。

关于坚持和发展的关系,自20世纪80年代末发表《正确地理解才能忠实地坚持》一文起,我一直这么讲。

以党的十一届三中全会为标志,我国进入改革开放和社会主义现代化建设新时期。诸如"什么是社会主义、怎样建设社会主义"等一系列新问题需要我们党回答。对这些问题,此前的马克思主义理论成果要么没有现存答案,要么已有的答案与中国社会所处的历史方位、具体实践不相吻合。在这种情况下如何坚持马克思主义?中国共产党人更加明确地恪守"以我们正在做的事情为中心",持续

时刻坚持"以我们正在做的事情为中心"

推进马克思主义理论创新、持续推进马克思主义时代化，从而相继产生了邓小平理论、"三个代表"重要思想、科学发展观，也就是中国特色社会主义理论体系。

1997年9月12日，江泽民同志在党的十五大报告中正式提出"以我们正在做的事情为中心"这一重大命题。他指出："对待马克思主义，有个学风问题：究竟是从本本出发，还是用马克思主义的立场观点方法来研究和解决中国的现实问题。""马克思列宁主义、毛泽东思想一定不能丢，丢了就丧失根本。同时一定要以我国改革开放和现代化建设的实际问题、以我们正在做的事情为中心，着眼于马克思主义理论的运用，着眼于对实际问题的理论思考，着眼于新的实践和新的发展。"[①]

我听后经反复学习领会认识到，"以我们正在做的事情为中心"是中国共产党最智慧、最务实、最管用的马克思主义原则，也是最体现马克思主义的根本原则。科学发展观、习近平新时代中国特色社会主义思想都继承了这个原则。党的十八大以来，习近平总书记始终坚持这个原则，着眼于马克思主义理论的运用，着眼于对实际问题的理论思考，着眼于新的实践和新的发展，提出了一系列新论断、新观点、新战略。所以说，当代中国马克思主义发展的生动局面，得益于我们党所确立的"以我们正在做的事情为中心"的原则。

然而，总有一些同志始终躺在或者说停留在马克思主义经典作家的本本上，思想认识跟不上中国马克思主义时代化的理论成果，不时发出对"我们正在做的事情"带有负能量的声音。

[①] 江泽民：《高举邓小平理论伟大旗帜，把建设有中国特色社会主义事业全面推向二十一世纪》，人民出版社1997年版，第14页。

为什么要"以我们正在做的事情为中心"

这是我们首先要搞清楚的问题。只有思想上的清醒，才能有行动上的自觉。思想清醒的程度，决定着坚持这个原则自觉性的高低。

只有坚持"以我们正在做的事情为中心"，才能提出具有时代特点的问题。问题既是创新的起点，也是创新的源泉。坚持问题导向是马克思主义的鲜明特点。当代中国正经历着我国历史上最为广泛而深刻的社会变革，也正在进行着人类历史上最为宏大而独特的实践创新。这种前无古人的伟大实践，必将给理论创造、学术繁荣提供强大动力和广阔空间。只有坚持"以我们正在做的事情为中心"这个根本原则，才能够聚焦问题、发现问题、提出问题。离开了我们正在做的事情而提出的所谓"问题"，不是真问题，至少不是具有现实意义的问题，甚至还可能是误导、分散、转移我们工作着力点的坏问题。因为只有聆听时代的声音，回应时代的呼唤，认真研究解决重大而紧迫的问题，才能真正把握住历史脉络，找到发展规律，推动理论创新。

只有坚持"以我们正在做的事情为中心"，才能为理论创新提供不竭动力。时代是思想之母，实践是理论之源。离开我们正在做的事情，理论就会成为无源之水、无本之木。以马克思主义的三大组成部分为例，它们分别来源于德国古典哲学、英国古典政治经济学和法国空想社会主义。然而，最终升华为马克思主义的根本原因，来自马克思对所处时代和世界的深入考察，来自马克思对人类社会发展规律的深刻把握。回顾马克思主义进入中国以来的发展过程，可以清晰地看到，正是以当时我们正在做的事情为中心，毛泽东才创造性地提出"工农武装割据"的思想，指明了中国革命的正确道路。正是以当时我们正在做的事情为中心，邓小平才提出了改革开放的伟大构想，创造了中国特色社会主义理论的第一个形态。"三个代表"重要思想、科学发展观的创立，无一不是如此。正是"以我们正在做的事情为中心"，习近平总书记在前人的基础上进一步推动马克思主义向前发展，创立了习近平新时代中国特色社会主义思想这个21世纪的马克思主义。

只有坚持"以我们正在做的事情为中心"，才能孕育出指导实践的创新理论。能够指导实践的理论，必须具有实践的品格。理论的实践品格，只能生成于对实践的思考及升华。只要是围绕"以我们正在做的事情为中心"进行理论创新，这个理论就天然地具备了实践的品格。正所谓"凡贵通者，贵其能用之也"。比如，针对我国发展和我们党执政面临的重大理论和实践问题，提出解决问题的正确思路和有效方法，这样的理论创新就能够对实践提供有效指导。习近平新时代中国特色社会主义思想正是在探索和回答新时代坚持和发展什么样的中国特色社会主义、怎样坚持和发展中国特色社会主义，建设什么样的社会主义现代化强国、怎样建设社会主义现代化强国，建设什么样的长期执政的马克思主义政党、怎样建设长期执政的马克思主义政党中提出来的，因而成为新时代中国特色社会主义伟大实践的指导思想、行动指南。

只有坚持"以我们正在做的事情为中心"，理论才能永葆青春。理论之树要想常青，就必须始终坚持这个原则。恩格斯指出："马克思的整个世界观不是教义，而是方法。它提供的不是现成的教条，而是进一步研究的出发点和供这种研究使用的方法。"① 一部马克思主义的发展史就是马克思、恩格斯以及他们的继承者，不断根据时代、实践认识的发展而发展的历史。这是马克思主义能够永葆其美妙的青春奥秘所在。马克思主义本身就是一个开放的理论，它必须随着实践的变化而发展，这样才能够始终站在时代的前沿。

哪些因素在影响"以我们正在做的事情为中心"

无论是在中国革命和建设的进程中，还是在改革开放的伟大实践中，理论创新总是不断遇到不同声音和不同态度，使理论创新之路很不平坦。理论创新最难的不是新理论的构建，而是新理论在产生过程中所遭遇的阻碍。

本本主义是理论创新的第一障碍。本本主义的产生有其发生的历史背景。我们党是在共产国际的推动和参与下成立的，党的一些早期领导人从苏联回来，带来了马克思主义的"本本"。这些"本本"被他们当作教义、当作教条，因此随着马克思主义传入中国，本本主义也就相伴相生了。

本本主义有三种主要表现：一是不顾实际，在实践中照搬照套。书上怎么讲的、别的国家怎么做的，不管是否符合我国国情，一律照搬照套。这点曾给中国革命造成过重大损失。二是固守某些具体的特定结论。换言之，就是把马克思主义经典作家在当时条件下对

---

① 《马克思恩格斯选集》（第4卷），人民出版社1995年版，第742—743页。

一些事情所作的具体结论，当作一成不变的教条到处套用。三是把"本本"作为评判实践的标准或依据。一旦实践稍有不符合"本本"的地方，就被认为是非马克思主义的，甚至是反马克思主义的。本本主义给我们的思想和行为套上了精神枷锁，画下了不可逾越的红线，给革命和建设造成了巨大障碍。毛泽东同志曾严厉批评过本本主义和教条主义，但这两个倾向仍然时不时地表现出来。

中国特色社会主义进入新时代，习近平总书记曾多次对本本主义、教条主义给予严厉批评。他指出："对待马克思主义，不能采取教条主义的态度，也不能采取实用主义的态度。如果不顾历史条件和现实情况变化，拘泥于马克思主义经典作家在特定历史条件下、针对具体情况作出的某些个别论断和具体行动纲领，我们就会因为思想脱离实际而不能顺利前进，甚至发生失误。"① 在党的二十大报告中，习近平总书记再次指出，我们坚持以马克思主义为指导，是要运用其科学的世界观和方法论解决中国的问题，而不是要背诵和重复其具体结论和词句，更不能把马克思主义当成一成不变的教条。对待科学的理论必须有科学的态度，而本本主义、教条主义就是非科学的态度，因此成为马克思主义理论创新的绊脚石。

归结法和还原论是影响理论创新的第二大因素。在学术研究中，对于一些观点、思想和制度，我们习惯于追根溯源，追溯到古希腊、追溯到春秋战国。这种研究方法在纯学术研究中具有一定的必要性和合理性。如果对中国化马克思主义研究也把新观点、新思想、新理论归结到或还原为马克思说过的话，就不合适了。对此，习近平

---

① 习近平:《在哲学社会科学工作座谈会上的讲话》，人民出版社2016年版，第13页。

总书记指出:"根据需要找一大堆语录,什么事都说成是马克思、恩格斯当年说过了,生硬'裁剪'活生生的实践发展和创新,这也不是马克思主义的态度。"①

习近平新时代中国特色社会主义思想是有来源的,也是不断发展的,发展到今天,在许多方面已经是一种全新的思想。正如习近平总书记指出,党的十八大以来,我们党坚持"以我们正在做的事情为中心",根据国内国际形势的新变化、新特点、新问题,提出了推进国家治理体系和治理能力现代化,培育和践行社会主义核心价值观,构建开放型经济新体制,构建人类命运共同体,推进"一带一路"建设,等等。所有这些都是我们党具有原创性、时代性的概念和理论。从"两大阵营"到"三个世界",再到"人类命运共同体",我们党对于世界的看法非常清晰地呈现出马克思主义中国化、时代化的演进路线。"人类命运共同体"就是我们党的原创性理论,与古人的"大同世界"有很大不同。因此,在研究我们党的创新理论时,要慎用还原论、归结法。

以国外的学术思想为准绳是影响理论创新的第三个因素。国外的学术思想是我们的宝贵资源,是我们进行理论创新的养料,我们应该研究和吸收,但是绝不能不加分析把国外学术思想和学术方法奉为圭臬,一切以此为准绳,那就没有独创性可言了。我们承认,一些国家在发展过程中曾经遇到的情况值得我们重视和避免,但是国情不同、时代不同、体制不同、道路不同、招数不同,我们发展到了某个阶段、某个量级,未必会掉入什么"陷阱"、会中什么"预

---

① 习近平:《在哲学社会科学工作座谈会上的讲话》,人民出版社2016年版,第14页。

言"。对于这些外来的思想，我们可以作为研究参考，加以防范，但绝不能用作衡量步伐的标准和研究问题的工具，更不能成为束缚手脚的羁绊。

这三个因素的共同点是因为停留在"本本"和理论上，忽视了"以我们正在做的事情为中心"，而造成了相应后果。当然，妨碍理论创新的因素，还有社会、政治等方面的原因。找出所有这些因素，认识其危害，有利于我们进一步筑牢"以我们正在做的事情为中心"的思想根基。

如何实现"以我们正在做的事情为中心"

既然"以我们正在做的事情为中心"是 21 世纪马克思主义理论创新的根本原则，那么，我们就应该始终坚持这一原则。在我看来，至少要做到以下三点。

第一，把我们正在做的事情作为理论创新的出发点和落脚点。长期以来有一种研究风气，即从本本出发去研究，从理论出发去研究，还有从个人兴趣爱好出发去研究等情况，它们的共同之处是在研究中忽视了"以我们正在做的事情为中心"的原则。如果研究的出发点已偏离了这个原则，那么研究的过程就会更加偏离这个原则。比如，研究离不开资料，而一个通常的做法就是到图书馆去找资料、到资料当中去找资料。如果研究中国的行政体制改革、经济体制改革，研究党员干部培训等，不是从改革实践当中找资料，不是从干部培训实践当中找资料，而是从他人的研究资料当中找资料，从资料中概括改革现状、培训现状。为了找资料，宁肯翻箱倒柜，也不愿意走出书斋、走向实践。结果用几年前，甚至党的十八大以前的资料论述今天的问题，所作的论证或结论要么苍白无力，要么南辕北辙。

因此，一切研究工作要"以我们正在做的事情为中心"为出发点和落脚点，坚持问题导向，不要再从本本出发、不要再从理论本身出发寻找研究课题。须知世界上伟大的哲学社会科学成果都是在回答和解决人与社会面临的重大问题中创造出来的。

我们正在做的事情所面临的问题大致有这样三类：第一类是实践当中面临的问题。如果说抓工作就是抓问题，那么研究理论就是研究问题，并且这些问题应当就是实践当中面临的问题。比如，改革开放进程中出现的问题、管理工作中遭遇的问题等。第二类是社会上客观存在的思想问题。比如，认识问题、心态问题、观念问题等，研究工作就要抓住这些问题去研究。第三类是传统理论面对现实而出现的理论本身的问题。比如，传统社会主义经济体制理论面对现实中民营经济的发展而产生的落差，促使我们重新思考我国所处的社会主义的历史方位，产生了社会主义初级阶段的新理论；全球化的发展进程使气候变暖、资源短缺、环境破坏、恐怖袭击、刑事犯罪等局地问题，迅速变成了人类共同面临的难题，从而把人类"命运共同体""利益共同体""责任共同体"的理论问题摆在了我们面前，需要我们开展务实的理论研究工作。再如，在思考如何理解当代资本主义社会工人阶级绝对贫困化、相对贫困化，帝国主义为何还腐而不朽时，就要结合当下的资本主义深入作研究。

无论从哪方面来看，"以我们正在做的事情为中心"的原则都要求我们要从实际出发研究问题。只从书本出发找问题，就会离现实越来越远。而我们冷落社会，社会一定也会冷落我们。

第二，把我们正在做的事情作为评判新理论真理性的标准。我们的研究成果是对还是错，是有价值还是没有价值，是合乎时代要求还是滞后于时代，要坚持用"以我们正在做的事情为中心"的原则加以评判。马克思说过："人的思维是否具有客观的真理性，这不是一个理论的问题，而是一个实践的问题。人应该在实践中证明自己思维的真理性，即自己思维的现实性和力量，自己思维的此岸性。关于思维——离开实践的思维——的现实性或非现实性的争论，是一个纯粹经院哲学的问题。"①

因此，从当今的实践出发提出的一些新理论、新观点到底对不对，到底有没有客观性和真理性，要用实践作为检验真理的标准，这个实践就是我们正在做的事情，只能以我们正在做的事情作为评判新理论真理性的标准。

第三，把我们正在做的事情作为判断理论有没有价值的衡量尺度。有价值的理论创新一定是以我们正在做的事情为中心进行构建的；思辨地构建一种新理论，凭想象构建一种新理论，或者到资料当中综合出一种新理论，不可能成为有价值的理论创新。真正有价值的理论创新一定是以我们正在做的事情为中心，否则就是无效创新或者白创新。甚至可以说，应当把我们正在做的事情作为判断真假理论创新的分水岭。真正的理论创新一定是以我们正在做的事情为中心，以解决现实问题为导向，并且在实践中成功地解决了问题。如果离开正在做的事情，脱离现实的社会实践，只是凭主观想象思辨地构建理论，或者埋头于故纸堆，试图从以往的材料中

---

① 恩格斯:《路德维希·费尔巴哈和德国古典哲学的终结》，人民出版社1997年版，第53页。

综合出新理论，是不能实现真正的理论创新的，就是假创新或者伪创新。

总之，"以我们正在做的事情为中心"，是学习、研究、运用、创新马克思主义的根本原则、正确态度、科学方法和基本途径。习近平总书记指出，哲学社会科学工作者要"从我国改革发展的实践中挖掘新材料、发现新问题、提出新观点、构建新理论，加强对改革开放和社会主义现代化建设实践经验的系统总结，加强对发展社会主义市场经济、民主政治、先进文化、和谐社会、生态文明以及党的执政能力建设等领域的分析研究，加强对党中央治国理政新理念新思想新战略的研究阐释，提炼出有学理性的新理论，概括出有规律性的新实践。这是构建中国特色哲学社会科学的着力点、着重点。一切刻舟求剑、照猫画虎、生搬硬套、依样画葫芦的做法都是无济于事的"[①]。

当然，不是指所有学科都要这么做，一些学科如考古学、古文字学等，则要另当别论。古文字学等学科事关文化传承的问题，要重视这些学科，确保有人做、有传承。有些绝学、冷门学科，看上去同现实距离较远，但也要重视，确保需要时拿得出来、用得上。

在我们正在做的事情中还有哪些问题值得重视研究

从1848年《共产党宣言》问世到今天已经170余年了，时代发展超乎预料，马克思主义理论也日新月异。从马克思到习近平，他

---

① 习近平：《在哲学社会科学工作座谈会上的讲话》，人民出版社2016年版，第21—22页。

们肩负的时代课题不同、要解决的问题不同，理论自然要不断创新。可是，思想惯性或惰性使得"先入为主"成为一种常见现象，躺在前人的本本上就是突出表现。因此，我在这里列举三种现象，希望大家能够进一步重视研究和解决这些问题。

对于民营经济。在理论上，我们党对民营经济已经形成了一套很成熟的理论，提法已经从最初的私营经济到后来的非公有制经济、民营经济。在作用上，我们党明确肯定公有制经济和非公有制经济都是社会主义市场经济的重要组成部分，都是我国经济社会发展的重要基础。在制度上，我们党早已把公有制为主体、多种所有制经济共同发展确立为国家基本经济制度。在性质上，习近平总书记作出了一个重大判断，"民营经济是我国经济制度的内在要素，民营企业和民营企业家是我们自己人"，对民营经济和民营企业明确地作出了性质上的判断。在实践中，民营经济和民营企业所发挥的巨大作用充分证明了上述理论、制度和判断的正确性。我们再也不能把民营经济和民营企业等同于传统意义上的私有制。

关于"让一部分人先富起来"。对于如何从贫困走向富裕，我们党总结了过去几十年的经验教训，认识到"肩并肩、手挽手"只能导致共同贫穷，由此作出了"让一部分人先富起来"的战略决策，开辟了"让一部分人先富起来"的奔富道路，效果惊人的好，使国家迅速地走上了发展的"快车道"。这句话也被写进了党章和宪法。并且，我们党对这样做的后果有充分的估计，采取了许多措施解决由此引起的差距拉大的问题。例如，税收调节高收入、财政转移支付、对口扶持、脱贫攻坚、地区发展战略……我国创造了人类反贫困史上的奇迹。但有些同志的思想认识还停留在"两极分化"的概念上。这两年，我们党提出要使"共同富裕"取得更为明显的实质性进展，有人马上想到"打土豪，分田地"。

剩余价值学说是马克思一生最重要的理论贡献之一，它和唯物史观一起成为奠定马克思主义的两大基石。正是剩余价值学说揭开了资本主义剥削的秘密，揭示了资本主义企业利润的来源。对这一学说，大家都深深地印在了脑海里，因此一谈论企业利润，就容易想到剩余价值、想到剥削，于是就容易产生疑虑或顾虑。这就给我们提出一个课题：中国特色社会主义要不要、有没有专属于自己的理论分析工具去分析企业利润、资本增殖等问题；对剩余价值学说如何根据我们正在做的事情，作出中国化、时代化的阐释、运用和发展，使企业利润、资本增殖等问题成为中国特色社会主义市场经济理论不可或缺的组成部分，成为推动中国特色社会主义新时代企业经营管理和资本健康发展的理论指南和精神动力。2022年4月29日，中共中央政治局就依法规范和引导我国资本健康发展进行第三十八次集体学习，习近平总书记在主持学习时作出了"资本是社会主义市场经济的重要生产要素"的重要判断，发出了"要加强新的时代条件下资本理论研究"的重要号召，真是非常及时、非常重要。

以上这些问题都需要我们"以我们正在做的事情为中心"去重视和解决；仅仅沉在前人理论里，躺在"本本"上，很难解决这些问题。

最后我想到，摆在我们面前的还有一个课题，就是如何阅读马克思主义经典的问题。我们在要求人们阅读经典的时候，是不是要同时引导人们把每一本经典放在马克思主义的发展长河中阅读，指出每一本书要解决的时代课题、历史地位及后人的发展。这样做的目的是避免读了马克思主义经典而对今天中国特色社会主义产生疑虑。

"以我们正在做的事情为中心"是 21 世纪马克思主义理论创新必须坚持的根本原则。这既是党中央对理论工作者的要求，也是时代对理论工作者的要求；既是改革开放的伟大实践对理论工作者的要求，也是理论发展本身对理论工作者的要求。

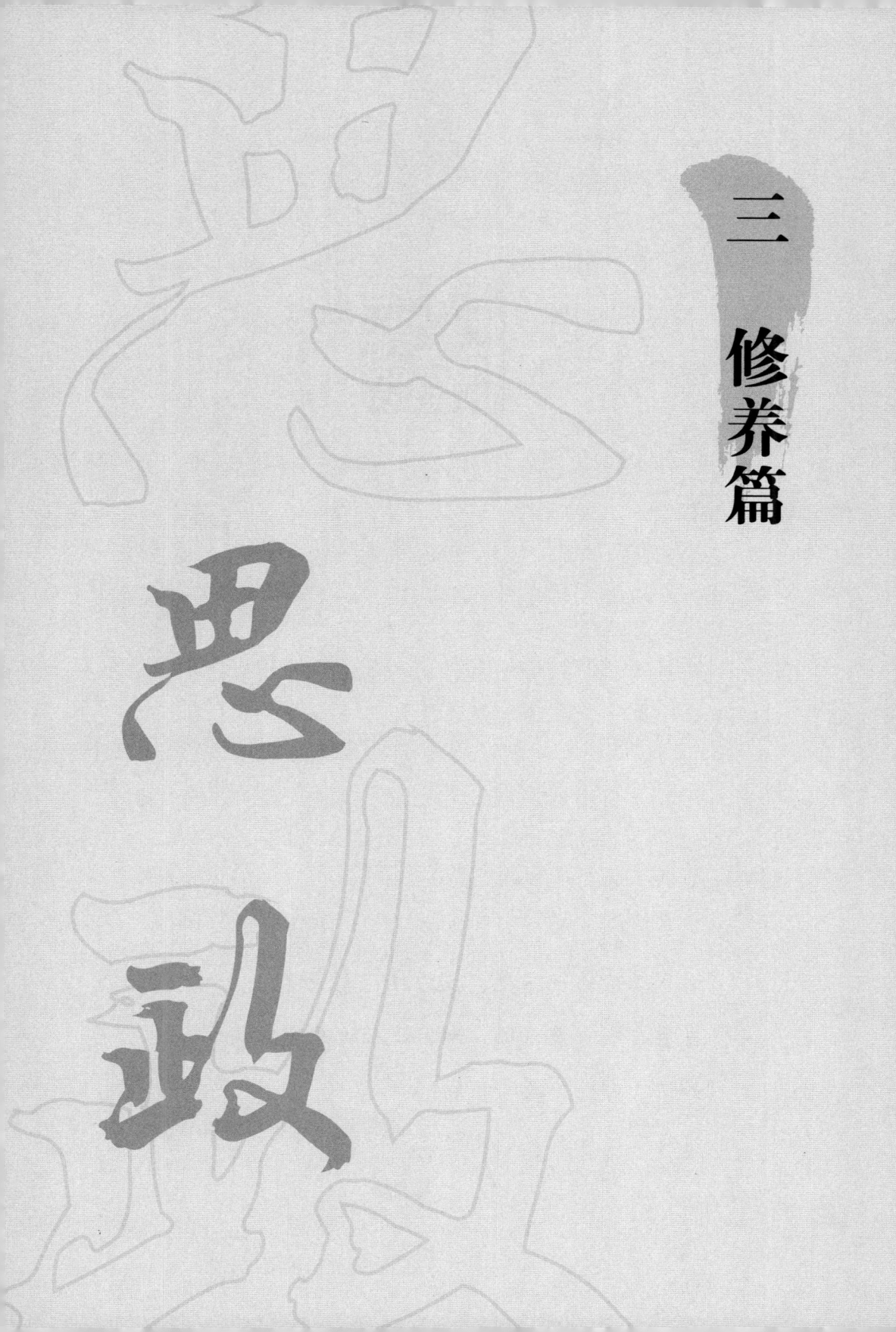

三 修养篇

树立正确的世界观、权力观、事业观
自重自省自警自励：为官做人的高度自觉
如何立身、为政与用权
实现家风和政风的良性互动

树立正确的世界观、权力观、事业观

世界观、权力观、事业观，是习近平总书记反复强调的一个大问题。事实上，这个问题对我们每个人都非常重要，今天我们就谈谈这个话题。在我讲课的过程中，请大家同步思考三个问题：一是在你的人生旅途上，你是怎么看待和对待世界观问题的？二是如何看待和对待手中的权力，你有什么经验，或者是教训？三是你最讨厌或反感的，是忙什么样的事业和有什么样的政绩？

树立正确的世界观

世界观，是这些年我们党反复讲的问题。但是世界观讲多了，就被人们当作官话、套话；世界观讲多了，就被当作老话；世界观看不见、摸不着，又被人们认为是空话。实际上，世界观不是这样的话。它很具体、很普遍，跟每个人都息息相关，对每个人都很重要。

那么，什么是世界观呢？世界观就是一个人对这个世界的总的看法和根本观点。注意，它不是指具体看法，是总的看法和根本观点。

（一）世界观的定义及其类型

这里的"世界"，不是一个地理概念，比如周游世界、世界贸易。平时我们所说的世界只是它的一个很小部分。这里的"世界"大得很，具体由三个部分组成。一是自然界。这并不限于我们的地球，还包含太阳系、银河系及整个宇宙。二是人类社会。三是人的思维。思维可以超越时空，追溯遥远的过去，展望遥远的未来。马克思讲，蜜蜂建筑蜂房的本领使人间的许多建筑师感到惭愧，但是，最蹩脚的建筑师从一开始就比最灵巧的蜜蜂高明的地方，是他在用蜂蜡建筑蜂房以前，已经在自己的头脑中把它建成了。马克思讲的就是思维的能量。

我们所讲的世界，就是由自然界、人类社会、人的思维三个部分构成的。

无论这个世界有多大，它都是由具体事物构成的，对这些具体事物，每个人都会有自己的看法，不同人的看法有时候大相径庭。比如同去劳动工地，有人看到的是热火朝天的劳动场面，而有人看到的是混乱不堪的劳动管理。同去考察一个地方的经济发展规划，有工业背景的领导主张优先发展工业，因为这里有丰富的矿产；旅游专家说还是应该优先发展旅游业，你看美丽的湖光山色，多好的旅游资源；而农业专家说，这辽阔的水面、肥沃的土壤、充足的水源，应该优先发展农业。领导、专家们的意见大相径庭。在中国，人们把这种现象叫作"仁者见仁，智者见智"，在西方也有类似的谚语"一千个人眼里有一千个哈姆雷特"，这个哈姆雷特是莎士比亚笔下的主人公。不同的人看他，便看到了不同的形象。

但是，如果我们从世界观的角度来分类，五花八门的看法无非就是两类,一类是唯物主义的看法,另一类是唯心主义的看法。比如,有些领导在作重大决策前一定要调查研究,他们奉行的原则是不调查研究就不拍板。为什么?因为他有一个唯物主义世界观,这个世界观告诉他,不掌握第一手资料,不调查研究,就没有发言权;作任何决策,考虑任何工作,一定要从实际出发。而有的领导辛辛苦苦想出来的项目、找来的资金,又辛辛苦苦把它建成,但项目落成之时就是亏损之日,由此背上了沉重的包袱。为什么会导致这个结果?因为他有唯心主义的世界观,这个世界观使得他没有调查研究,没有作不可行性论证,在他看来,没有必要调查研究,见过、经历过,总感觉自己高明,别人不行。这就是典型的唯心主义世界观。

当人们感到世界观重要的时候,往往是出问题的时候。我们看过警示片、忏悔书,落马的干部都会讲道:"我之所以沦落到今天,是因为没有好好地构建世界观,假如对我进行宽大处理,我一定好好改造世界观,重新做人。"但是已经晚了。

这就好比人的健康,在人们身体健康时,很多人没有把它当回事儿。等到真病倒了,才知道什么官位、名誉、金钱都是身外之物,只要给自己健康什么都不重要。这是个教训,让很多人都懂得了,与其忽视健康将来后悔,不如现在注重健康,有一个好的身体。同样的道理,与其世界观出现问题将来后悔,不如现在好好"保养"世界观,下多大功夫都是值得的,因为它太重要了。

(二)世界观的作用和意义

第一,世界观是"方向盘",是管方向的,而且是自动挡,在我们不知不觉当中管方向。我们的脑子想什么?我们的脚步往哪里迈？我们的力量往哪里用？都是受世界观支配的。所以，健全的世界观能保持正确的方向，残缺的世界观就让你的方向发生偏差。

我们知道，汽车的方向盘不能出问题，如果方向盘有毛病，这辆汽车就很难沿着正确的路线行驶。同样，我们的世界观不能出问题，世界观出了问题，人生的航向很有可能出现偏差。对领导干部来说，最重要的不是我们现在所处的位置，而是面朝的方向。

第二，世界观是方法论，是管方法的。当我们确定了一个方向，比如我要过河，用什么办法过河呢？无非用造船架桥等方法，或者摸着石头过河。到底用哪个方法好呢？那我告诉你：怎么方便怎么过，怎么安全怎么过，怎么快捷怎么过。一句话，因地制宜，从实际出发。

在这里，桥、船、摸石头是具体方法，因地制宜、从实际出发，就叫方法论，是哲学方法。具体方法适用于某项任务、某个场合、某个时候，不可能包医百病。而哲学的方法是适用于一切的方法，就是一种方法论。世界观就是方法论。所以，我们的世界观端正了，方向盘正了，方法论就对了。

第三，世界观还是思维方式，是管思维的。我们看形势，究竟是好大喜功，到处莺歌燕舞，还是"九斤老太"，今不如昔？我们规划未来，究竟是想入非非，异想天开，信马由缰，还是因循守旧，束手束脚？这是两种思维方式。思维方式不同，我们看问题的结论、作的规划也截然两样。人们经常说，性格决定命运，从哲学上说，是思维方式决定命运。

有的人看事物很阴暗，觉得周围都是魔鬼，所以防人之心很盛；有的人看事物很阳光，感觉到处都是春风拂面，每个人都和蔼可亲。这两种人处理问题的态度截然不同，这是由于他们的思维方式不同。

树立正确的世界观、权力观、事业观

你们有没有听过或者被人问过这样一个问题：树上有10只鸟，被枪打死了一只，请问还有几只？答案是没有了，因为枪一响，其他鸟都被吓跑了。可是有一天老师碰到了这么一个学生，同样问了这个问题。学生眨巴眨巴眼睛问老师："老师，在这个城市用枪打鸟不是犯法吗？"老师一愣，说："不犯法。"学生又问："老师，用的是无声手枪吗？"老师说："有声，声音很响。"学生又问："老师，这群鸟里面有没有耳朵聋的呢？"老师说："别啰唆了，你赶快回答，打死一只，还有几只？"学生又问："老师，这鸟里头有没有不怕死的呢？"老师头上冒汗了。学生又问："这10只鸟，是关在笼子里挂在树上呢，还是散蹲在树上？"老师掏出手帕擦擦汗说："散蹲在树上。"学生又问："老师，被打死的那一只鸟是掉到地上呢，还是挂在树枝上呢？"老师有气无力地回答："掉到地上了。"学生这才说："老师，如果你刚才的回答没有骗我，如果被打死的那只鸟真的掉到地上了，那么，树上一只鸟也没有了。"

我从手机上看到这个故事，被深深地震撼了，原因有三：一是面对一个貌似简单的问题，这个学生展开了复杂的、缜密的思考。他启发我们，简单的问题不简单，我们更不能简单地对待。二是他的问话一步一步地紧逼问题以及标准答案的设计者所忽略的许多前提条件。三是他问出了今天领导干部必须高度重视的大问题，这就是要学会全面地看问题、深入地看问题、本质地看问题。

究竟是全面地看问题，还是片面地看问题？是深入地看问题，还是表面地看问题？是本质地看问题，还是现象地看问题？这是两种截然相反的思维方式。而"还是"后面的思维方式更容易让我们看不到真相，被假象所迷惑，容易作出错误的判断、错误的决策；

只有全面地、深入地、本质地看问题，才能使我们通过现象看本质，才能使我们不被假象所迷惑，才能使我们作出正确的判断、作出正确的决策。你们看，思维方式多重要啊！而世界观就是思维方式。

第四，世界观还是人生观。健康的人生来源于健康的世界观，扭曲的人生产生于扭曲的世界观。

第五，世界观还决定权力观、政绩观、领导观、群众观、发展观等。

总而言之，世界观是人的"总开关""总钥匙"，是人的全部精神和行为的"总导演""总指挥"。所以，习近平总书记指出：共产党人要炼就"金刚不坏之身"，必须切实解决好世界观、人生观、价值观这个"总开关"问题。

（三）世界观的养成和改造

那么，我们怎么能够养成正确的世界观？其实每个成年人都有自己的世界观，但是自觉养成跟自然养成世界观是不一样的。我们日常生活当中形成的世界观，是自发的、朴素的、不系统的。比如，农民都知道"清明前后，种瓜种豆"，这是多年的生活形成的一个宝贵经验。假如我渴了，我只能从实际出发伸手摸茶杯，而不能摸话筒。因为只有茶杯才能解决我口渴的问题，千百次的经验告诉我们，口渴了要什么。所以实事求是，从实际出发，并不玄奥，而是来源于对社会实践和日常生活经验的总结。而古人就把这总结为"实事求是"，毛泽东同志古为今用把它作为我们党的思想路线。

在2002年的一次党建工作座谈会上，我发言的题目是《什么时候都要端正党的思想路线》，我说实事求是的重要性不言而喻；与其我们花功夫强调实事求是、从实际出发的重要，不如花功夫创造让人实事求是、从实际出发的环境。在这种环境下，说假话、办假事不会得到额外的收获，说真话、办真事不会遇到意外的不测，这样解放思想、实事求是就能蔚然成风。

然而，我们要懂得自发形成的世界观对待日常生活可以，处理复杂的工作局面、对待复杂的问题就不管用了，所以我们经常被假象所迷惑，甚至上当受骗。要想形成系统的、理论化的世界观，就要学习哲学，因为哲学是系统化、理论化的世界观。它告诉我们应该用什么样的观点去看待世界，这就叫作世界观；用这种观点来观察和处理问题，这就是方法论。

在人类几千年的发展长河当中，哲学分为唯物主义和唯心主义两个基本派别。我们要掌握的是唯物主义世界观。但是，唯物主义并不是都正确，唯心主义也不都是谬误；唯物主义也有它的局限，唯心主义也有合理的内核。在唯物主义发展过程当中，最早是朴素唯物主义，比如世界是由什么构成的？金、木、水、火、土，这就很朴素。后来随着力学、机械的发展，在西方诞生了机械唯物主义。这个唯物主义比朴素唯物主义获得了更好的科学基础，但看问题是刻板的、机械的、形而上学的。马克思、恩格斯吸收了唯物主义的基本内核，又吸收了唯心主义的合理内核，特别是吸收了费尔巴哈的唯物论，剔除了他的形而上学；吸收了黑格尔的辩证法，去除了他的唯心主义外壳，创造了辩证唯物主义和历史唯物主义，这就是马克思主义哲学。

2013年，中共中央政治局就历史唯物主义基本原理和方法论进行了第十一次集体学习；2015年，中共中央政治局就辩证唯物主义基本原理和方法论进行了第十二次集体学习。习近平总书记指出，安排这两次学习，目的是推动我们对马克思主义哲学有更全面、更完整的了解。他强调，辩证唯物主义是中国共产党人的世界观和方法论，我们必须不断接受马克思主义哲学智慧的滋养，更加自觉地坚持和运用辩证唯物主义世界观和方法论，增强辩证思维、战略思维能力。

在日常生活中，我们也不难看到，有的系统学过哲学的同志，也有人际关系处不好、思想片面、思维固执的情况，但不能说明哲学无用，问题在于他们所学的只是哲学知识，哲学思维没学到，哲学词句会讲了，哲学精神没掌握。正如我们一些领导干部，若问他为人民服务和为人民币服务，哪个是党的宗旨，100%的领导干部会选择为人民服务，但他做的是为人民币服务的事，因此落马了。为什么？因为他掌握的只是党的宗旨这个知识，而没有内化成为他的"大脑软件"，成为他的"大脑操作系统"。所以我一直反复强调，我们学习任何东西，都要把它内化为大脑的"软件"，变成"操作系统"；大脑只要有了"软件"或"系统"，那么面对实际工作，他的言行一定是为人民服务，而不会考虑为人民币服务，因为他的头脑里没有为人民币服务这个"程序"。

一些学过哲学的人虽然哲学知识很丰富，但他们看问题有时没有辩证思维，没有与时俱进，就是因为哲学知识没有变成他们的"大脑软件"，他们的思维程序不是哲学的。我们今天对待马克思主义哲学，就要将其当作思维方式来效仿、当作人生态度来养成、当作思想方法和工作方法来训练，往心里学、往深里学，不断学、经常学，直到它变成我们思维的器官。

今天在这有限的时间内，我重点给大家讲世界观的重要性。要养成科学的世界观，大家一定要系统地去学习马克思主义哲学。

树立正确的权力观

领导干部不仅要解决世界观问题，还要解决权力观问题。

（一）权力观的内容

权力观是什么呢？权力观就是对权力的根本观点和总的态度。它要解决三个问题。

首先，对权力来源的看法。就是说我们手中的权力是谁给的？毫无疑问，在我们国家一切权力来源于人民。我们来到现在的岗位上，有的是被组织看中提拔的，有的是老百姓推荐的，有的是自己考上的。无论是什么因素让你走上这个岗位，你都要知道权力是人民给的。有时候，往往是一位领导看重便让你得到重用。但不管谁提拔你的，你都要明白，权力是人民给的。这样对你用权有好处，你就会知道，自己该为谁用权、怎么用权。

其次，对权力性质的看法。问权力的来源，是要回答手中的权力是谁给的。问权力的性质，是要回答手中的权力属于谁。

大家知道，权力是随着岗位走的，到了什么岗位，自然就有这个岗位的权力。比如，我在海南是主管宣传文化出版工作的，但是我要印一本书，只能派人到新闻出版局去申请一个内部准印证，编制规定审批权在他们那里，不在我这里。我要是直接给印刷厂印制，就是非法出版物。只有他们给我一张准印证，才是合法出版物。他们有权同意，也有权不同意。

但是我们要切记，"我有权"，不能当成"权是我的"，这样就把权的性质理解错了。权力是谁的？权力是人民的，一切领导干部都是为人民用权，为人民掌权。这一点，不能有丝毫的含糊。如果把权当成自己口袋里的钱一样，随便花、随便用，那就打下了犯错误的伏笔。一定要想到我们手中的权力，我用钢笔签的字，我手上盖的印，我点不点头，那都在代表人民用权，因此要慎重。

最后，对如何使用权力的基本态度。如何使用权力，是指全心全意呢，还是半心半意？是把方便让给群众呢，还是把方便让给自己？我们做领导干部的，一定要全心全意服务于企业和群众，把方便让给我们的服务对象。这就是我们对用权的基本态度，这是权力观的重要内容。

综上所述，权力观要解决的基本问题，就是权力的来源问题、权力的性质问题、用权的态度问题，也就是为谁所用、怎样用权。

（二）权力：一把"双刃剑"

树立正确的权力观，除解决好以上问题外，还要认识到，权力的一种特性——"两面性"，它是一把"双刃剑"，对人对己，都是如此。

第一，对人它是"双刃剑"。一面是权力可以成人之美，成全别人。党的十八大以来，我们各级党委、政府，绝大部分领导干部运用手中的权力，提高最低生活保障标准，为老百姓改厕改水，清理垃圾，用心扶贫；运用手中的权力，引进优质教育资源，让孩子从小就得到好的教育；运用手中的权力，将那些德能勤绩廉俱佳的人提拔到重要领导岗位，从而发挥他们的作用。诸如此类的事情，我把它们叫作成就别人、成全别人。这样的事我们要尽可能多做，尤其是为老百姓谋福祉、为企业尽可能谋发展，践行党的宗旨。

另一面是权力也会祸害别人。比如，利用权力打击报复、充当黑恶势力保护伞、制造冤假错案等，就属于这一类。

总之，对人，权力是一把"双刃剑"，既能成全别人，也能祸害别人。

第二，对待自己，权力也是一把"双刃剑"。一面是它能成全我们自己。比如一位学校老师被派到基层当科技副县长，结果他的工作能力强，科技发展速度快，对经济增长的贡献率大，很快被提拔为县长、书记。这是权力让他有了大显身手的舞台，发挥了自己教学之外的另一种价值，这是权力成就自己。

但是另一面，权力也会祸害自己。现在倒下去的干部，都倒在一生当中最高的官位上。回过头来看，先前所有的提拔，已经不能被认为是好事了。一位白发苍苍的母亲到狱中看望自己的儿子，她老泪纵横地说："要早知道我们娘俩今天在这里见面，我悔不该当初让你上学，是娘让你上学害了你。假如不上学，咱们在村里养几头牛、几头羊，虽然生活不富裕，但是家庭团圆，平安喜乐。是娘让你上学，把你害了。"不是母亲让他上学害了他，是他没有把握好权力，成了祸害自己的工具。

既然权力是一把"双刃剑"，我们就得敬畏它，就不能任性。现在说有钱会任性，其实有权也会任性。因此，作为领导干部，一定要注意防范权力风险。

（三）防范权力风险

权力的风险，大家已经看得很清楚了。在所有的职业中，领导干部的职业风险现在是最大的。那么，风险来自哪里呢？

第一，权力是诱惑的目标。各种各样的诱惑都奔着你而来，不用争取，不用追求，就在身边，就在眼前，就看你是否顶得住。人的价值，在被诱惑的瞬间就注定了。

第二，权力是被攻击的靶子。攻击谁？谁的权大，哪个部门、哪个岗位重要，就被攻击得多。而且"糖衣炮弹"攻击领导干部有两种能耐：一种能耐是极度聪明。他选时机、找理由、用花言巧语来让你上套。另一种能耐是百折不挠。作为领导干部应该时刻保持规矩意识，时时处处严格要求自己，避免受到"糖衣炮弹"的侵袭。这是一种攻击，叫作"糖衣炮弹"的攻击。另一种攻击，是不正当竞争者的攻击，即采用曲解、捏造等不正当手段攻击领导干部。

第三，权力是监督的对象。党员干部要接受领导监督、接受纪委监督，还要接受群众监督。盯着我们领导干部的眼睛多得很。特别是现在到处都是摄像头，随时拿出手机给你录像、给你拍照。以至于我们领导干部的私密空间越来越小，我们要学会在闪光灯下生活，在录像机下工作。只有洁身自好才不怕监督，才欢迎监督。

干部是诱惑的目标、攻击的靶子、监督的对象，因此领导干部一定要有职业风险意识。如果以为当了领导干部，就可以高枕无忧；如果以为当了领导干部，就可以为所欲为、随心所欲，那就是在拥抱风险。没有职业风险意识，千万不要当领导干部。现在已经走上领导岗位的同志，一定要时刻有职业风险意识，做到警钟长鸣。

大家听了我这番话，用不着害怕。这种风险是一种理论风险，实际上，防范这种风险很简单，几乎不用花多大的力气，每个人都能做到，就是管好自己。只要把自己管好了，诱惑对你无用，攻击全部无效，自然发现你是个好干部、好党员。所以，我们要以简单对复杂。这和讲世界观那部分相反，那里提醒简单背后不简单。

说到风险，我们党从更大的范围来讲风险，那就是精神懈怠的危险、能力不足的危险、脱离群众的危险、消极腐败的危险。我们要站得更高一点看风险、防范风险。

（四）以人民为中心用权

我们讲职业风险，不是说只要保证自己不犯错误就行了，那充其量只是个"太平官"，是做好干部的前提。我有一本书《好人不一定是好官　好官必须是好人——与领导干部谈心》，若人们谈起一个干部时说"这是一个好人"，言下之意基本就明白了：他不是一个好干部。我们做好人，就是为了有资格争取做一个好官，好官就是人民所欢迎的官。

为人民用权，是权力观的核心问题，是权力观的落脚点。权力的来源，要归于为人民用权；权力的性质，要归于为人民用权；用权的态度，前面只讲了是"全心全意"还是"半心半意"，是把"方便"留给自己还是留给服务对象，而"为谁用权"才是用权态度的根本。所以，讲到这里，我们的认识要进一步提升：为人民用权才是权力观要解决的核心问题、根本问题。

从"为人民服务"到"以人民为中心"，是我们党的宗旨理论的重要发展。以人民为中心，包含六个方面的要求：第一，奋斗目标为人民而去；第二，手中权力为人民所用；第三，根本利益为人民所谋；第四，工作好坏由人民评定；第五，心中位置数人民最高；第六，人民和干部是主仆关系。我们要紧紧守住一条底线，就是不为自己用权，不为家人用权，不为亲属谋利，而是为人民用权；权力是为民的工具。

（五）以公平正义观指导用权

为人民用权，必须公平公正。如果说为民是用权第一原则，那么公平公正就是第二原则。盼望社会公平正义，盼望自己被公平地对待，这是人类有史以来就有的一个梦想。但是，不是所有社会都有条件实现这个梦想，只有社会主义社会有条件，因为执政党没有自己的私利。

现在，还存在机会不均等、规则不公平、分配不公、司法不公等现象，所以习近平总书记指出，在推进依法治国的伟大实践中，尤其应该以让人民群众感受到公平正义为唯一目标、不二选择。因此，在政府工作中，工程发包要公平公正；其他资源的分配，要追求公平公正的效果；对待救济款、科研经费、教育经费的使用，要坚持公平正义。

（六）用权"四不"

对干部用权，我们党提出了很多要求，"应当秉公用权""应当依法用权""应当廉洁用权"，这是党章的要求；"不准以权谋私""不准假公济私""不准贪污腐败"，这是党纪的要求。我们大家都要用心去领会和遵循。这里，我再跟大家说四句话。

第一句话，当官不想发财。既然当了官，发财的愿望就要扔掉。因为当官跟发财是冲突的。要想发财，可以干别的，就是不能当官，因为当官不是发财的岗位。

当官干什么呢？当官只想为民。为民对我们领导干部来说是什么呢？是职业，不是境界；是责任，不是风格。就像医生的职责是救死扶伤，教师的职责是教书育人，司机的职责是安全行车，领导干部的职责是为民造福、为民解忧，这些是一样的。

我把为民从境界还原为职业，从风格还原为责任，就是想让我们领导干部懂得，我们是端什么碗、吃什么饭、干什么差事。从而有一个起码的职业意识。

我们这个社会，职业很多，几乎每个职业的人都知道自己是干什么的。比如，你问一个老师："你是干吗的？""我是教书的。"问医生："你是干吗的？""我是看病的。"问司机："你是干吗的？""我是开车的。"要是问到一个领导干部："你是干吗的？"他往往难以回答。今天我做这种还原，就是希望今后再有人问你是"干吗的"时，你脱口而出："我是为民的。"自从我们进了公务员队伍，特别是自从我们走上领导岗位，就意味着我们愿意将为民作为自己的职责了。干部是什么？干部是为民职业工作者，或者更通俗地说，干部是为民专业户。我们的工作就是为民。

既然是为民，就有第二句话：为民不遗余力。哪条河上缺小桥，哪个家里有重病患者，哪个孩子没有上学，我们领导干部都要看在眼里，急在心里，需要我们提供帮助的，尽可能地不遗余力，这是我们的职责。如果我们图省力，那么处在困难当中的老百姓就苦了。

第三句话，办事不图回报。我们给老百姓发一个证、盖一个章、拨一笔款，就像服务员给我们倒一杯茶、递一条毛巾一样，都是服务，只是服务的产品不同而已。我们见到过服务员跟我们要回扣吗？没有！所以我们干部为老百姓办事、为企业办事，也应当不图回报。如果把人民群众的满意当作回报的话，我们就要追求这种回报。

最后一句话，工作不带私心。我们为老百姓架桥、修路，工程让谁来做呢？公开招标，谁中标就让谁来干。如果你想到给自己的老乡干，给自己的亲戚朋友干，那就有问题了。架桥、修路这样的"好事"干得越多，老百姓指指点点的就越多。所以领导干部做任何事情，都不能带有私心。很多领导干部都有一个感受，即"无私无畏"。无私就能敢抓敢管，无私就能决策决定，所以干事情很轻松，没有任何惧怕。

集中起来说，我送给大家的四句话就是，当官不想发财，为民不遗余力，办事不图回报，工作不带私心。

以上所讲内容，都属于自律，集中讲的是领导干部如何自律。但是，作为一个市、作为一个单位来讲，我们要干部用好权，不能只靠干部自律，还得有有效的他律，特别是有效的制度，把权力关进制度的笼子里，制度带有根本性、全局性、稳定性、长期性。还要建立健全权力运行的制约和监督体系，让人民监督权力，让权力在阳光下运行。这些都是习近平总书记的重要讲话精神所要求的。

树立正确的事业观

古人说："所营谓之事，事成谓之业"，这就告诉我们"事业"两个字还有区别。我们所做的叫"事"，事做成了叫"业"，所以就有成家立业一说。

（一）事业观的内涵

习近平同志说，事业观主要是关于事业方向和事业道路的看法，决定着人们采取什么样的事业态度、遵循什么样的事业精神、追求什么样的事业目标。

干什么事（为谁干事）？习近平同志曾经说，现在领导干部都很忙。忙什么呢？有的是忙改革发展稳定的大事、实事，忙保障和改善民生的急事难事，这是好的忙。也有的是瞎忙，忙形式主义的会议、讲话，忙迎来送往的仪式，忙个人的事情。

怎样干事业？事业观要解决的是怎样干事业。我们是为人民干事业的。怎么干呢？

第一，要真干。不弄虚作假，不做表面文章，不搞形式主义，而且一干到底。

第二，要实干，即实实在在地干。要做到实干，就要从实际出发，不能从主观愿望出发。十几年前，一个城市决定打造几十平方千米的图书城，让人惊讶不已。因为一些实体书店过去非常有名，现在一个个都关门了。网购盛行，很多人到书店去选书、看样，到网上去订购。在这种情况下打造几十平方千米的图书城，能成功吗？一定要察实情、讲实话，鼓实劲、出实招，办实事、求实效。

第三，要苦干。这就是习近平总书记讲的艰苦奋斗、知难而进的拼搏精神；保持兢兢业业、吃苦耐劳的精神；要坚决抵制享乐主义、奢靡之风。

第四，要巧干。就是发扬科学精神，运用科学态度，尊重客观规律，讲究工作方法，坚持改革创新，力求事半功倍。当前尤其要创新，创新思路，特别是理论创新、科技创新、文化创新、制度创新等。

干成什么样的事业？这是事业观要解决的第二个问题，习近平总书记强调，要努力创造出无愧于党、无愧于人民、无愧于时代的业绩。在这里，领导干部的事业观跟政绩观就统一起来了。就一般意义来讲，事业观不能等同于政绩观，如教师、作家、企业员工的事业观，就不能叫作政绩观。

（二）事业观和政绩观

干成什么样的事业，对领导干部来说，就是要创造什么样的政绩。

第一，要创造科学发展的政绩。我们要坚持创新发展、协调发展、绿色发展、开放发展、共享发展。

第二，要创造为民造福的政绩。习近平同志曾说，中国共产党人的事业观，就是为人民利益不懈奋斗，为中国特色社会主义事业不懈奋斗。这在前面讲以人民为中心用权时已经讲得很详细了。

第三，要创造不带"水分"的政绩。曾有一段时间，有的地方的部分市、县经济数据"掺水"比例高达30%。带"水分"的政绩怎么能叫政绩呢？我们一定要避免。

第四，要创造不留"后遗症"的政绩。什么叫后遗症？就是政绩有了，但是留下三大主要"后遗症"：一是破坏了生态环境；二是制造出一堆矛盾，如群众跟政府的矛盾、群众跟企业的矛盾、企业跟政府的矛盾；三是留下一批债务，后任多少年都还不清。

总而言之，我们的政绩，要经得起群众的检验、实践的检验、历史的检验。这三个检验，一定要作为我们干事创业的底线。你在任上，同事、部下说你好不一定是真话，也不一定代表你真好。一些人说话喜欢投其所好，你在台上作报告，他一直在看手机，但是见到你时他会竖起大拇指："领导，你的报告真精彩！"你千万别当真。只有你调走了、退休了，大家还在说你好，那才是真话，说明你真好，此即所谓"政声人去后"。我到过一些地方，闲谈中经常有人情不自禁地说起过去哪个领导好，这是可信的！多少年过去了，这些领导还有这么好的口碑，那是经过了群众检验、实践检验、历史检验的。

此外，我们还要注意显绩与隐绩。显绩就是看得见、摸得着的政绩，比如GDP增长、财税增长、城市建设、文化广场、交通改善等，这些都是显绩，我们肯定要做。但同时，我们还要做不容易被人看到的工作，比如农村建设、社会保障、教育、留守儿童、残疾人事业等。以前，陕西省石泉县的财政收入低得可怜，一年只有3000万元。在贫困县，老百姓脱贫致富的最好办法就是外出打工，结果县里留下1万多名留守儿童。留守儿童多需要关爱啊！县里决定成立若干留守儿童关爱中心，号召党员、教师、干部跟留守儿童结对子，做"代理家长"，相继投入2200余万元建成校内留守儿童成长中心49所，建成配套齐全、功能完善的儿童之家15所。这件事令人感动，这个项目后来获得了一个机构主办的"地方政府创新奖"，获评"全国农村留守儿童关爱服务体系示范县"。这样做，是因为县委、县政府一班人具有正确的政绩观。

此外还要处理好眼前政绩和长远政绩。我们既要重视眼前的政绩，也要重视长远的政绩。眼前的政绩是我们自己就能受益的、看得到的。一些长远的政绩，尽管目前看不着，对我们似乎没用，但具有战略意义，供后人享用，比如环境保护、农田水利基本建设。我们都要去做，而且要"一张蓝图绘到底"，发扬"右玉精神"，一任接着一任干，直到干成。

最后要重视的是政绩与政声。我们要注意政绩，更要注意政声。政声人去后，民意闲谈中。福建东山县原县委书记谷文昌同志已经去世几十年了，每到清明节，大家都会去悼念他，因为他带领群众硬干，把一个小岛变成了一个"米粮仓"。

我们特别要防止和纠正一些错误的政绩观，比如急功近利的政绩观、虚报浮夸的政绩观、迎合上级的政绩观、花拳绣腿的政绩观、畸形片面的政绩观、无所作为的政绩观。

（三）矫正政绩导向

当然，我们到底要树立什么样的政绩观，不仅仅取决于我们自己，政绩导向也起了很大的作用。

一个是政绩评价导向。就是在政绩评价的指标当中，有没有被纳入考核指标，各项指标的权重如何，这对政绩观影响很大。不纳入评价指标体系的工作很容易被忽视，权重高的指标会得到特别的重视。如果是以 GDP 论英雄，大家就重视 GDP；把生态环境保护作为重要指标，生态修复、环境保护就会得到更多重视。每个上级领导机关都要用好这个导向。

另一个是选人用人导向。兢兢业业、政绩突出的人被提拔任用，大家就知道了跑官、要官没用。反过来，吹牛拍马的、"跑要送"的被提拔了，大家就没心干活了。我们领导干部既是下级，又是上级。当我们处在上级岗位的时候，我们自己要搞好用人导向，把导向用好了，政绩观不用多讲，自然就树立了。

对一个地方来说，如何做出高质量的发展政绩？我有五句话供大家参考。

第一，发展靠项目。一定要把我们的发展目标或蓝图，落实在一个一个的项目上。搞经济建设，肯定要通过一系列的经济项目来实现；搞社会建设，要落实到一个一个的民生工程上和社会发展项目上；搞文化建设，一定要通过图书馆、博物馆、演艺中心、乡镇综合文化站、文化人才培养等项目来体现。没有项目，发展就是一句空话。

第二，项目靠招商。为什么靠招商？因为依靠自我积累、自我滚动虽然也能发展，但是速度像蜗牛。我们只有大力度地招商，引进我们所需要的资金、技术和人才，发展才能又好又快。

第三，招商靠环境。首先，靠"硬环境"，如交通、能源、通信、市政等方面的基础设施要配套完善。其次，靠"软环境"，这就是以办事效率、社会服务、社会安全、公平正义为代表的营商环境要大力度地得到改善。

第四，环境靠干部。谁是环境呢？干部就是环境，因为与投资者打交道的主要是各级干部。所以我们干部的态度、观念、所作所为，就构成了"软环境"的主体部分，干部做好了，营商环境就好了。当然民风也是重要的营商环境，只要干部负起责任，民风是能够转变的。

第五，干部靠学习。我们要不断地学习，树立正确的世界观、权力观和事业观，改变自己的知识结构、思想观念，服务态度，同时廉洁自律，提高执政能力，包括爱商、招商、护商的本事。

以上内容，是我结合自身经历，参考有关资料总结的，在此抛砖引玉，希望对大家有所启发。

自重自省自警自励：为官做人的高度自觉

成长为一个好干部，一靠自身努力，二靠组织培养。这是2013年6月28日，习近平总书记在全国组织工作会议上讲的。

自身努力的重点，就是提高自身素养。一个人的党性修养、思想觉悟、道德水平不会随着党龄的积累自然提高，也不会随着职务的升迁自然提高，而需要终身努力。

因此，习近平总书记强调，成为好干部，就要不断改造主观世界、加强党性修养、加强品格陶冶，时刻用党章、用共产党员标准要求自己，时刻自重自省自警自励，老老实实做人，踏踏实实干事，清清白白为官。

我认为，自重自省自警自励是为官做人的高度自觉。

自　重

自重有很多含义，如自我重视、慎重、注重、尊重等。作为对领导干部的要求，自重就是重己言、重己行、重己形、重己名。当一个人说话口无遮拦，在不应该的场合、不合适的时间，对特定的对象，说一些不该说的话时，一句提醒"请自重"，足以让他无地自容。这就是重言。当一个人行为不检点，去了不该去的场所，做了不该做的动作，一句提醒"请自重"，足以使他面红耳赤。这就是重行。重形即重外表，就是穿着打扮也要合乎身份和场合。每个人还应重视自己的名声，轻易玷污自己声誉，败坏自己名声，就是"不自重"。

一个人自重不自重，衡量标准一是合规不合规，二是得体不得体。自重，就是把自己的言谈举止控制在合规得体的范围内。使自己的言谈举止合规得体，必须具备两个前提：一要懂得规范，二要恰到好处，这就要学习。学生、职工要分别学习学生守则、员工守则；团员、党员要分别学习团章、党章；领导干部要学习廉洁从政、执政为民的有关规定等。使自己的言谈举止合规得体，还要有自控能力。自控，就是谨慎、严格要求自己。谨慎不是前怕狼后怕虎那样的谨小慎微，而是通过学习和领悟形成的自觉和内在修养。因此，自重其实是一种自觉和修养。一个人有了自觉，有了修养，合规得体就能自然而然，自重就有了内在保障。

比起一般社会成员，领导干部的自重有两点不同：一是社会责任和地位不同。除要有一般社会成员所共有的自重外，还要有领导干部特有的自重。出入娱乐场所、儿女结婚大摆宴席，对一般社会成员来说不算什么，而领导干部就要自重。二是场合和机会不同。领导干部有权力，诱惑多，需要自重的场合和机会比一般社会成员要多得多。能不能自重，实际上就是能否经受住考验。能自重，就是考验过关了。

领导干部无论在哪个岗位，都要认真学习各种做人的准则，做好人才有可能做好官；都要认真学习党和国家对领导干部的各种要求、为领导干部制定的各种规范，并铭记在心，才有可能自重。领导干部自重有两个目标：一是不出问题，二是为民造福。不出问题固然很好，但无所建树，不能为民造福，同样不能让群众满意；为了不出问题而什么也不敢做，这同样属于不自重。只有既不出问题，又能为民造福的领导干部，才是真正让群众满意的领导干部。

自　省

自省是古代思想家孔子提出的进行自我道德修养的一种方法，"见贤思齐焉，见不贤而内自省也"，其学生曾子言"吾日三省吾身"。唐太宗李世民自省的故事也很有名，"朕每闲居静坐，则自内省，恒恐上不称天心，下为百姓所怨"。自省，就是自我反省、自行省察，目的是看自己的言和行如何，有什么闪失或过错，以便适时调整或矫正。

自省属于一种自我意识，这种认识有两个特点：一是认识自己，自己是认识对象；二是自己认识自己，自己是认识主体。毫无疑问，这是一种最困难的认识。人类迄今为止难度最大的事情就是认识自己。儿时常听大人们说，"牛不知力大，人不知己过"。长大后又常读书刊："不识庐山真面目，只缘身在此山中。"学了哲学后还知道，有人问古希腊哲学家泰勒斯："何事最难为？"他说："认识你自己。"古希腊哲学家苏格拉底对弟子们提出的要求就是"认识你自己"。古希腊德尔斐的阿波罗神庙的门楣上刻着"认识你自己"，意在提醒人们时刻重视这世间最困难的事情。这又是一种最必需的认识。人不认识自己，就没法认识世界、改造世界。一个不熟悉水性的人往深水里跳，如同自取灭亡；一支弱小的军队，如果不知道自己的实力有多大，就向强大的对手挑战，等于以卵击石，知己知彼方能百战

自重自省自警自励：为官做人的高度自觉

不殆。这还是一种最可贵的认识。常说"人贵有自知之明"。一个人能认识自己"是谁"，能知道自己"几斤几两"，能发现自己的不足和过错，实在是难能可贵。

自省是一种自我认识，但不是自我认识的全部。自省，只是一个人对自己的言行和思想状况的反思检查，主要是找问题。从认识过程来看，自省至少包括自我回顾、自我评价、自我检查三个环节。

自我回顾，即回顾所说、所为、所思。这些所说、所为、所思既包括已经过去的，也包括当下正在进行的。一事之后，一天下来，或每隔一个阶段，对自己说过的、做过的、想过的，或正在做的和正在想的，大致"回放"一下，有人称之为"过电影"。

自我评价，即自己评价自己。回顾之后，对自己所说、所为、所想作出自我判断，即明辨是对还是错、是妥还是不妥、是该还是不该、是有价值还是没有价值、尽责了没有、效果如何、各方满意与否等。自我评价不是以自我为标准，而是以言行效果为标准，效果标准是不以我们的意志为转移的客观标准。例如，评价对还是错，以言行是否符合客观事实和客观规律为标准；评价妥还是不妥，以言行是否适合当时的时间场合为标准；评价该还是不该，以言行是否合乎一定的行为规范为标准；评价有价值还是无价值，以言行是否产生实际意义为标准。讲到执政用权，当然以人民群众是否满意为标准。这类评价最终都要群众说了算、实践说了算。因此，领导干部进行自我评价时，不仅要特别重视来自群众和实践的反映，还要特别重视从世界观、权力观、政绩观上找问题。

自我检查，目的是把自我评价中感觉或认识到的不对、不妥、不该的言行查出来，正视、重视它们，酝酿补救、调整、改正。自我检查是自省中最需要勇气，也是最反映一个人修养高低的环节，不是每个人都能做到的。有的遮遮掩掩，不敢正视自己的问题；有的对自己过于宽容，对问题满不在乎；有的揽功诿过，把问题推到他人身上。这样的话就等于没有自省。

自省，长期被当作一种道德自我修养方法。今天，对领导干部来说，自省应当运用于道德修养、政治修养、工作反思等方方面面。领导干部应当经常自省，就像"日日掸尘，天天洗脸"一样。

自　警

如果说自重强调言行上自我约束，自省强调思想上自我检查，自警则强调自我防范。自警，就是自己警示自己，自我警惕、自我警醒、自我戒备、自我告诫、自敲警钟。

自警也是我国传统的道德修养方法，《三字经》中就有"尔男子，当自警"的训示。其实每个人都要自警，尤其是领导干部。严峻的现实提醒我们，领导干部不仅要自重、自省，还要重视自警。如果以为当了领导干部就可以高枕无忧、心安理得，那就意味着为诱惑敞开了大门，对攻击放弃了防御；如果以为当了领导干部就可以随心所欲、为所欲为，那就意味着积极创造风险，主动拥抱风险。这种思想上的不清醒，是领导干部走向危险的最大主观因素。

如何自警呢？比如用英雄楷模激励自己，用反面典型告诫自己；牢牢把握"为人不做亏心事"，"手莫伸，伸手必被捉"这些为人做官的底线。我也总结过四句话可供参考：当官不想发财，为民不遗余力，办事不图回报，工作不带私心。最具指导意义的，当数《中国共产党党员领导干部廉洁从政若干准则》，领导干部不可不学。

在我看来，带有根本性质的自警，是在思想上筑牢三道防线，这就是道德防线、纪律防线和法律防线。

道德防线是指个人良好的道德品质而形成的自制能力。道德防线的建立，主要靠领导干部自觉的道德修养，不断完善自己的道德理想和道德良心。道德的特点是自律，领导干部一旦形成了道德理想和道德良心，就会自觉按照高尚的道德标准和完美的人格形象要求自己。然而，道德的自警作用又是有限度的，因为自律的力量是有限的。自律只对那些具有道德心的人有效，而对那些利欲熏心、善恶颠倒、丧失道德心的人来说根本不存在。所以说，高尚是高尚者的墓志铭，卑鄙是卑鄙者的通行证。

纪律防线是指个人忠诚于自己所在的组织、坚守组织制定的行为规范而形成的自制能力。纪律防线的自警作用主要表现在：第一，一个突破道德防线的领导干部，很可能在铁的纪律防线面前清醒过来，立即悬崖勒马。第二，一个领导干部的不良行为未及发展到腐败行为就已受到了纪律的制裁，从而阻止了腐败行为的发生。第三，许多纪律往往具体化在严密的行政规程中，从而使当事人无法产生或最终放弃实施腐败犯罪的念头。比起道德来，纪律对领导干部行为的约束具有一定的强制性。道德立足"应当"，纪律要求的是"必须"。

法律防线是指个人怀着对法律的敬畏之心自觉遵守法律而形成的自制能力。法律的特点是他律，是一种外在的强制。法律对于腐败的严厉惩治使人们在心理上产生惧怕，在内心形成了强大的自制能力，于是他律变成了自律，外在的强制变成了内在的自觉，法律防线就建立了。如果说道德是法律的精神支柱，那么法律就是道德的权力支柱。每个共产党员特别是领导干部都应筑牢这三道防线，坚持做到时时自警，始终如一。

自 励

　　自励,就是自我激励、自我勉励、自我鼓励。自励和他励一样重要。自励让许多人身处逆境不沉沦,遭遇困苦不消极。"文王拘而演《周易》;仲尼厄而作《春秋》;屈原放逐,乃赋《离骚》;左丘失明,厥有《国语》;孙子膑脚,《兵法》修列……"成了逆境奋进的千古佳话。自励的支撑作用,可以使人在艰难困苦中不低头,不屈服,咬牙挺过去。自励的推动作用,可以使人在人生道路上有前进的动力,有干事业的劲头。自励的鞭策作用,可以随时敲打自己、提醒自己,努力、努力、再努力。一个不断自励的人就是一个高度自觉的人。一个人,一旦获得高度自觉就会不用扬鞭自奋蹄,这是心甘情愿、是自觉自愿、是情不自禁。

　　我国几千年文明史留下许多自励的故事和名言。例如,"苟利国家生死以,岂因祸福避趋之"(林则徐语),这是立志为国家和民族献身的自励名言;"非淡泊无以明志,非宁静无以致远"(诸葛亮语),这是为事业不计个人得失的自励名言;"宝剑锋从磨砺出,梅花香自苦寒来"(《警世贤文》),这是不怕艰辛、刻苦拼搏的自励名言;"发奋识遍天下字,立志读尽人间书"(苏轼语)、"读万卷书,行万里路"(刘彝语),这是求知若渴、知行合一的自励名言;"夜眠人静后,早起鸟啼先"(张载语),这是惜时如金、争分夺秒的自励名言。这些都是前人留给我们的宝贵精神财富。

　　"全心全意地为人民服务"(毛泽东语)、"少说空话,多做工作,扎扎实实,埋头苦干"(邓小平语)、"永做人民公仆"(江泽民语)、"权为民所用、情为民所系、利为民所谋"(胡锦涛语)、"自觉为党和人民不懈奋斗"（习近平语）……每个领导干部都应该将其作为座右铭，时时处处激励、要求自己。

我们还应以党员领导干部中的英雄模范人物自励。"勤俭办事业，不贪污，不浪费，和人民同甘共苦，吃苦在前，享受在后"（焦裕禄语）；"每一个党员干部，都应当与人民同甘苦、共命运"（孔繁森语）；"我不下地狱，谁下地狱"（郑培民语）；"向我看，跟我学，对我监督"（任长霞语）；"带领群众干，做给群众看，不高高在上瞎指挥，群众才会服你"（杨善洲语），他们应当成为每个党员领导干部心中的偶像和榜样。

自重、自省、自警、自励，既各自单独立意，又相互联系，甚至相互包含，成为一个整体。自重要求自我尊重，自省要求自我检点，自警要求自我防变，自励要求自我鞭策。只要坚持自重、自省、自警、自励，就一定能够成为信念坚定、为民服务、勤政务实、敢于担当、清正廉洁的好干部。

如何立身、为政与用权

立身不忘做人之本、为政不移公仆之心、用权不谋一己之私，这是每个领导干部应有的政治本色。今天，我们就谈谈这个话题。

立身不忘做人之本

"立身不忘做人之本"是说做人的根本。作为人来到世上，首先要活着，但只是活着还不够，还要能在社会上找到位置，站得住脚，这就是所谓立身。如果活着是人的自然愿望，立身就是人的社会追求；活着延续人的自然生命，立身表现人的社会价值。

那么，人靠什么立身呢？最常见的回答是工作。这自然是当代的回答，有了工作，才有生活保障，因此人们有"工作是立身之本"一说。我们的先辈们没有"工作"可言，对他们来说最要紧的是"土地"；有了土地，加上勤奋，就可以立身。所以，我国一直有"土地是农民安身立命的基础"这一说法。现在看来，无论是把工作还是土地看作立身之本，都是把"立身"等同于"活命"了。

需要注意的是，"立身不忘做人之本"这句话，不是谈立身之本，而是强调立身不忘"做人之本"，要求领导干部牢记"做人之本"对于立身的重要性。因此，领会这句话的关键在于把握"做人之本"。当然，还可以有另外一种解读，"立身不忘做人之本"，这是说立身别忘了做人是根本。按照这种解读，就是强调"立身在于做人"，这是根本。这种解读不会引起歧义，因为"做人"和"做人之本"蕴含的道理是一样的。

做人之"本"是什么？不是身材相貌，也不是知识才华。做人之本不是指做人的本钱，而是指道德品质。古人说：人可以一生不仕，但不可一日无德。毛泽东号召共产党人做一个高尚的人，一个纯粹的人，一个有道德的人，一个脱离了低级趣味的人，一个有益于人民的人，说的就是做人之本。

做人当然不可无才，有德有才，德才兼备，是最理想的人。但才与德相比，德更为根本。司马光对德和才有过精彩的论述，他说："聪察强毅之谓才，正直中和之谓德。才者，德之资也；德者，才之帅也……是故，才德全尽谓之'圣人'，才德兼亡谓之'愚人'，德胜才谓之'君子'，才胜德谓之'小人'。""自古昔以来，国之乱臣，家之败子，才有余而德不足，以至于颠覆者多矣。"司马光说的就是德才兼备，以德为先。

道德品质有复杂的构成，对领导干部来说，哪些道德品质最为重要？忠诚、责任、诚信、廉洁等，无疑名列前茅。

忠诚，就是忠诚于党的事业，忠诚于国家和人民。敦煌研究院院长樊锦诗，从1963年25岁来到荒凉的戈壁滩至今，扎根大漠已年近75岁高龄，把人生的大爱和智慧全部献给了敦煌文物保护事业，她身上所展现的就是忠诚。一个领导干部心怀忠诚，就会坚忍不拔，就会顽强拼搏。

责任，就是为百姓解难，为人民造福。武汉市武昌区信访办副主任吴天祥说:"民之难即党之忧,共产党的干部就是要为党分忧,为民解难。"他把民之难看成了党之忧,为民解难就是为党分忧;他把为群众谋利当成了人生最大乐趣和最大幸福。他所做的就是尽一个领导干部的责任。一个领导干部有了责任,就会殚精竭虑,就能鞠躬尽瘁。

诚信,就是让人民放心,对人民负责。新乡市人大常委会副主任兼唐庄镇党委书记吴金印说:"咱们当干部的,吃的是人民的粮食,花的是人民的税收,要是不给群众办事,不带农民致富,对不起人民啊!"吴金印当了36年的乡镇党委书记,始终安心乡镇工作,使一穷二白的山区发生了巨大变化。他以他的行为造福于民,也取信于民。一个领导干部有了诚信,就会言行一致,说到做到。

廉洁,就是用权不谋私。王瑛任四川南江县纪委书记时,有两样东西必须亲自安排摆放:一是"纪容镜",上书"以铜为镜正衣冠,以纪为镜正言行";二是挂在纪委会议室的牌匾"政治坚强、公正清廉、纪律严明、业务精良、作风正派"。她的工作是推动廉洁,她对自己的要求也是廉洁。一个领导干部有了廉洁,就会立党为公,执政为民。

忠诚、责任、诚信、廉洁是领导干部"立身"时应当始终不忘的"做人之本"。除此之外,在我看来,最根本的是要形成优秀道德品质的机理。这个机理就是道德理想和道德良心。形成了道德理想就有了道德追求,知道什么是荣;形成了道德良心就有了道德自控,知道什么是耻,从而自觉地按党和人民对领导干部的要求和期盼去做。如果把"立身不忘做人之本"与"为政不移公仆之心,用权不谋一己之利"联系起来去领会,结论更是如此。

总之,领导干部要做好官,首先要做好人。

为政不移公仆之心

领导干部的职业就是"为政"。"为政""从政""为官",在这里可以看作同义词,我们不必细究它们的区别。书记、市长、主任、部长、院长、校长、厅局长等,称呼不同,工作内容、工作方式、工作成果等也不尽相同,但都可以用"为政"来概括。

社会分工细密,职业分化繁多,俗称三百六十行。在三百六十行中,"为政"最为特别,特别在掌权用权。"从教""行医""经商"也有各自的权力可用,但为政用权掌用的是国家政权,其中最主要的是党委和政府权力。

中国共产党成立至今已有100余年,执掌全国政权已有70多年,在数千年的历史长河中,国家政权都掌握在剥削阶级手中。纵观包括中国在内的世界历史,一切剥削阶级,无论是奴隶主政权、封建主政权,还是资产阶级政权,他们掌权用权,都是为了统治人民、压迫人民、剥削人民,他们做官当老爷,凭借权力横行霸道,鱼肉百姓,奴役百姓,欺压百姓,作威作福。

无产阶级作为灾难最深重的被剥削阶级之一,决意推翻一切剥削阶级政权,建立人民政权,先颠倒历史,再创造历史,甚至颠倒历史也就是创造历史。因此,1871年,人类历史上第一个无产阶级政权——巴黎公社自诞生时,就庄严宣布公社的所有干部都是人民公仆。巴黎公社的这一做法立刻受到马克思主义经典作家的肯定和赞美。

按照马克思主义理论建立起来的中国共产党毫不犹豫地继承了这一做法,宣布在中国共产党领导的各级政权中,所有干部都是人民公仆。"为政不移公仆之心"是我们党在新形势下对领导干部的再提醒和新要求。这个提醒和要求是有针对性的，领导干部为政千万不能丢了公仆之心。比如防止不把人民当主人，而把自己当主人，对人民不再恭恭敬敬，而是颐指气使；防止不把自己当仆人，而把人民当仆人，不愿为人民服务，而是只顾享用人民创造的物质成果；防止不为人民谋利，只为自己谋利，不想如何最大限度地让人民共享改革发展的成果，而是只想如何让自己、家人和亲朋好友得到更多好处；防止不尊重和保护人民权益，而是肆意践踏和损害人民权益，不能以暴力征地拆迁、制造冤假错案等。

一些人民"公仆"已经蜕变为人民"公害"。虽然是少数人，但危害严重，影响很坏，对党的形象和"公仆"称号杀伤力极大。因此，我们党提醒和要求领导干部"为政不移公仆之心"，意义重大。一切领导干部都应当铭记在心，彻底回归"公仆"本位。

那么，怎样才能回归"公仆"本位，做到"为政不移公仆之心"呢？

一要时刻想到我们"来自人民"。离开人民，我们的一切都无从谈起。我们党来自人民——我们党就是从人民中成长起来并且一直依赖人民；我们的权力来自人民——我们的权力是人民给的；我们的力量来自人民——人民是我们的力量源泉；我们个人也来自人民——我们一个个都曾是普通百姓。

二要时刻想到我们"植根人民"。人民是天，人民是地，人民是衣食父母。离开人民，我们就像失去土壤，无法立脚，无法扎根；离开人民，我们就像断了食粮，无法生存，无法成长；离开人民，我们就像与空气隔绝，无法呼吸，无法长久。

三要时刻想到我们"富裕人民"。把人民对美好生活的期待作为我们的奋斗目标，带领人民在中国式现代化道路上努力奋斗，创造社会财富，增进民生福祉，更好解决人民的就业问题、吃水问题、食品安全问题、上学问题、看病问题、住房问题、行路问题，解决人民群众的急难愁盼问题，提高人民生活品质。

四要时刻想到我们"服务人民"。人民政权生来就是为人民所用，人民公仆的天职就是为人民服务。每个领导干部都应当经常反思：今天我能为人民做什么，明天我还能为人民做什么；我这5年、10年为人民做成了什么，将来做什么。每个领导干部都应当把为人民解困苦、办实事、谋幸福作为自己"为政"成效、"当官"政绩的唯一衡量尺度。

在人民公仆的心目中，人民至上，人民至重，人民至亲，人民至威。人民至上，就是把人民放在至高无上的位置。人民至重，就是人民幸福重于一切，群众利益无小事。人民至亲，就是把群众当亲人，把群众放心上。人民至威，就是尊重人民、敬畏人民，把人民视为最高权威，把人民的愿望和要求视为最高命令。人民公仆要时刻把"打江山、守江山，守的是人民的心"作为座右铭。

胸怀人民至上、人民至重、人民至亲、人民至威，就是我所理解的公仆之心。每个领导干部，都应当牢固树立这样的公仆之心。

用权不谋一己之私

"用权不谋一己之私"，最关键的就是一切权力都要为民所用。领导干部是做领导工作的。领导工作，简单地说，就是用权。我们常说要树立正确的世界观、权力观和政绩观。权力观主要是解决好三个问题，一是对权力来源的看法——在我国，一切权力来源于人民；二是对权力性质的看法——在我国，一切权力属于人民；三是对待用权的基本态度——在我国，一切权力都要为民所用。我们党的这句话就是专门讲用权的。

领导干部用权问题，是头等重要的问题。说是头等重要，是因为用权是领导干部的基本工作、日常工作，要做好这个工作就要把握工作要求和要领。用权要解决好什么问题呢？我以为有三点至关重要：一是为谁用权，二是如何用权，三是怎样安全用权。为谁用权，是用权的方向问题；如何用权，是用权的态度或方法问题；怎样安全用权，是用权的可持续问题。这三个问题是联系在一起的，有时就是一个问题，比如为谁用权出了偏差，用权就很不安全了。因此，为谁用权是用权的根本性问题。

那么，领导干部用权，到底应该为谁用权呢？当然是为人民群众用权。道理十分简单：第一，领导干部是一个为人民的职业，也就是为人民谋利、为人民造福、为人民排忧解难的职业。因此，领导干部无论职位高低，都是人民的勤务员，又叫作人民公仆。第二，要让领导干部履行好为人民的职责，就要赋予他们权力，权力不过是为人民的便利条件，是为人民的工具或手段。第三，领导干部的权力，属于公权，不是私权。公权就要公用，就像公款就要公用不能私用是一个道理。第四，为人民用权就是公用，为自己用权就是私用。

我们党长期一贯地反复强调党的宗旨是为人民服务，我们的政权是人民政权，领导干部是人民公仆。正因为这些，习近平总书记反复告诫领导干部要"权为民所用、情为民所系、利为民所谋"。

"权为民所用"，是我们党对领导干部提出的最核心、最根本的要求。其他一切要求，都是对"权为民所用"的具体展开。比如，要求领导干部为人民群众"诚心诚意办实事,尽心竭力解难事,坚持不懈做好事";要求领导干部"特别是要多到困难大、群众意见多、工作基础差的地方去";要求领导干部"在群众'最盼'上赢民心,在群众'最急'上见真情,在群众'最怨'上改作风"等,都是告诫我们如何实现"权为民所用"。

"用权不谋一己之私"是"权为民所用"的另一种表述。"权为民所用"说的是"应当","用权不谋一己之私"说的是"不该";前者是令,后者是禁。两句话都是为了达到同一个目的:要求领导干部"应当"的,拼命做,"不该"的,坚决不做,从而"令"行"禁"止。对领导干部来说,用权谋私,不道德、不合法、不安全。

首先是不道德。权为民用,是领导干部的职业道德要求。吃人民的饭,用人民的权,从事为人民的职业,就应当为民谋利。领导干部最严重的不道德行为,就是用权谋私。

其次是不合法。党内法规一而再、再而三地要求领导干部立党为公,权为民用,刑法对用权谋私有严厉的惩罚规定。领导干部最要警惕的不合法行为,就是用权谋私。

最后是不安全。对领导干部来说,用权谋私,每谋一私,等于给自己增加了一分危险;严重谋私,只谋一次,就会断送自己的政治生命。领导干部最伤害自己的行为,就是用权谋私。

我们党的这三句话,每句话各有侧重,又相互联系,要我们领导干部好好做人、做官与做事。"立身不忘做人之本",说的是做人,"为政不移公仆之心",说的是做官,"用权不谋一己之私",说的是做事。要想成为一个合格的领导干部,就要时刻思考做人、做官与做事的问题,把这三句话牢牢记在心里,落在行动上,永远做人民公仆。

做官、做事与做人

老百姓把领导干部叫作"官",所以,做官、做事与做人关系到每一个领导干部。这三者之间的关系,我们必须想明白了、实践好了,才有可能成为国家和人民所需要的官。

官是什么?这是我们面临的第一个问题。有人可能说,官是地位,做了官就意味着社会地位高了;有人可能说,官是权力,有官就有权,官小有小权,官大有大权,官是跟权力联系在一起的。但从本质上说,官是责任。人类社会最初没有官,后来有许多共同的事务,需要专人去管理,于是慢慢地就有了官。一个人从一般社会成员变成官,就意味着多了一份责任,即不仅要管理好自己,还要管理好别人、管理好一个部门、管理好一个地区。官位由小变大,实际上也就意味着我们责任的范围由小变大,分量由轻变重。为了方便管理,人民赋予官一定的权力,做官也就是掌权和用权。不言而喻,权力是官员用来履行责任的手段和工具;权力是以履行责任为前提的。在我们国家,权力是以为人民服务为前提的,所以权一定要"为民所用"。

做官就一定要做事。做官的人掌权和用权,就是为了做事:一是做自己的职务要求的事,二是做上级领导分配做的事。除了职务要求,上级领导还经常给我们加任务,比如要我们对口扶贫,要我们突击抢险,等等。做官也应该把领导交代的事做好。三是做群众希望我们做的事。群众希望我们发展经济、社会安定,希望我们解决看病难、走路难、吃水难等问题。这些事,我们都应该积极去做。四是做从职业道德出发应该做的事。比如,身先士卒、率先垂范、勤政廉政、执政为民，这些都是职业道德所要求我们做的事。做事才能履行责任。做事是履行责任的过程，是履行责任的表现，也是履行责任的结果。空谈、形式主义、官僚主义之所以是为官之大忌，为人民所不齿，就是因为不认认真真做事。

要做好官、做好事，就要做好人。做人不过关，做官、做事也做不好。做人是做官与做事的基础，也是做官与做事的保证。做人有许多标准，最根本的也是最起码的标准，就是做人要有人的样子。人的样子不在于外表，而在于内心。人与动物的不同，就在于人有好人与坏人的区别，就在于好人有良心。丧失了良心，也就失去了做人的资格，就更不用说做官了。不同的角色、不同的职业，对良心的要求也有所不同。良心属于道德范畴，人之为人，就在于人有道德。只要是人，就应该有家庭美德、职业道德和社会公德。这"三德"是做官、做事必备的也是起码的条件。

在做官、做事、做人这三者关系中，做官是手段，做事是目的，做人是基础。这三者的关系不能错位。做官不是目的，做官是为了做事，假如把它们倒过来，做事是手段，做官是目的，那么领导干部所做的一切事情，都是为了实现当官这个愿望，达到晋升这个目标，这就是本末倒置，结果可想而知，肯定会做出一些形式主义、"花架子"、劳民伤财的事情来。

做官、做事与做人的关系，要认真思考。思考的实质，就是要解决当官为什么、在位做什么、身后留什么这三个根本问题。这三者之间的关系是永恒的课题，因为它并非关系一时一事，而是关系终生。在此时此事上解决了，不等于在彼时彼事上就可以掉以轻心了。我们周围出现的一些贪官，不能说他们从来就没有解决好三者之间的关系，他们的失足就在于没有始终如一地处理好这个关系。

实现家风和政风的良性互动

家风和政风的关系，历来为人们所重视。从古至今，既有无数佳话，也有无数丑闻，更有精彩论述。

人类政治生活早已证明，家风和政风既可以良性互动，也可以恶性循环。2001年10月15日，习近平在写给父亲的祝寿信中说："从父亲这里继承和吸取的高尚品质很多。父亲的节俭几近苛刻。家教的严格，也是众所周知的。我们从小就是在父亲的这种教育下，养成勤俭持家习惯的。这是一个堪称楷模的老布尔什维克和共产党人的家风。这样的好家风应世代相传。"[1]这是讲家风对政风的正面影响。 2016年1月12日，习近平在第十八届中央纪律检查委员会第六次全体会议上指出："从近年来查处的腐败案件看，家风败坏往往是领导干部走向严重违纪违法的重要原因。不少领导干部不仅在前台大搞权钱交易，还纵容家属在幕后收钱敛财，子女等也利用父母影响经商谋利、大发不义之财"[2]。这是讲家风和政风的恶性循环。

---

[1] 《学习他——世代相传好家风》，共产党员网，news./12371.cn/2018/02/18/ARTI1518918869765378.shtml。

[2] 习近平：《在第十八届中央纪律检查委员会第六次全体会议上的讲话》，人民出版社2016年版，第11—12页。

实现家风和政风的良性互动

今天我要讲的主题是，什么才是家风和政风的良性互动，如何实现家风和政风关系的价值目标，家风和政风的关系为我们提供了哪些启示？

实现家风和政风良性互动的目标状态

领导干部都来自家庭，也都生活在家庭里。从小在家庭里成长，家庭环境是他成长的氛围，家庭成员是他成长的老师。所以，家庭是社会的基本细胞，是人生的第一所学校。领导干部的从政风格或多或少带有家庭的烙印。

从政后在家庭里生活，家庭是领导干部工作之余度过时间最多的地方，也是他除工作之外看得最多、听得最多、说得最多的地方。配偶讲工作单位或地方情况，孩子讲所在学校情况，父母讲街坊、村邻老人们的喜怒哀乐……自然会使领导干部想到什么、悟些什么、打算做些什么。他在家庭的所见所闻、所感所悟对他从政产生这样那样的影响，是必然的。当然，从政者的政风对家风的影响也是毫无疑问的。

那么，家风和政风良性互动所要实现的目标状态是什么呢？

（一）家风和政风相互滋养

所谓相互滋养，就是家风为政风提供道德基础和亲情动力，政风为家风增添政治内涵和社会压力。

先说家风对政风的滋养。家风对政风的滋养表现在两个方面。

一方面，家风为政风提供道德基础。人的道德理想和道德良心就是在家庭环境中最先形成的；好的家风一定有利于个人道德品质的形成。我们熟知的"岳母刺字"说明岳母对岳飞的严格教育，对岳飞后来英勇善战、忠心报国起了很大的作用。包拯严厉要求后代不犯赃滥，不违其志，否则就不是包家子孙，死了也不得葬在包家祖坟，对包氏后人产生了重要影响。好的家风就是有效的教诲、无言的氛围，让家人深受感染和熏陶，助推立德立行、成人成才。

另一方面，家风为政风提供亲情动力。良好的家风以亲情的愿望和力量，推动或感召领导干部树立好的政风。习近平同志走上领导岗位后，他的母亲齐心立即召开家庭会议，要求其他子女不得在习近平工作的领域从事任何经商活动。好的家风能为领导干部的政风提供亲情动力，随后全国各地广泛开展了"贤内助"活动。

再说政风对家风的滋养。政风对家风的滋养也表现在两个方面。

一方面，政风为家风增添政治内涵。领导干部会告诉家庭成员，我们家的家风如何，不仅关系这个家庭的形象，而且关系到领导干部的形象、党的形象，从而使家风多了一层政治上的意义。习近平总书记指出，领导干部的家风不是个人小事、家庭私事，而是领导干部作风的重要表现。

另一方面，政风为家风增添社会压力。社会对从政者的期盼和监督，必然给领导干部的家风带来巨大的社会压力：他们强烈要求家庭成员只能向好向善，不能随意造次。

毛泽东同志不允许子女搞特殊化，要求他们与老百姓一样。他常说的一句话是："谁叫你是毛泽东的儿女呢？"这一句"谁叫你是毛泽东的儿女呢？"道出了领导干部身份对家庭必须严加要求的重要性。在家风上坚持三条原则："恋亲不为亲徇私，念旧不为旧谋利，济亲不为亲撑腰。"

我曾不止一次地听说，许多领导干部要求子女开车小心不要出交通事故，在学校不要做特殊学生、在工作单位不要做特殊职工，因为一些事情发生在普通家庭根本不是事，要是发生在领导干部家庭就会成为大新闻。这就是领导干部身份为家庭带来的社会压力，这种压力反过来促使许多领导干部严格抓好家风建设。

（二）家风和政风相互矫正

相互矫正，是我们谋求家风与政风良性互动所要达到的第二个理想状态。这是一种什么样的状态呢？

首先，好的家风让不良政风消失在萌芽状态，或者让领导干部迷途知返。家风不正，就会把本来不够清醒的领导干部推向腐败。习近平总书记同中央党校第一期县委书记研修班学员座谈时指出，身边人害我们这些为官者的不在少数，被老婆"拉下水"、被孩子"拉下水"、被身边秘书和其他身边人如七大姑八大姨"拉下水"。由此可见，家风败坏是干事创业的负资产，是滋生腐败的温床。

其次，好的政风让不良家风湮灭在酝酿阶段，或者让不良家风失去变现条件。好的政风使领导干部坚守底线、刀枪不入；家庭成员的任何不合理要求，领导干部都不能给面子；家庭成员任何打着领导干部名义办私事的企图，都不会有空子可钻。

在这方面，习近平总书记为我们树立了榜样，他对家人要求非常严格，每到一处工作都告诫亲朋好友不能在他工作的地方从事任何商业活动，不能打着他的旗号办任何事。

周恩来总理曾专门召开家庭会议，定下"十条家规"。比如，晚辈不能丢下工作专程去看望他；一律到食堂买饭菜，有工作的自费，没有工作的总理代付伙食费；看电影看戏以家属身份买票入场，不准用招待券；不准动用公家的车子；任何场合都不要讲出与总理的关系，不要炫耀自己；不谋私利，不搞特殊化。

政风不正，会为不良家风提供便利，甚至推波助澜。领导干部利用职权大肆为家属谋利益，对配偶子女放任纵容。许多案件表明，一些领导干部理想信念动摇，总想在位时为家庭，特别是为儿女多留些钱财，于是导致家风不正，全家同流合污。

习近平总书记指出："家风败坏往往是领导干部走向严重违纪违法的重要原因。"[①] 这句话直指要害。因此，抓好家风建设，严格要求家属及其子女，是做一个清官的必备前提。

《大学》说："修身、齐家、治国、平天下"。相信不少人耳熟能详，其中"欲治其国者，先齐其家""家齐而后国治"，言简意赅地指出了齐家与治国、家风和政风的相互关系。领导干部要想出好的作风，首先要严格治家。

以上讲的，就是家风和政风关系的价值追求：相互滋养、相互矫正。

如何实现家风和政风关系的价值目标

这就要定家规"约法三章"，见行动相互制约。

（一）家庭成员对自己要"约法三章"

不施压。例如，不对当领导干部的家庭成员诉说工资低，经济

---

① 习近平：《在第十八届中央纪律检查委员会第六次全体会议上的讲话》，人民出版社2016年版，第11—12页。

困难，不唠叨谁家"一人得道，鸡犬升天"，不要求调整工作、承揽工程……

不说情。家庭成员要自觉做到不接受任何人的请托，不在领导干部面前为他人说情。例如，不替别人捎话要官，不为别人谋求不合理照顾，不为一切非法行为牵线搭桥，更不能因此敛财。为他人说情且又收受好处的，就会毁掉领导干部。

不插手。家庭成员不要插手工程发包、土地出让、特种行业审批、干部任免，不插手一切资源配置。对此，党的十八届六中全会审议通过的《关于新形势下党内政治生活的若干准则》作出了严格规定。如果家属不遵守这一条，到处插手，而领导干部给予容忍，甚至支持，总有一天会出大问题。

（二）从政者对自己要"约法三章"

不为家属谋利。例如，不利用职权或影响力为家属及亲友谋求特殊照顾，不允许把应由家属个人支付的费用，由下属单位或者其他单位支付；不允许家属在自己管辖的区域或者业务范围内，从事可能影响其公正执行公务的经营活动；不准家属打着自己的名义办私事……

杨善洲同志就是这么做的。担任县委书记时，杨善洲没有利用职权给家人"农转非"，也没有让儿女端上"铁饭碗"；女儿结婚时他要求从简办事，不让请客、不让收礼。

不理家属说情。家属不要在领导干部面前替人说情；凡是按规定不能办、不该办的事项，家属说情的，要一概不理。

不准家属干政。这里的家属不仅指领导干部本人的家属。党中央要求，对所有来自领导干部家属亲友的违规干预行为，都要坚决抵制，并将有关情况报告党组织。

（三）见行动相互制约

这就是主动作为，确保落实，一以贯之。一是相互观察。家属要随时观察领导干部，看其有什么变化或异常，包括心理、态度、行为的变化。领导干部要随时观察家属有没有利用自己的职务或影响力谋利、办私事的行为，有没有收受礼金或贵重物品的行为。

二是相互提醒。家属要常吹"枕边风"，这里的"枕边风"不单指夫妻之间的话。"枕边风"吹的是家风，家人对领导干部说些什么至关重要。抱怨、攀比、要求照顾、办这办那，吹的就是歪风。提醒清正廉洁、批评作风漂浮、要求自重自省自警自励，吹的就是正风。"枕边风"作为家风的重要载体，就要多吹正风，杜绝歪风，为领导干部端正政风源源不断地提供正能量。"枕边风"一旦充斥歪风，对领导干部和家庭就有可能是毁灭性灾难。10多年前，一个市的副市长受审时说的"冰冷的手铐有我的一半，也有我妻子的一半"，应当让我们警醒。

三是相互监督。家属的眼睛要盯着领导干部，严防任何违纪违法行为发生；领导干部要时刻警惕家属利用自己的权势办一切不该办之事。焦裕禄之子焦国庆看了一场"白戏"，焦裕禄专门召开家庭会议，起草了《干部十不准》，规定任何干部在任何时候都不能搞特殊化。焦裕禄同志就是盯着子女，对子女有任何可能产生不良影响的"小事"都不放过。

以上讲的，就是如何实现家风和政风关系上的价值目标：一是定家规"约法三章"，二是见行动相互制约。

家风和政风关系的几点启示

正、反两方面的事实,把家风和政风的关系问题严肃地提到了每位领导干部及其家属面前。我们从中得到哪些启示呢?我提炼为"三个三"。

(一)领导干部应获得三点认识

一是家风就是政风。对领导干部来说,家风就是其政风的一部分。如何对待家庭,如何对待家属亲友,是领导干部从政过程中始终都要处理好的政风问题之一,体现和考验着领导干部的政治立场、政治态度和政治品格。

如何对待家风的实质就在于,究竟是全心全意为人民谋利益,还是为自己和家庭谋利益。因此,如何对待家风建设,就是如何对待党的宗旨、如何对待人民权力的问题。

习近平总书记要求:"每一位领导干部都要把家风建设摆在重要位置,廉洁修身、廉洁齐家,在管好自己的同时,严格要求配偶、子女和身边工作人员。"[1]领导干部要好好落实习近平总书记这一要求,努力在家风和政风之间保持良性互动,让社会主义核心价值观始终贯穿家风和政风建设。

二是家风能腐蚀政风。在近年来查处的案件中,家族式腐败触目惊心。例如,某市郊区检察院立案查处的37起领导干部受贿案中,

---

[1] 习近平:《在第十八届中央纪律检查委员会第六次全体会议上的讲话》,人民出版社2016年版,第12页。

有34名妻子充当贪官丈夫的"收银员",夫妻联手作案率高达90%以上。

三是家风好坏关键在领导干部。在家风和政风的关系中,领导干部始终处在主导地位,起着关键作用。每个领导干部都要自觉"加强党性修养、坚定理想信念、提升道德境界",增强政治意识、大局意识、核心意识、看齐意识,当好家风的"掌舵人"、政风的清醒者,社会主义核心价值观的带头践行者。

(二)家属应抛弃三个非分之想

别指望"鸡犬升天"。别指望家庭出官就应当致富;别指望一人当官,全家沾光;别指望"夫荣妻贵""父荣子贵"。

别把公权当私权。领导干部的权力是人民的公权,不是家庭的私权。公权就要公用,就像公款必须公用一样。

别指望"免费的午餐"。别人讨好你、巴结你,不是因为你,而是看重你身边的掌权人;别人送礼给你,不是白送给你,而是投资你,是在做"权钱交换"、企求回报的生意。对此,家属要设好防线、把住底线。

(三)领导干部及其家属应有三个珍惜

珍惜位子。职务权力地位来之不易,倒下去的,都是倒在自己一生最高的官位上。

珍惜家庭。我们作为领导干部,对很多人来说并不是很重要,更何况我们有的职务并不高。对别人而言或许我们只是一棵草,但是对家庭而言就是天。

珍惜机遇。在为人民造福中实现自我价值。

党的十八大以来这些年，我们能够亲身感受的最重要的成就之一，就是以习近平同志为核心的党中央严厉地全面从严治党，党风明显好转。

党风的好转有力地带动了家风和政风建设。家庭成员普遍看到了领导干部廉洁自律对家庭平安幸福的极端重要性，领导干部普遍认识到端正家风对领导干部掌好权、用好权的重要意义。然而，我们一定要清醒地认识到，作风建设永远在路上；让家风和政风保持良性互动，是摆在每个领导干部及其家庭成员面前的长期课题。

让我们共同大力践行社会主义核心价值观，实现家风和政风的良性互动。

四 方法篇

依靠学习扛起肩上的责任

领导干部要高度重视讲话发言

从实际出发：功夫下在哪里？

重视沟通　及时沟通　善于沟通

怎样写好文章

希望你们这样去学习
　　——做一个名副其实的博士

依靠学习扛起肩上的责任

领导干部责任重大。要履职尽责,就要提高本领。在领导干部要掌握的各种本领中,学习本领是第一位的。所以,提高学习本领、增强学习能力,就成了领导干部最应该、最值得花力气的地方。这里,我以"依靠学习扛起肩上的责任"为题,专门谈谈学习问题。

让学习回归正途

世界上没有一个政党像我们共产党这样强调学习。然而,总有一些同志没有把学习的事处理好,对此,习近平同志概括指出:有些党员干部不思进取、碌碌无为,不愿学;有些党员干部热衷应酬、忙于事务,不勤学;有些党员干部装点门面、走走形式,不真学;有些党员干部心浮气躁、浅尝辄止,不深学;有些党员干部食而不化、学用脱节,不善学。

这种情况让人感到痛心,也感到着急。与过去比,现在领导干部的学习条件不知好了多少倍。党的组织不时邀请名人大家来作报告,让我们学;单位订报纸、杂志,发图书资料,免费让我们学;干部教育培训院校每年举办好多班,脱产让我们学;干部选学可以让我们根据兴趣需要去学;计算机、互联网、电子书、智能手机等现代科技成果也为我们创造了极大的学习便利。

我们还有什么理由不学习呢?我认为领导干部应当尽快实现"五个转变",让学习回归正途。

第一,变"不愿学"为"酷爱学"。怎么变呢?多想想学习的好处:学习就是充电,"电"足了,眼界阔、思路多,工作顺手,政绩显著;学习比喝酒健康,比打牌高雅,比喝茶聊天虚度时光能更好地熏陶后代;比不学无术更能引领下属……想来想去,自己就会认定:在一定的可利用的闲暇时间,做什么都不如学习好。想着想着,不愿学的情绪就渐渐弱了,想学习的愿望就渐渐强了。学到了甜头,尝到了好处,学习就更带劲、更自觉。

第二,变"不勤学"为"经常学"。领导干部的确工作很忙,应酬多。但要说工作忙、应酬多到没时间学习,我根本不相信。很多领导同志比我们忙,学习也比我们勤。坐车、散步、出差、没有工作和应酬的节假日、睡觉前、起床后都是学习的好机会。甚至洗脸刷牙也能听几段唐诗宋词,从而做到经常学,甚至可以做到天天学。

第三,变"不真学"为"真正学"。学习不是装饰门面,不是做样子。虚张声势假学、装模作样装学,这是很可怕的品德问题、作风问题。从这个意义上讲,假学、装学比不学更可恶。学习不是做给人看的,学习是事业的需要,也是个人的需要,认为自己不需要学习的人,恰恰证明他最需要学习。摆出样子学习、走走形式学习的人,需要端正自身学习的目的和动机,把"不真学"变成"真正学"。

真正学,就是不懂不要装懂,不会就是不会,不懂就学,不会就学,缺什么补什么;真正学,就是扎扎实实、一点一滴、一步一个脚印地学;真正学,就是组织检查不检查、别人知道不知道、上级表扬不表扬，都一样学。我们需要的是这种学习的精神与劲头。

第四，变"不深学"为"深入学"。不深学，在学习态度上表现为心浮气躁，在学习程度上表现为浅尝辄止，在学习效果上满足于一知半解。毛泽东曾尖锐批评这种学习是"极坏的作风"，是"完全违背马克思列宁主义基本精神的作风"。深入学，就是要坐得下来，沉得下去，甘于寂寞；深入学，就是要深刻领会，学懂学透，掌握精神实质；深入学，就是要举一反三，认真思考，总结出带有规律性、普遍性的认识。

第五，变"不善学"为"善于学"。善于学，主要强调的是理论联系实际，学以致用。学习的目的在于应用。食而不化，学用脱节，恰恰违背学习原则。无论是在新民主主义革命时期，还是社会主义建设时期，"不善学"给我们带来的危害，可以说灾难深重。不善学者，要么学而不用，束之高阁，学用脱节；要么生吞活剥，食而不化，照搬照套，教条主义、本本主义。无论什么时候，都要把理论和实际相结合，把学习和运用相结合，把借鉴和创新相结合。在实际运用上下功夫，在改革创新上花力气。

让学习成为习惯

什么是习惯？持之以恒的行为就是习惯。领导干部要努力让学习成为习惯。

习惯是养成的。一个人无论做什么，都可以成为习惯。例如，做事马虎了事，久而久之，就会养成得过且过的习惯；朋友见面，陪着抽支烟，久而久之，就会养成抽烟的习惯；遇有不顺心的事放不下，久而久之，就会养成烦恼的习惯；今天不想学习，明天不想学习，久而久之，就会养成不学习的习惯。那么，怎样养成学习的习惯呢？

养成学习的习惯，就是要从今天开始：下班回家途中，在汽车、地铁、动车里翻翻书；早饭前还有10分钟，读几页书；上班坐车在路上，听听广播，翻翻报纸，背背唐诗宋词；会前还有点时间，把学习思考的心得体会记下来；午休之前，斜靠在床头，再读几页书；晚上在家里，学习……今天这样做，明天这样做，久而久之，见缝插针看书学习的习惯就养成了。如果在没有公务活动的周末和节假日、在出差出访途中，也看书学习，坚持一段时间，也就成了习惯，正如古希腊哲学家亚里士多德所说，总以某种固定方式行事，人便能养成习惯。

一些同志平时不注重学习，原谅自己的一个重要理由，就是工作忙、应酬多，没有时间学习。真的没有时间吗？答案是否定的。

我曾经连续多年体育锻炼不规律，总感到没时间。一位老领导批评我："你们老说挤时间锻炼，这个观念是不对的；时间不是挤出来的，而是安排出来的！"这使我猛然醒悟，于是我把下午下班后的第三个时间段安排为游泳，从而获得极大收获。我连续多年每天坚持游泳不断，每周至少五次，体质明显改善。前面我说的早饭前、上班途中、晚上在家里、周末和节假日挤点时间看书学习，实际上就是希望做到安排时间看书学习。

安排要坚持，坚持成习惯，习惯成自然，于是学习就成了一种生活内容，成了一种工作状态，成了一种生命方式。

当然，话又说回来，不管我们怎么安排，一天的时间总是有限的。要养成学习的习惯，并保证学习习惯多一点时间，就要克服一些习惯。比如，喝茶、喝酒、闲聊的习惯，电话"煲粥"的习惯，玩扑克牌的习惯，呆坐发愣的习惯，看电视连续剧的习惯，上网冲浪猎奇的习惯，等等。我不是说这些习惯不好，而是说这些习惯容易占用太多的时间，使我们无法形成学习的习惯。世界上可以让我们爱好的东西太多，许多爱好又不需要刻意培养便可形成习惯，这些习惯让我们产生的乐趣更诱人，坚持这些习惯几乎不需要多大的毅力。这就需要我们进行取舍，必要时忍痛割爱，以便给学习习惯腾出"地盘"。

舍弃一些习惯给学习习惯让路的关键，取决于我们对学习的认识。人们常说，兴趣爱好是持久行为的内生动力，学习也需要兴趣爱好的支撑，但对学习的兴趣爱好往往产生于学习成为习惯之后；在很多人眼中，学习是在压力下产生的行为，是"被迫"情境下的"自觉"。学习，尤其是学习理论，更多的是枯燥而不是乐趣。

因此，对领导干部来说，养成学习习惯不能依赖于兴趣爱好，不能因为我们对学习不感兴趣而不思学习；不爱学习、不爱看书，也要逼迫自己看书学习，因为对领导干部来说，学习是一种责任。不学习，观念就会陈旧，视野就会狭窄，知识就会老化，素质就会退化；不学习，就会加剧精神懈怠的危险、能力不足的危险、脱离群众的危险、消极腐败的危险。学习，是领导干部的"规定动作"，而不是"自选动作"；是一种政治责任，而不是一种兴趣爱好。一个人，可以不当领导干部，而一个领导干部却不可以不学习。

每一个领导干部，都要从政治的高度，努力让学习成为习惯。

让业余更有意义

让学习成为习惯，主要是指让业余学习成为习惯。业余时间就是法定工作时间之外的时间。这样的时间，日复一日，年复一年，累计起来，以小时为单位，对每个人来说，都是一个庞大的数字。

这些时间，既可以在漫无目的、轻松自然、随意休闲中度过，也可以适当利用，使生活内容更充实，生活目标更明确，生活情趣更高雅。比如，有的同志喜欢在业余时间学习书法，鉴赏绘画，钻研摄影，苦练球技，等等，达到了缓解工作压力、消除身心疲惫、享受文化生活、提高素质、陶冶性情、增强体质的多重效果。

有的同志业余时间喜欢看书学习，因此他们知识丰富，理论扎实，眼界开阔，思维活跃。习近平总书记对领导干部提出的"爱读书、读好书、善读书"的要求，主要靠业余时间去落实。我的一位副部级朋友，喜欢诵读中国古代经典，《论语》《道德经》等9部名著他倒背如流，只要你说出其中一句，他几乎都能不假思索地告诉你这句在哪部名著哪一章哪一段，令人惊奇钦羡不已。他有这等功夫，都是业余时间练就的。

业余时间用来学习，如果持之以恒，日积月累，可以有所成就。我到北京工作后，偶然认识一位朋友，从此每天早上8点左右都会收到他一条短信，无论酷暑寒冬，无论工作日节假日，从不间断，题目都是为人处世的"小议"，例如《"人生四境"小议》《"超越自我"小议》，格式也是固定的，用古人的言论引发自己的议论。前不久，我得到他的一本书，就是这些短信的汇编。原来，他每天的业余时间，都在读、在想、在写，每天都在做聚沙成塔、滴水成河的工作。

很多同志属于这样的有心人，他们确立一个目标建一座大厦，工作之余，每天为这座大厦砌一块砖，添一片瓦，每天进展一点点，最后在坚持不懈中实现了目标，建成了大厦。

领导工作繁忙，但再忙也会有业余时间。毛泽东同志许多脍炙人口的诗篇、博大精深的论著，是在形势危急且环境恶劣的长征途中、战争期间写成的。可以说今天没有一个人比那时的毛泽东同志更紧张，没有一个人忙得一点业余时间都没有，关键在于如何利用时间。

有一年，我认识的一位领导干部已出版 30 多部专著。其中，在他任厅长的 11 年间，出版专著 20 多部。哪来的时间？原来，如果没有特殊情况，他每天的时间安排基本不变：晚饭后 7 点半开始写作，11 点半离开办公室。他去土耳其访问，在飞机上写了 3 万字；去巴西访问，在飞机上写了 5 万字；去西藏出差 11 天，等他回到杭州时，旅程中的文字已变成书稿——《行走的心灵》。他的故事使我赞叹不已，我本以为自己是善于利用时间的高手，跟他比起来真是小巫见大巫了。

这么执着的爱好、这么痴迷的投入，会不会影响工作？有疑问是自然的，很多时候，疑问甚至变成非议，变成否定。"为什么不把全部精力投入工作？"这是最常见的责难。我这里不回应这种责难，只想告诉大家，以上提到的几位领导干部，业余爱好爱出了成就，本职工作也出类拔萃，伴随他们长年累月坚持业余学习和写作的，是不断地被提拔重用。

我想说，让我们一起努力，为有高雅爱好和健康生活情趣的同志创造好的舆论环境，学习和弘扬他们的精神。

"人的差异在业余"，这句话深刻而又真实。业余的用心和投入不同，人的状态和成就也迥然各异。担任领导和管理工作的同志如此，从事科学、理论、艺术等职业的情况也如此。大凡有成就者，都是业余时间用得充分、用到极致的。

可见，让业余更加有意义，对于个人是有所成就、有所作为的奥秘所在；对于社会，是文化发展、艺术繁荣、科技创新的成因之一。我无意主张每个人都要成为本职工作之外的业余专家，但如果有人有心这么做，无疑是生活更有意义、生命更有价值的表现，也是为国家发展强盛添砖加瓦之举。

领导干部要高度重视讲话发言

无论是讲话还是发言,领导干部都要高度重视并有所追求——追求讲好、追求效果。讲话和发言的区别何在?我的感悟是:讲话一般是指在一个特定场合,居于领导地位的干部发表见解、意见或指示;发言一般是一个人居于下级位置时的讲话。例如,一名市委书记,在本市多数会议或场合的发言都可以叫作"讲话",而到了省里他的任何讲话都只能称为"发言"。有些阅历不广的主持人,把领导人的"讲话"称作"发言",或者把本应属于"发言"的说成"讲话",听起来就有点不规范、不顺耳。

讲话发言是重要的领导工作方式

对于我们领导工作而言,言和行到底意味着什么?要作具体分析。从做人角度来讲,领导干部的行肯定重于言,一个小时的表白不如一个行动。在品德、廉政、作风方面,我们一定不能看他怎么说,而是看他怎么做。但从做工作角度来看,我发现有两点过去我们没有注意到:第一,言是大量的。领导工作主要表现为讲话、报告、动员、说服。领导干部实施领导,引领发展,往往要使用许多方式、渠道或手段，讲话无疑是重要的领导工作方式。第二，言影响更大。比如，改革发展主要是靠大家做，而领导干部抓改革发展主要靠说，不是自己去做某一个具体开发项目；自己去抓一个具体项目虽然可能会有示范作用，但整个地区的发展不是靠领导干部自己干，而是靠动员、组织、说服全社会去干，所以说的影响更大、作用更大。

这个观点能不能立得住，我一个岗位接着一个岗位去琢磨。首先，我想到县委书记或县长，他们要发展县域经济，不需要他们去办一个企业或做一个项目，而是要想清楚并讲清楚本县的发展蓝图、产业导向、资源禀赋、市场行情、政策安排、时间进度、激励措施等。他想得明白，就能讲得明白；他讲得明白，下面就做得明白。其次，我想到了县委副书记、副县长们：分管社会建设的，不需要他去办养老院；分管教育的，不需要他去办学校；分管政法的，不需要他去审办案件、站岗执勤……关键在于他们要有合乎实际的思想和工作思路，并且能够透彻、明白、流畅地讲出来。最后，我想到了生产队队长。我是1973年离开生活了20年的生产队进入城市的，所以生产队队长是我最熟悉的、最基层的领导，但他不算干部，仍然是不脱产的农民。假设这个生产队有50个男女劳动力，他能干的农活也就是1/50，49/50的农活靠他用嘴巴去安排。每天清晨安排每个劳动力干什么活，是生产队队长每天最重要的工作。用嘴巴之前是用心，为安排好每一天的农活，他要多花心思。优秀的生产队队长也都是"想得明白、讲得明白"的人。生产队队长是中国农村公社化时期的岗位，相当于现在的村民小组组长。

因此，我有充分的理由说，从做工作角度来讲，领导干部的言是必不可少的、非常重要的；对领导工作来讲，说就是干的起点，干大量表现为说。我们参加过各种会议，作为听众，听了报告讲话，既有过热血沸腾、思路开阔、干劲倍增、信心十足的激动，也有过不知所云、味同嚼蜡、昏昏欲睡的感受。从报告人的领导形象上看，哪个领导更令人钦佩和尊重不是一目了然吗？从会议成效上看，哪个报告、讲话所产生的影响和启发性更好，还用征求意见吗？

这里，我特别提醒大家，讲话发言是领导工作的重要内容，讲话发言是领导工作的重要方式，讲话发言水平是领导工作水平的一个重要方面。大家务必高度重视。我这里所说的讲话，与"空谈"、与"形式主义的讲话"、与讲"官话套话大话"那一类讲话，我想大家是很容易区分的。当然，我这么说是强调讲的重要性，但我们不能据此说不善于讲就做不好领导工作。人总有所长和所短，对于讲不那么擅长，但工作却很出色的干部，我们也见的不少。

讲话发言要讲究效果

《效果是硬道理》，这是我的一本书的书名。[①] 不问效果、不讲究效果，做事有时比不做还坏，讲话有时比不讲还糟糕。因此，无论在什么场合、什么时间，讲话发言都要讲究效果，否则至少也是白讲，而负能量、负影响不仅是白讲，还会让人心情低落，不能积极面对生活和工作。

那么，讲话发言的效果是指什么呢？我个人体会讲话效果有三大体现。

一是听得进去。讲话效果好，首先表现在，我们所讲的内容听

---

① 周文彰:《效果是硬道理》，中国建筑工业出版社2012年版。

众能够听得进去，没有不想听的情绪；不是听得讨厌，而是听得津津有味，听得入心入脑。有的听众烟瘾来了，有的听众想方便了，也舍不得离开会场，生怕漏听讲话内容。

二是讲得明白。讲话有很好的效果，就是把什么都讲得明明白白，比如把问题说得明明白白，把原因说得明明白白，把来龙去脉说得明明白白，把理论、思想、观点说得明明白白。一个领导干部说得清才能做得清，说不清很难做得清。

三是引发同感、引发共鸣。讲话发言总得有个目的，总得有个目标，以及想达到什么效果。最终效果就是让听众相信你、信服你、谅解你。达到这个效果就是我所讲的引发同感或共鸣。比如，一个动员讲话是不是让大家振奋起来，一场党性教育是不是让大家都受到感染，一个研讨发言是不是让人受到启发，一个理论辅导讲话是不是让大家理解，一个道歉讲话是不是得到听众原谅，对外介绍本地区是不是引发听众心仪向往，这些就叫作同感或共鸣。

领导干部每次讲话发言，都应当明确要达到什么效果，然后按照目标效果去考虑讲话内容及框架。讲话发言都要讲究效果，即都要讲究让听众听得进去，讲究说得明白，讲究引发共鸣。否则，没有必要去讲话发言。

至于讲话发言怎样才能达到好的效果，我这里仅仅从个人的体验和感受角度说几点。

第一，讲有针对性的话。比如，针对"主题"——会议的主题、研讨的主题、采访的主题、发言题目标定的主题等。离开了主题的讲话，就是文不对题，也就是常说的"跑题"。讲跑题了，还有什么好效果呢？！比如，针对"问题"——工作中的问题、思想上的问题、作风上的问题、改革的问题、管理的问题、分配的问题、环境的问题、政策落实中的问题、社会关切的问题等。离开了问题，就是无病呻吟，也就是常说的"放空炮"。不遵循"问题导向"的讲话，讲得再多也没有用。比如，针对听众讲要看对象。干部、群众、教师、学生、专家等听众不同，讲的内容就要不同。讲话不看对象、不分场合，就是千篇一律，对谁都这么讲，效果肯定大相径庭。根据讲话的针对性原则，我参加每一次论坛或研讨会，都要琢磨论题，围绕论题准备演讲发言稿。讲课之前都要搞清楚讲给谁听，对内容和课件作适当调整。

第二，讲短话。句子少之又少，概念词语少之又少，时间少之又少，还能达到效果，这种讲话最好。讲话不是越长越好，十分钟能讲清楚的，绝不用半小时；三五句话能讲到位的，绝不用十分钟，尽量用最少的语言、最少的时间达到效果。毛泽东同志批评过一些干部的讲话像小脚女人的裹脚布，又臭又长，我们要避免。特别是，讲话要控制在会议或场合安排所给定的时间内，不能超时。作为大会发言，规定多少分钟就讲多少分钟，在规定的时间内把想讲的讲完，本身就是一种水平；如果安排在靠前发言，就更不能超时了，一超时就影响整个会议的安排。作为主宾讲话，也要控制时间，绝不能信马由缰，没有时间概念。什么讲话最让人讨厌？拖会的讲话最让人讨厌！

第三，讲精彩话。我们要力争讲话内容精彩，虽说我们不去刻意追求语不惊人死不休，但争取使每一次讲话发言都精彩一点，却是应该的。

第四，讲话要有现场感。无论讲什么、在哪里讲，都要与现场衔接和互动，力求情景交融，而这恰恰是容易被忽视的地方。讲，大多是事先准备好的，到了讲的时候，如果不去追求现场感，讲很容易变成照本宣科、"自说自话"、"走过场"等，影响讲的效果。因此，重视讲话发言，不仅要重视针对性，重视事先准备，还要重视与现场对接。比如，与现场气氛对接，说一两句对现场会议安排、环境布置、听众热情等的感受，但要把握分寸，话不要多，也不要过头。与前面人所讲话题对接，如作为嘉宾致辞，要和前面主宾致辞衔接；如果是在交流、讨论议程之后讲话，要与之前的交流、讨论对接，在讲话中把他们的内容加进去。讲话过程中与听众对接，即注意与听众交流，这种交流不一定是一问一答，而是眼神交流、感情交流、思想交流等，整个讲的过程就是与听众交流互动的过程。

对于干部培训课，我提出教师讲课要追求"听得见、记得住、用得上"；要避开一些忌讳，如"说废话、骂别人、吹自己"。这些想法，领导干部讲话发言时也可作为参考。

讲话发言水平在讲话发言之外

领导干部讲话发言的水平靠什么呢？

一靠内容。讲话要有内容，特别是要有思想、有观点，不能是白开水、流水账。有思想、有内容的讲话才能启迪人、打动人。讲话动人，很多情况下是靠思想动人，靠思想吸引人。讲故事也能吸引人，我对从事干部教育的老师们说，讲课要穿插一点故事，用案例去说明观点，但不能仅仅靠讲故事去吸引学员，一定要靠思想、靠理论本身。官话、套话、大话、老话之所以不能吸引人、打动人，就在于它们没有思想内容。

二靠感情，对所讲内容的感情。比如讲发展，要有对发展的紧迫感；讲改革，要有对改革的责任感；讲到群众的贡献和力量，要有对群众的自豪感；讲问题，要有对问题的痛心感。感情就是爱或者恨，就是乐或者痛，就是责任感、使命感、紧迫感，等等。一个好的讲话发言首先要充满感情。感情从哪里来？就是前面提到的这些"感"。

三靠责任。在各种各样的"感"中，最根本的是责任感。责任感就是领导干部对自己所担负职责的自觉认识和履职态度。责任感、使命感属于一个序列的概念。有责任感就有使命感，反过来说也一样。有责任感就有担当，就会激发出各种感情。我们只有时刻知道为群众谋利的责任，才会对群众更加有感情；只有想到自己平息突发事件的责任，才能用感情去感动对象；只有想到宣传推荐本地的责任，才会用感情去介绍本地优势和吸引力。有了责任感，对好人好事就会热情赞美，对丑恶现象就会怒火中烧，甚至拍案而起。对任何事情都无动于衷、面无表情者，缺乏的就是责任感。因此，一个有责任感的领导干部，对任何场合的讲话发言都不会随意应付，而是当作"责任"去履行，力求讲好。

四靠素质。领导干部发言讲话水平的高低取决于领导干部的综合素质；讲话发言是领导干部综合素质的语言表现。所以，提高讲话发言水平不是靠练嘴皮，不同于说相声；说相声一定要练嘴皮，比如绕口令不练嘴皮就说不了。所以，提高讲话水平，关键是提高自身的综合素质，即理论素质、思维素质、知识素养、实践经验、领导经验等。

五靠准备。没有人生来就会讲，也没有人天生就讲不好；讲的效果很大程度上取决于对讲是否认真。毛泽东同志说过，世界上怕就怕"认真"二字，共产党就最讲认真。一认真，就向好。怎么认真呢？首先，认真琢磨讲什么，即在讲的内容上认真考虑，突出什么主题思想、讲什么不讲什么、哪些详讲哪些略讲，都是要认真想透的。其次，认真考虑怎么讲，即在讲的结构、方式、方法上认真考虑。分几个部分、讲几层意思、先讲什么后讲什么，这是琢磨讲的结构；严肃还是轻松、说教还是谈心、直接批评还是侧面引导，这是考虑讲的方式；用理论说服还是用案例启发，讲授式还是互动式，这是思考讲的方法。方式方法有时是难以有明确边界的。同时，认真收集材料。讲要想避免"空"，就要言之有物；要想增强说服力，就要用事实说话；要想生动引人，就要寓理于事。最后认真准备讲稿。来不及写讲稿，要认真写出详细的讲话提纲；来不及准备详细提纲，也要有一个简要提纲，无论是文字稿还是腹稿。

就像"不打无把握之仗"一样，我们也不作"没有准备的讲话"。既然安排我们讲话发言，就要做些准备。讲什么都要经过推敲，不能信口开河，不能依赖现场发挥，有所准备的讲话出彩的概率更大。但是，领导干部工作十分繁忙，需要处理的事情太多，需要出场的讲话发言也很多。一般情况下，我们不能把工作时间花在准备讲话发言上，只能在业余时间利用早起晚睡去准备。准备讲话发言可以借助外力，如请职能处室提供相关材料，但主要靠自己去构思，准备讲话提纲和要点，只有自己准备才能讲到点子上，才能避免官话、套话、老话。要把职能处室从为领导写讲话稿中解放出来，把他们写讲话稿的任务压缩在极其必要的情况下，以便让他们有足够时间去履行本处室的职能。

当然，有些场合突然让你作即席讲话，如果是对方出于礼貌，则坚决不讲；如果你感到有话可说，就大大方方讲几句；如果对方出于真诚，再三再四希望你讲，那就讲讲，不要让人失望。这些即席讲话发言则无法事先准备了。不过，既然出席一些活动，就最好要有"即席讲话"的思想准备。

各方面素质提高了,讲话发言的效果也就不是难事了。当听到一些领导干部讲话发言非常精彩时,我们不能将其归结为这个干部能说会道,而是这个干部具有很高的综合素质。从这个意义上说,讲话发言的水平在讲话发言之外。

把每次讲话发言当成一次机会

机会就是好的机遇。机会往往可遇不可求,机会来了就要珍惜,就要抓住。所以,只要有我们讲话发言的机会,就要珍惜这个机会,抓住这个机会。

一是当作工作机会。比如,用来统一思想认识,用来动员组织群众,用来解决处理问题,用来推广介绍本地形象,等等。

二是当作锻炼机会。尤其对年轻干部来说,我们正在成长过程中,每次轮到我们讲话发言时,都要当成锻炼自己讲话发言能力的一个机会——锻炼经验总结能力,锻炼提炼概括能力,锻炼理论思维能力,锻炼语言表达能力,还有锻炼讲话方式方法,锻炼讲话表情姿态,等等。人都是靠一次次锻炼出来的,真的没有天才,天才的背后就是下功夫。

三是当作展示机会。每次讲话发言都要当作展示自己的机会,展示什么?展示能力、展示水平、展示形象。我不止一次地听说,有些干部因为一次发言、一次汇报、一次陪同的沿路介绍,受到上级领导关注,然后进一步被考察、任用起来。

所以,对于每次讲话发言,我们都不能轻视小看,不能应付了事。无论是出席党代会、人代会、政协会这些重要会议的分组讨论发言,对外宣传推介场合,包括接待时致辞,还是参加班子研究工作会议、党小组政治生活会发言等的每一次讲话发言，都要当成一次机会，要高度重视，力求讲话发言出彩。

这里我说说自己的经历。对于讲，我向来十分重视，也十分用心。最早的讲，可以追溯到上学时的课堂发言、班级或小组活动发言一类。当时的朴素想法是要讲，就要尽量讲好，为的是让自己表现好，让别人有听头。

平生第一次讲得极为成功的，是1972年在老家全县通讯报道工作经验交流会上的发言。1970年，我高中毕业后回村务农，几个月后当上了小学民办教师。那时非常重视通讯报道工作，我成了大队的"土记者"。白天上课，晚上在昏暗的油灯下备课、批改作业、写报道稿，两个鼻孔可以抠出黑灰来。稿子用复写纸誊写数份，寄到县广播站的，屡被采用；向《红扬州报》《新华日报》投稿的，犹如石沉大海，无一被采用，也无一有回音。但我坚持写稿不止，成了先进典型，被选为在全县通讯报道工作经验交流会上作大会发言。我认真写发言稿、背发言稿，发言时完全脱稿，独特的发言内容，独特的发言风格，赢得了独特的发言效果：全场先是鸦雀无声，后是热烈掌声。我因此被县通讯报道组重视，被公社领导认识。1973年大学招生，我被公社领导推荐参加考试，我猜与这次发言留给他们好的印象，多少有些关系。

第二次成功的讲，是1974年在扬州师范学校全校师生员工大会上的发言。我当时是英语二班第二小组组长，我们小组与普通四班第一小组结对子，由我们挑战、他们应战，在全校开展义务卫生大扫除竞赛，以保持校园干净整洁。学校非常支持，并安排我们两个小组在全校大会上发言。我写稿背稿，发言时站着脱稿讲，乱哄哄的会场一下子安静下来，大家齐刷刷地抬起头来看着我、听我发言，最终获得极大成功。后来，学校组织"批判林彪资产阶级军事路线小分队"时选我参加。1975年毕业分配时，让我留校担任政治理论课教师，这次发言及后来多次活动表现出讲的能力，起了很好的作用。

第三次成功的讲，是南京大学哲学系"七七级"新生入学欢迎会，我被班主任指定代表新生发言。入学前我是扬州师范学校政治理论课教师，在三年小学民办教师教学经历的基础上，又增加了中等师范学校两年政治经济学、一年哲学课的教学经历，发言对我应该是家常便饭了。但我仍然十分投入，力求讲好，力避讲砸。同学们也勉励我讲出"七七级"的风采来。结果，我没有辜负自己的决心，也没有辜负同学们的期望。

此后的教学、研究和领导工作，我更加重视每一次的讲。

领导讲话重在落实

2013年4月27日，我还在任，出席原国家行政学院第十一期青干班到山东临沂"三进三同"汇报座谈会，听了两三个发言之后，我感到有人重视有人重视得不够，有人精心准备有人不太精心。于是，我提出两个要求，一是发言脱稿，二是最后投票推选出三个发言最好的，目的是让学员们对这次座谈发言都有点感觉，为我临场决定的讲话作些铺垫。36位同学都作了发言，每人3分钟。最后我讲话的题目是《要重视讲话发言》。

这篇讲话完全属于即席讲话，临场决定、临场准备讲话提纲，但它后来的影响是当时没有想到的。事情是这样的：2013年底，我离开了领导岗位。之后的生活主要是讲课、带学生、写诗词、练书法，其中以"讲课"为主。一年有5—6次政协活动，主要是调研和开会，以"发言"作为工作方式。此外，我经常应邀出席一些论坛和研讨会，作"主旨演讲"居多，当然偶尔也有"主旨发言"的。我不做领导了，当然就没有了"讲话"可言，我偶尔作为中国行政体制改革研究会副会长，出席本会召开的会议或论坛，被要求讲几句话，可以算作"讲话"。此外还有接受媒体采访，就有了"访谈稿"。到2016年底，3年时间所积累的讲课稿、讲话稿、发言稿、演讲稿、访谈稿，五稿合一稿——《周文彰讲稿》，已由中国建筑工业出版社出版。

我为这本书写了一个自序"先说几句"，较为系统地阐发了我的讲话观，即我关于讲话的看法，其中把前面提及的在青干班的那篇讲话《要重视讲话发言》全文照录，成为自序的主要内容。这篇自序后被数十家微信公众号转发，在好几个微信公众号上的阅读量为一至数万次不等。转发者们编加的标题也是各式各样，其中有一个标题特别新奇，但我担心被误读。因此，我这里特别强调，并作为我关于讲话的全部观点的落脚点：讲话是领导工作的主要方式；讲话水平是领导干部综合素质的外在表现。但考察领导干部主要是看"德能勤绩廉"，并不看怎么讲；讲得好，一定要有政绩加以支撑，才能在考察中获得加分。讲得好，如果不体现在政绩中，只能获得负分。就是说，一个只会讲而政绩平平的领导干部，就只有"嘴上功夫"，没有多少实际工作能力。因此，领导讲话重在落实。绝不能只停留在讲话中，而是要狠抓讲话精神的落实。一个只知道"怎么讲"而不知道"怎么抓落实"的领导干部，不是合格的、称职的领导干部。没有抓落实的讲，任何讲都是白讲！这是当领导干部的大忌。

只有讲了，同时又狠抓落实，同时真出效果、出真效果，这样的讲才叫干：业绩都是干出来的。工作仅仅停留在口头上，根本没有抓落实，成了只说不练，只布置不检查，这样的讲不叫干，只是"嘴上功夫"。特别是，习近平总书记要求我们，对当务之急，要立说立行、紧抓快办，不能慢慢吞吞、拖拖拉拉。因此，"狠抓落实本领"成为每一个领导干部必须增强的重要本领之一。我们在任何场合的讲，最后都要在"落实"上下大功夫！

讲是方法，更是思想；讲是艺术，更是科学。讲要靠方法、艺术吸引人，更要靠思想和真理奠基；没有思想和科学的东西，讲得再引人，也是花拳绣腿，也是哗众取宠。特别是要抓好所讲的各项工作的落实，这是需要我们高度重视的。

从实际出发：功夫下在哪里？

大家有没有这样的体验：你真诚地从实际出发，但决策却是错的。有没有见过这样的情形：两个人从同一实际出发，但制定的方案却截然不同。这就提出了一个问题：带着"从实际出发"的愿望，为什么不能收到"从实际出发"的效果呢？

人们每每以为，从实际出发，就是直接依照客观实际本身制订计划、方案。其实不然，计划方案来源于主体对客观实际的认识——主体先要解决客观实际"是什么"的问题，然后才能拿这种认识去规划实践"如何做"的问题。

当主体着手认识客观实际时，必然经过三个环节，即：接触什么样的实际（确立认识对象）；怎样把握实际（选择认识方法）；把握到了什么样的实际（获得认识结果）。在辩证唯物主义看来，主体认识客观实际时，大脑不是空白；主体总带有一定的知识结构、价值观念（即关于利害、善恶、美丑的观念）和价值评价标准，带有一定的心理倾向，如某种信念、意志、动机、兴趣、需求、情绪等。所有这些因素在主体大脑中被综合统一为"主体认识图式"。主体认识图式是主体认识客观实际的精神器官，是主体既定的信息接纳框

从实际出发：功夫下在哪里？

架、加工整合机制和解释——说明系统。①

先看接触什么样的实际。客观实际通常是多样性的统一，具有多方面的属性和特征。只有合乎主体认识图式框架的那些方面才会被选择为对象，不在框架范围内的方面，主体很可能"视而不见"，"听而不闻"，无动于衷。例如，一同考察某地经济发展前景，旅游业专家注意的可能是引人入胜的湖光山色，工业专家关注的是可资发展工业的丰富矿藏，渔业专家则看重适宜水产养殖的辽阔水面。"从实际出发"伊始，主体就按照自己的方式加工客观实际，使之打上主体印记而获得"主体化的"形态。

对象确定之后，如何认识这个"实际"呢？研究表明，有什么样的主体认识图式，就有什么样的主体认识方法。一个意在否定某项措施的人，可能不惜采取夸大问题和困难的做法；只想听恭维话的领导者一般避免采用召开"刺头"群众座谈会的方法。主体能否采取恰当的方法认识对象，取决于主体认识图式中各因素的构成是否处于最佳结合状态（比如理智因素抑制了情感成分，道德因素克服了自私的欲念等），图式是否能发挥出积极的整体功能。

主体接触"实际"的最后结果，是获得了对"实际"的认识。但主体认识的"实际"，绝不等同于客观实际，而是客观实际在大脑中的"反映"，经过了图式的加工而渗透着主体因素。因此，图式不同，在同一客观实际中看到的实际亦不同，此即所谓"仁者见仁，智者见智"。譬如，同去某个工地，普通参观者看到的是热火朝

---

① 主体认识图式是作者1988年提出的一个概念，可以看作世界观、思维方式一类的东西。参见周文彰：《狡黠的心灵——主体认识图式概论》，中国人民大学出版社1991年版。

天的劳动场面，企业家看到的却是混乱不堪的施工管理。好大喜功的领导者满眼都是振奋人心的大好形势，而吹毛求疵的"九斤老太"睁眼就是今不如昔的问题和困境。然而，尽管主体看到的实际渗透主体因素，但主体却自信地认为是客观实际的本来面目而照此办事。客观实际的主体化过程，主体自身是无法感知的，故而自古以来就有"眼见为实"的信条。

随着脑中"主体化的实际"的形成，主体旋即开始了"从实际出发"总过程的第二阶段，即从主体所认识的实际出发，制订实践活动的目标、计划或方案。由此，主体活动从认识阶段转入了实践阶段，由解释世界进到了改造世界。

我们所说的"实际"的第二个层面的规定，就是指"主体化的实际"。平心而论，"从实际出发"，无论从哪个阶段看，其实都是从"主体化的实际"出发。主体能与之打交道的，只能是"主体化的实际"；自在状态的客观实际虽具有最终的意义，但尚未进入实践—认识关系，就已经接受了主体按自身方式给予的加工而被"主体化"。

客观实际的"主体化"并不意味着客观实际必然都要被"主观化"，即被主体主观随意性地歪曲或"幻化"。主体认识图式越是最大限度地体现主体本质力量，主体就越是能最切近地认识客观实际，从而达到科学的"真"。然而，主体的本质力量在一定时期总是有限的，"主体化的实际"难免有偏离，甚至完全偏离客观实际的可能性。这样我们就面临一个实实在在的矛盾：一方面，一切工作都要求我们从客观实际出发；另一方面，我们注定要从"主体化的实际"出发，这个矛盾也许是我们面临的最深刻、最持久的矛盾之一。矛盾双方之间的距离可以逐步缩短，但永远不可能根本消除。难怪人总难免犯错误！难怪带着"从实际出发"的善良愿望，不一定就能达

从实际出发：功夫下在哪里？

到"从实际出发"的效果！当然，制约人们从实际出发的，还有客观实际本身发展程度的限制、实践—认识工具完善程度的限制、社会政治环境的限制等，这里就不展开讲了。

对"从实际出发"的认识论分析说明了什么呢？——主体自身的建设何其重要！"从客观实际出发"和"从主体化的实际出发"之间的距离，主要靠提高主体素质来缩短。假如一切从事中国特色社会主义建设的主体，都能自觉加强自我修养——科学文化的、道德的、审美的，不断完善主体认识图式，党的"从实际出发"的思想路线必将绽放出更加绚丽的花朵。"从实际出发"具体包括如下几点。

第一，态度要真诚。如果到实际中转一圈、开座谈会，只是故作姿态，做做样子，拍起板来仍然从书本和原则出发，或者从臆想和经验出发，那么这种态度是无论如何抓不准实际的。

第二，作风要深入。蜻蜓点水式的浮光掠影，结伴旅游式地走马观花，难免只见现象，不看本质，"只见树木，不见森林"。这样把握到的实际，其实不是实际；以这种实际为出发点制订的计划方案，一定要出差错。

第三，观念要正确。观念不正确，即使真诚地深入实际，也很难真切地把握实际。观念不同，对于实际的结论自然也就不同，正如带着"左"的观念和右的观念，都不能恰当地评估我国40多年改革开放的实际一样。

第四，知识结构要合理。现实生活中的许多决策失误，并非都由于决策者的偏见，更非出于故意，而是在于决策者对此全然无知，或者知识结构不合理。

第五，意向要健康。如果动机、目的、欲望、兴趣、爱好、情绪有问题，看到的实际也会有偏差。一些不正当的动机、欲望、私念，可能驱使当事人故意无视实际，甚至不惜歪曲实际，如夸大困难以申报财政补贴，制订冒进指标以创造虚假政绩等。

以上五点很难说哪一种对于"从实际出发"更为关键。比如，在偏见和无知之间，一般更斥责偏见而原谅无知，故有"偏见比无知更糟"之说。这在某些场合也许如此，但对于经济建设上的重大决策，无知造成的危害有时要比偏见的危害更为严重深远。

我们党一直强调在改造客观世界的同时要不断改造自己的主观世界。近几年，习近平总书记反复强调，共产党人要炼就"金刚不坏之身"，必须用科学理论武装头脑，不断培植自己的精神家园，切实解决好世界观、人生观、价值观的"总开关"问题。从实际出发的功夫，就要下在这里。

重视沟通　及时沟通　善于沟通

利用这节课的机会,我给大家讲一下领导工作中的沟通问题。

沟通,就是一个人把自己的看法、设想、愿望、计划等,与他人进行交流或商量的一种交往方式,目的是达成一致、争取支持、消除误解、联络感情等。沟通对于做好领导工作来说,是一个极其重要的环节。

想讲这个问题,一是源于我的工作体会,二是源于《秘书工作》杂志让我看了一个故事,要我对其作个点评。这个故事不长,但有点复杂,请大家多看两遍,理清头绪才能产生看法。

故事的标题是《"多头请示"与"多头指示"》,全文如下:

> 宣传司综合处小刘登记来文时,看到一份办公厅的通知,通知要求各单位三天内上报下半年的会议和培训班方案。小刘看到通知对反馈时限的要求比较急,就抽出来先送给处长。陆处长看了一眼通知说,这三天李司长都在外出督导,还没有集中讨论研究,有关会议和培训班的计划有些如地点、预算不好定。陆处长与办公厅沟通,能否晚两天报,办公厅回复最迟第三天报,因为第四天要上部务会讨论。

陆处长给李司长发了一条微信，报告了这一情况，李司长回复按照办公厅的要求，先请谢副司长主持讨论出草案，两天后回京再定。

第二天，谢副司长召集有关处室同志讨论，提出了两个方案，但内容差异较大，准备等司长回来定夺。中午，谢副司长在午餐时遇见了分管的钱副部长，简单说了会议和培训班的两个方案，钱副部长听了后说"那就按第二个方案报吧"。

时间逼近，已经到了上报的期限了，由于司长在外，谢副司长凭着平时对钱副部长的感觉让小刘报第二方案，并说明是钱副部长同意的，李司长听了谢副司长的汇报，也知道了分管部长的意见。李司长结合这两天的基层调研，认为还是第一个方案好，综合处按司长意见报分管钱副部长。

时间到了办公厅要求上报的最后期限了，但钱副部长还没有签批，不知是同意还是不同意。陆处长要求小刘按司长意见先报出第一方案。小刘当然是"领导让咋办就咋办"……但是办公厅反馈，没有分管钱副部长的签批意见，上报不规范不算数。

李司长通过电话与钱副部长沟通，把两个方案的内容报给分管部长，分析了利弊。最终分管部长还是确定了第一方案，但时间晚签了一天。因为司里多次上报，搞得办公厅很被动，还受到了分管办公厅的部领导责怪，办公厅为此正式对司里提出了批评。李司长及全司同志心里都很不痛快。

到底是哪些环节出了问题？

这个案例是《秘书工作》杂志约请有关作者编写的，为的是以

重视沟通　及时沟通　善于沟通

例说理，紧密结合机关工作实际，并且力求生动活泼，引人入胜，是这本杂志的独特之处。案例虽然是编写的，但让人感觉很真实。这个故事把机关工作经常碰到的问题提炼出来并使之典型化了。

问题到底出在哪里？故事想说明这是由于"多头请示"与"多头指示"造成的结果。我仔细阅读案例后感到，不是因为"多头请示"与"多头指示"，而是因为没有及时沟通。随后案例作者和编辑部都接受了我的看法。

本案例涉及三级机构——处、司、部，涉及五个人物亦即五个层级——小刘、陆处长、谢副司长、李司长、钱副部长。每一个环节都出了问题。

第一个环节是谢副司长。按常规，司里拿出的方案必须经过李司长同意后才能向分管部长汇报，可是谢副司长犯了两个"忌"：一是方案未经李司长审定就仓促汇报；二是在司里没有形成统一意见的情况下汇报了两个方案，给后面的麻烦准备了条件。尽管谢副司长不是正式汇报，是在午饭巧遇时"简单地说了"一下，但收到了正式汇报的效果。

这里我要特别指出，谢副司长这个"错"，是钱副部长及他本人和李司长后来的行为"促"成的。本来在方案没有正式上报前，谢副司长在"偶遇"领导的情况下汇报一下司里的初步意见也不是不可以，一来可以让领导掌握工作进度，二来先行沟通，听听领导意见。况且，李司长出差在外且指定他负责研究方案，他有这个责任和权力，算不上错。司长、副司长是司领导班子的正、副班长，他们包括副司长，就自己负责的工作向分管领导汇报，不属于越级。如果只有正职或只有经正职同意才能汇报，否则就是违反工作程序和组织原则，那么是要出问题的。轻者，言路狭窄，上级领导难以避免偏听偏信；重者，容易助长"一言堂"，甚至是"一手遮天"。我曾在地方三个厅级单位担任正职，我始终鼓励副手在分管工作范围内直接与省级主管部门包括省级分管领导对接，只要把工作做好、事后报告结果就行；需要与我商量的，及时沟通。这样做的效果很好。更何况，这个案例发生在一个部门的机关内部，更应该允许和提倡这样做了。

第二个环节是钱副部长。按常规，作为分管领导，他听了谢副司长的汇报应当这样表态："好吧，你们抓紧搞，等正式报来我们再商量。"或者："你们把两个方案整合为一个方案，可以第二个方案为主。"这样就避免了后来始终存在"两个方案"，且"上下意见不一"的局面；一个方案上的修补哪怕是不同意见的交锋，远不及两个方案之间的上下分歧所造成的副作用大，同时也避免了他在李司长还是实际上的"局外人"的情况下就拍板决定。如果他说"正式报来"或"整合成一个方案"，李司长就一定不可能是"局外人"了。然而，钱副部长却一锤定音："那就按第二个方案报吧。"这一锤就造成了案例中本可避免的那些问题。

第三个环节又是谢副司长。听了钱副部长的意见后，他应该连同两个方案立即向李司长报告，如果李司长有不同意见也有足够时间沟通。遗憾的是，他拖到"上报期限"之日才报告，这是造成方案晚报一天的主要原因——"中梗阻"。

第四个环节是李司长。他在明知钱副部长主张第二方案的情况下，要求把第一方案报钱副部长。不错，"真理"在他这边，因为他是根据这两天的基层调研而定的，但他犯了一个大忌——简单顶撞或硬行冒犯分管领导的意见。钱副部长看到第一方案后心里的滋味，我们是很容易想象的，他没有签批也就在情理之中了——他对司里

重视沟通　及时沟通　善于沟通

的做法持有疑议，他对选择第一方案的理由一无所知，也无心理准备。李司长的正确做法应当是，在决定上报方案之前，向钱副部长汇报调研情况及选择第一方案的理由。案例告诉我们：钱副部长是实事求是之人，听得进部下的合理意见。

　　第五个环节是陆处长。他居然自作主张，要求小刘按李司长的意见先上报第一方案，从而把李司长的错误推到了极端。作为综合处长，他不会不知道"没有分管领导的签批意见不能上报"的规矩。如果他真的不知道，就不是一个称职的综合处长；如果他知道，就是明知故犯，违背组织原则。幸亏办公厅按照规定没有接受上报方案，否则上下级之间的矛盾就被他制造出来了。他应该像后来所做的那样，向李司长汇报上报方案之规定，促使李司长主动与钱副部长沟通，争取签批。

　　综上所述，我们可以看到，这个案例所反映出来的，主要是同级之间、上下级之间的沟通问题。沟通是人际情感的基石，是现代管理的命脉，是机关工作的纽带和润滑剂；沟通能力是治理能力的核心要件。汇报、请示、交流、讨论、商量等都是沟通。沟通可以统一认识和步调，增进理解与感情，消除误解与隔阂。沟通贵在及时和有效。及时而有效的沟通意味着程序、尊重、平等、和谐……我在领导工作中不止一次地感受到，有的干部产生意见或怨气，不是因为原则问题，而是由于没有和他沟通。在这个案例中，谢副司长、李司长的问题，都是因为没有沟通或沟通不及时造成的。至于陆处长擅自违背规定上报方案，险些酿成严重后果，要严肃批评，引以为戒。

　　以上就是我对这个案例的点评，被《秘书工作》加工后刊用了。

　　我们作为领导干部，每天要处理的事情很多，希望大家在实际工作中吸取这个案例的教训，重视沟通、学会沟通、及时沟通。我的一位上级领导对我说过一句话，让我印象很深。他说，事情没做之前跟领导沟通叫作"汇报"，领导批评下来再去沟通，那就叫作"解释"。"解释"显然要比"汇报"被动得多，也艰难得多！还有同志对我说过，对一些决定，包括一个干部的提拔，大家并没有不同意见，现在大家有些不舒服，就在于事前没有好好沟通。

这些都是经验之谈，我们要记住，好好学会沟通这门领导艺术。

怎样写好文章

写文章既是科学又是艺术。科学就是文章要符合文字表达规律、视觉阅读规律，特别是内容要符合客观实际。艺术则体现在如何构建框架、如何遣词造句、如何用生动的语言表达上面，从而让人们喜爱阅读。写好文章就是从科学和艺术两个方面同时狠下功夫，结合我个人的写作体会，写好文章重点要从主题、层次、选材、文字四个方面发力。

把好主题

写好文章的首要问题是确定主题。因为主题决定了文章有没有价值，有没有意义，有没有读者，读者有多少，以及读者受文章的启发程度、教育程度等。选好主题的要点有三个。

第一，主题要有意义。确定要写的东西一定是有意义的，没有意义的题目，动笔之前就错了，因为方向错了。什么样的主题有意义？这就要以我们正在做的事情为中心，研究党和政府关注的重点、难点问题，中心工作，关注社会问题、关注老百姓关注的热点问题。

第二，主题要明确。文章想表达的观点、说明的意思、解决的问题，一定要明确。不能兜圈子、绕弯子，不能含糊不清，否则读者就会不知所云。

第三，只能有一个主题。文章不能有多个主题，切忌变换主题，否则叫人摸不着头脑，抓不住要点。如习近平同志兼任中央党校校长时，每次到中央党校都只讲一个主题，如实事求是、调查研究、关于读历史、关于落实等。这样便于将问题谈深、谈透。

构思层次

在主题确定之后就是用什么样的层次加以表达的问题。如何论述主题、突出主题，把主题讲清楚、讲明白、讲到位，这就需要由层次来完成。如果说主题是内容，层次就是形式。内容是第一位的，但再好的内容，如果没有恰当的形式来表达，内容是要大打折扣的。

要有合理的框架。长期以来，我体会到框架至少是个"三"的结构，中国以三为工整，三为众、三为多、三为稳、三为全面，写文章也要符合这个规律和惯例。合理的框架至少要有三个部分，一个部分最好要有三个要点，但不一定要用1. 2. 3. 标出。一篇文章如果只有两个部分，就感觉不完美，有三个或者三个以上部分都是可以的。当然，框架最终要服从内容、服从需要，不能千篇一律。

每个部分之间要层次分明。先说什么后说什么要清楚，这个非常重要。有一本讲行书的书给我留下了深刻印象，书的几个标题分别是：学行书要学晋人、学晋人要学王羲之、学王羲之要学《圣教序》、学完《圣教序》要学《十七帖》、学了《十七帖》再学《兰亭序》、学了《兰亭序》再学王献之。六个标题层层推进、步步深入，引人入胜。可见一个好的层次有多么重要，不仅自己写得得心应手，也能像磁铁一样吸引读者，像导游一样一步步把读者引导到文章精致处。

层次的划分要讲究逻辑。一个好的文章结构，就等于这个主题披上了一件合身的衣裳，要么由浅到深，步步深入，要么由里到外，层层展开，这就是层次。内容的层次划分中有个逻辑问题。所谓逻辑就是事物之间的内在关系。因为层次不是随意划分的，而是按照所要表达内容之间的逻辑联系展开的。例如，习近平总书记说，山水林田湖是一个生命共同体，人的命脉在田，田的命脉在水，水的命脉在山，山的命脉在土，土的命脉在树。他对山水林田湖这个生态系统作了一个环环相扣的论述，最后把"树"在山水林田湖中的地位、重要性讲得清清楚楚。不仅层次分明，逐步深入，还富有逻辑性，上句与下句之间有很自然的内在联系，娓娓道来，既能引人入胜，又能让人过耳不忘，这就是逻辑的魅力。

精心选材

确定了主题和层次之后，接下来就是选取材料的问题。可供论述的材料往往很多，如理论上的材料、实践上的材料，历史材料、现实材料等。这就需要进行取舍。怎么选取材料呢？一是选取有利于说明主题的材料。材料要直截了当，有很强的针对性、适用性，兜圈子的材料、令人费解的材料，最好不要。二是选取能够抓住人的材料。所选取的材料不仅能说明主题，而且能引人入胜，或者扣人心弦，或者兴味盎然，让读者欲罢不能。三是要选有特点的材料。

一般化、没有什么个性的材料，就不要选。

和讲课一样，写文章一定要有事实材料。选取事实材料要注意"三化"，即中国化、时代化、精致化。

中国化，就是案例能用中国的不用外国的。因为中国的材料就在我们身边，具有很强的说服力，外国的案例容易被质疑因是外国的，我们不适用、我们做不到。以领导科学案例选择为例，无须言必称外国，改革开放40多年来，中国共产党领导我们大踏步前进，积累了领导、决策、政策、执行、组织等方面的经验和案例，足以说明我们领导科学要解决的方方面面问题。

时代化，就是案例要用最新的。能用今年的不用去年的，能用本月的不用上月的，能用今天的不用昨天的。以授课为例，当讲到反对形式主义时，可以这样选取案例："各位学员，就在刚才，上课之前，我看到一则新闻，某地农村改造厕所，埋下三个塑料桶，就计入改造统计数据，大量新厕所无法使用，有的厕所上挂的锁都生锈了。一些地方表面上轰轰烈烈、大张旗鼓，实则弄虚作假、敷衍了事，使'民生工程'变'民怨工程'，'假厕所'，真形式，害人不浅！"选择这样的材料多令人震撼，多有教育意义。

精致化，就是要对材料进行概括提炼。再好的案例，能用三言两语讲完的绝不拉长，越是精致，越是耐人寻味、引人深思。因此，好的材料也要进行概括提炼，不能拉长。

做到"三化"，还要注意"两不用"。一是经典的案例最好不用。经典案例很多人都在用，一用就好比在"嚼别人嚼过的馍"没有什么味道，如《西游记》的领导班子、《红楼梦》中的人物性格。二是著名的案例不用。路人皆知的案例就没有什么新鲜感和说服力，如贵州的瓮安事件等。

推敲文字

在把主题、层次、选材问题解决之后,接下来最重要的就是文字了。如何用一个一个字、词语把所要表达的内容说出来,这实际上是一个语言文字问题,这也是最考验功底或功力之处。我的体会是,文字要做到通顺、流畅、生动、简洁、丰富。

通顺,就是绝对不能有语法错误,不能添字、丢字,不能主谓、动宾搭配不当,这是平时需要留心的。

流畅,就是要一气呵成、娓娓道来,读了让人感到顺畅、自然、舒心。没有磕磕绊绊、吞吞吐吐、前言不搭后语。

生动,这是文章最需要讲究的。比如怎么开头,当下很多文章开头便是"习近平总书记强调""党的十九届四中全会指出",这种开头不是不可以,但不能都这样。这些千人一面的开头,其实稍微调整一下就可以避免:"关于制度的重要性,党的十九届四中全会的决定有这样一段话,让我们过目难忘。"用什么样的文字开头,就决定了你的文章能不能让人读下去。毛泽东同志的文章、讲话就是丰富多彩的,"人的正确思想是从哪里来的?是从天上掉下来的吗?不是。是自己头脑里固有的吗?不是。"一读就被吸引并且难忘。刻板的开头、官话套话的开头、千篇一律的开头,一下子就让人不想读。我对一个高中生的作文《记×××同学》的开头印象深刻,一读就记住了。开头是这样写的:"考试约莫过了半个钟头,一道难题逼得我眼花缭乱,我无可奈何地摊开两手,想让发胀的脑袋休息一下。突然老师宣布:×××同学全部答完,全对!啊,又是他!看到他那很少舒展开的眉头,我的思潮奔向漫长的回忆……"文字流畅、生动活泼，真是引人入胜。它用一种倒序的方式，还没有用多少文字，就把×××学习成绩优异的形象展现在眼前，吸引读者继续读下去。这是我上小学时读的，到现在还记得。

简洁，就是用简约的文字，准确表达思想，就像鲁迅先生所提倡的，写完后至少看两遍，竭力将可有可无的字、句、段删去，毫不可惜。就现在常见的文章来说，目的状语如为了实现什么，条件状语如在什么样的形势下，结果状语如达到了什么效果太多。我经常对作者说：多删目的状语、条件状语和结果状语，用尽量少的语言，承载有信息量的话。

丰富，即词汇丰富、语言丰富。同样的内容，可以用不同的文字来表达，特别是当它们在一起出现时。习近平总书记勉励年轻干部要经受严格的思想淬炼、政治历练、实践锻炼，这三个不同的"练"，都用"锻炼"，也说得过去，都被人用过，但习近平总书记以丰富的语言讲出了三个不同的"练"，准确而耐人寻味。简洁和丰富，不是一对矛盾，正如王梦奎同志所讲的，同样的内容，要用最简约的文字表达；同样数量的文字，要表达更丰富的内容。

多学多练

写文章没有秘密。世界上有很多东西没有秘密，广播是怎么好听的，电视节目是怎么好看的，报纸是怎么吸引眼球的，以及文章是怎样写漂亮的，答案全部直接地放在你的面前，是可以学的。我要求学生读书看文章一定要注意三点：一要学理论学知识，看作者提出哪些思想、观点，给了哪些你所不知道的信息；二要学层次结构如何安排，作者是用什么样的框架表达的，这些层次、结构安排如何；三要学如何论证论述的。只要我们看每本书、每篇文章，都从这三个方面去研究、去学习，特别有用的部分多看几眼，甚至记下来、背下来，经年累月一定会有感悟，就会学到门道。在写作文和迎高考的岁月，我有专门的笔记本抄录热词和社会热点事件；上了大学，哲学的格言、妙语、表达也是用心去学的，后来证明这样做很有帮助。

文章是写出来的，绝不是被教育出来的。到底如何把文章写好，这不是一个理论问题，而是一个实践问题。就像游泳一样，在岸上永远学不会游泳，要靠我们在水中学游泳。如果每天都在纠结如何写好文章，却不动手练，那么永远也写不好文章。我要求我的学生每天写一篇几百字的读书笔记，有感想写感想，没感想就摘抄重要观点。之所以这样要求，是基于这样的考虑：一是要他们让动笔成为习惯，越不动就会越怕动，如果天天动笔，就可以像拿筷子一样信手拈来；二是动笔勤了，写得多了，就可以一步一步积累功力，形成自身特点；三是越动笔就越会思考，动笔能带动思考。感悟写文章的过程，我的体会是"一动笔就深入"，深入即思考深入。所以大家一定要勤练，因为好文章是练出来的，每天都动笔，我们的文章就会越写越好。

领导干部的讲话、发言、文章，不能篇篇都依赖别人，最好自己动手。动手多了，脑灵了，手勤了，也就得心应手了，特别是效果就会更好。

以上所说，全是我的写作感悟，仅供参考。

希望你们这样去学习*
——做一个名副其实的博士

大家能够进入博士研究生阶段学习，攻读博士学位，是长期努力的结果，也是一种幸运。全国那么多年轻人，能够进入博士生阶段学习的，凤毛麟角。因此，在入学之初，我希望大家思考并回答三个问题：第一，为何攻博？第二，怎样攻博？第三，成为怎样的博士？这些问题如果以前没有认真考虑过，没关系，现在成了博士生就得考虑，而且要回答好。今天想和你们谈谈心，主题是"希望你们这样去学习——做一个名副其实的博士"，供你们回答上述问题时参考。

用足时间——做时间的吝啬鬼

事物都存在于时间中，人亦如此。在人身上，时间的起点，即生命的开始；时间的终点，即生命的终结。可见，时间即生命。珍惜时间就是珍惜生命，浪费时间就是浪费生命。浪费别人的时间

---

* 这是作者在与原国家行政学院教育经济与管理专业、中国人民大学管理哲学专业、中国地质大学思想政治教育专业的博士研究生谈话录音的基础上整理而成的。

呢？就是谋财害命，这是鲁迅先生讲的。

因此，一定要让时间更有意义！让时间更有意义，就是让生命更有意义；什么时候让时间更有意义，就是什么时候让生命更有意义；让哪一段时间更有意义，就是让哪一段生命更有意义。

这样说贴切吗？不贴切。要看对谁！对一个胸无大志的人来说，时间就没有意义。所以，让时间更有意义，要从梦想说起。胸怀大志，时间才有意义，才会努力让时间更有意义。

梦想不是好高骛远，不是异想天开，不是想入非非。梦想是进取，梦想是动力，梦想是支柱。习近平总书记提出中国梦，要求为每个青少年播种梦想、点燃梦想，让更多青少年敢于有梦、勇于追梦、勤于圆梦，要求全社会积极为广大青少年实现梦想提供服务。大家在这样的背景下读博士，是有梦、追梦、圆梦的极好时机。

人都要有梦想。梦想的含义是理想、愿望、志向、追求、目标、愿景一类的意思，到达一生有所能、有所为、有所成，最终成才、成就、成功。既然已经成为博士研究生，就应当努力实现这"三成"。

成才。想要成才，最重要的有三个方面：一是知识，要有本专业扎实的知识及其相关的知识，包括理论功底。二是能力，就是掌握和运用知识（技能）的本领。能力越大，成就越大。博士生要严防有知识没能力。要有很强的科研能力、工作能力、适应社会的能力等。三是态度，要有正确的世界观、人生观、价值观。具体到日常生活上，就是端正对学习的态度、对工作的态度、为人处事的态度等。这是成才的三要素，对博士生来讲，这三个方面的要求是处在顶层的。

成就。攻读博士学位，一定要有所成就。成就不是空的，它是通过成绩、成果、业绩来展示或表现的。首先要有好的成绩，如学习成绩、论文成绩、工作成绩。

成功。做人成功、学习成功、做事成功。其中，做人成功是第一位的，做人是做好一切的基础。

攻读博士学位，就是要实现这"三成"——成才、成就、成功。大家务必懂得，实现这"三成"不是有这个愿望就能达到的，也不是一蹴而就的，而是靠聚沙成塔、水滴石穿、日积月累。在你们人生的这样一个重要阶段，每天都要争取进步一点点，每天都要争取有所收获、有所得，通过日积月累，就能逐步走向"三成"。比如记英语单词，每天记5个至10个，十年下来是多少啊！每天出一个观点、写一点体会，一年下来就是365条。我认识一位书画家，年近70岁了，他告诉我，一幅画、一幅字、一首诗，这三个"一"，每天必须完成一个。晚上当你们躺在床上，回顾今天有没有进步一点点，有没有留下点什么时，就是衡量这一天是有价值还是白过的指标。

这一切都要用时间来保证，攻读博士的第一个要领，就是惜时如金。

攻读博士三年，满打满算36个月，1095天。每天睡觉8小时，吃饭2小时，健身2小时。我特地给你们留出健身时间，不要学识上去了，身体垮下了，每天都要健身。每天可用的时间还剩12小时，3年共13000小时。实际上每天能用足10小时就很好了。我没有给你们刨去周末、节假日。一个想有所成就的人是没有周末的，也没有所谓的节假日。节假日正是用来向"三成"努力的时候。所以，对一个想"三成"的人来说，这是可以利用的最好时间。怎样对待这13000小时，是你们首先要考虑、要安排的事情。

经历了这么多人生阶段，走过了这么多地方和单位，接触了不少人，我发现不珍惜时间的表现非常多，归纳总结起来，主要有如下几种：一是上网无节制。在网上冲浪，猎奇、聊天，对读书做学问的人来说，那是浪费时光。博士研究生要上网，但要带着专业目的去上网，并有所节制。二是娱乐无节制。花太多时间在电子游戏、扑克、麻将、电视连续剧上，花在唱歌跳舞、游山玩水上。三是闲聊无节制。有人喜欢在饭桌上、在宿舍里、在咖啡馆聊天，一聊就是半天。不是聊学术问题，也不是在交流学习，就是漫无边际地聊。还有"煲电话粥"，电话不能不打，但电话聊天很浪费时间。四是逛街或上网购物无节制。五是整理内务花很多时间，收拾房间、洗衣服、沐浴、化妆、梳洗等。六是陪客游玩。外地客人来了、家乡领导来了、同学老师来了，一陪就是一两天。

我看到有些人，什么都在乎，就是不在乎时间；什么都舍不得，就是舍得时间，结果用于学习研究的时间很少。一个好的博士生首先要珍惜时间，做时间的吝啬鬼。一分一秒都要在乎，不能随便浪费。时间管理，是人生最重要的管理。

正因为时间对于我们很重要，从古至今才会有很多关于珍惜时间的至理名言。中国古人说，一寸光阴一寸金，寸金难买寸光阴；莎士比亚说，抛弃时间的人，时间也抛弃他；川端康成说，荒废时间等于荒废生命；华罗庚说，时间是由分秒集成的，善于利用零星时间的人，才会做出更大的成绩来；鲁迅说，节约时间，就使一个人有限的生命更加有效，也就等于延长了人的寿命。

因此，我们要用足时间。很多人就是这样，他们确立一个目标大厦，每天都在向时间要价值，为这座大厦砌一块砖、添一片瓦，每天进展一点点，最后在坚持不懈中实现了目标，建成了大厦。

人的差异在时间。同样的时间，用心和投入不同，人的状态和成就也迥然各异。大凡有成就者，都是时间用得充分、用到极致的。我虽没有什么成就，但我是靠管理好业余时间来思考、写作、练书法的。

希望你们把时间用足，努力让时间更有意义。让时间更有意义的内涵是：让更多的时间成为有意义的时间；让单位时间生产更多的意义。攻读博士的第一个要领就是，用足时间，做时间的吝啬鬼。相信你们会做得更好。

让时间更有意义，对于个人，是有所能、有所为、有所成的奥秘所在；对于社会，是文化发展、艺术繁荣、科技创新、社会进步的成因之一。

充分读书——做书本的痴迷者

为什么要读书？我的理解，博士就是书——读书或写书，博士跟书几乎是画等号的。

第一，读博就是读书。不读书，什么都是，就不是博士。读书是博士生的属性，读书是博士生的使命，读书是博士生的生活。读不读书，可以作为真假博士生的标志，不读书就是假博士生，一票否决。

第二，读书就要博览。博览群书这是古训，对博士生也是适用的。虽然博士生专业分得很细，专业中还分方向，更细，但博士生也需要博览群书。我读大学的时候，有一个同学这样要求自己：在和别人交谈时，别人谈到的书如果自己没有读过，那就是耻辱。我这个同学读书相当多，他就是博览群书。一个人只有博览群书，才能拓宽知识面，才会有开阔的视野，才会综合运用各个学科的思维方法，吸取各家所长，从事自己的研究。

博览群书的方法，一是实读，就是一本一本地读，以这种方法为主，所以我读博士的时候，大量读书，三年读了不少书，当然有的书读得很快，翻翻就过去了。通过读书，摸清理论大厦的门牌号码。二是导读，即看一些评论、介绍、文摘，这也是博览群书的方法。有几种报刊，我建议你们每期必看，比如《读书》杂志。读博士期间，我在《读书》杂志上发表了四篇文章。这个杂志要求特别高，特别难发。它要求凡投稿文章：一要有思想；二要有文采；三要借题发挥，不能就事论事。我写的第一篇文章是《读桑塔耶那的〈美感〉》，把我的文笔练流畅了。还有《新华文摘》《中国社会科学文摘》，都可以浏览。我到现在还有个习惯，有两份报纸我是必看的，一份是《报刊文摘》，上海市报刊发行局发行；另一份是《文摘报》，光明日报社发行。我想了解的事情、理论、观点以及争论的问题、社会反响，通过这两张报纸可以知其一二。

第三，读博还要专、深。尽管我提倡博览群书，但更强调读书的专和深。博士其实就是狭士、窄士，因为要在某一专业的某一方向之某一问题上成为专家。面与深是成反比的，比如一个榔头，用同样的力气，榔头的表面积越小，砸得越深。研究问题也是这样，面越小越容易深。你们写博士论文的时候，题目不要大，面小一点，做深一点。

读书专、深的要点是：要读专业书，要读专业基础书，还要读专业相关书。比如哲学专业，马克思主义哲学就是辩证唯物主义、历史唯物主义，马克思、恩格斯、列宁的著作都是专业书。专业基础书，就是哲学史。比如，《中国哲学史》《外国哲学史》《逻辑学》《伦理学》。专业相关书，那就多了，比如，《民族心理学》《心理学》

《语言学》《社会学》《社会心理学》《文化人类学》等，都是专业相关书。我想特别提醒大家，充分读书包含读一些国学的书。国学是一个大宝库，我把它概括为"四大宝库"——文化宝库、智慧宝库、修身宝库、艺术宝库。不管你们是哪个专业、哪个研究方向，都要学国学。

只博览不讲专、深，是博士的忌讳。你们一定要防止读非专业书籍多、读文艺作品多、读报纸刊物多、读网络作品多。对此，胡适的话对我们很有启发。他说，每天花一点钟看10页有用的书，每年可看3600多页书，30年读11万页书。11万页书足可以使你成为一个学者了。可是，每天看三种小报也得费你一点钟的工夫；四圈麻将又得费你一点钟的光阴。看小报呢？还是打麻将呢？还是努力做一个学者呢？——胡适先生的话很有启发意义，量变引发质变，人生靠的就是对零碎时间的使用，积少成多。

读书要动笔。不动笔墨不读书，这是毛泽东同志的读书习惯，是很多人有效读书的宝贵经验。动笔圈画重点，动笔摘抄观点，动笔记录思考……因此，躺着看书不是刻苦读书。有人喜欢坐在沙发里读书，躺在床上看书，这种状态看闲书可以，看专业书、专业基础书、专业相关书，有效性就要大打折扣了。要正襟危坐看书。我写的书只有一本可以躺着看，就是《再造生活》。这样我们就有了读书的衡量标准：你在房间里躺着看书的时候，是消遣，谈不上刻苦读书。

我读博士研究生时，没有互联网，也没有现成卡片可供选购，全靠自己做读书笔记、做卡片。做卡片不用大段抄书，只是分门别类做提要，也可以叫作索引。比如在卡片上标注感觉、理性、无意识、民族心理、思维结构等标题，摘上一两句关键内容，注明出处，然后用卡片盒分类保存，写博士论文时随时翻用。动笔去博览群书，这样读过的书就不会白读，需要用的时候就方便了。这实际上是读书做"索引"。我觉得这个方法现在对你们仍然适用，只是把卡片换成电脑里的文件夹就是了。

攻读博士的第二个要领，就是博士生要充分读书，做书本的痴迷者。毛泽东同志说，饭可以一日不吃，觉可以一日不睡，书不可以一日不读；狄德罗说，不读书的人思想就会停止；颜真卿有一首诗，黑发不知勤学早，白首方悔读书迟；列夫·托尔斯泰说，理想的书籍是智慧的钥匙；古人说，书到用时方恨少，事非经过不知难。

习近平总书记为我们树立了读书的榜样。在出席第三届核安全峰会并访问欧洲四国和联合国教科文组织总部、欧盟总部时的演讲时他说："法国的历史、哲学、文学、艺术深深吸引着我。读法国近现代史特别是法国大革命史的书籍，让我丰富了对人类社会政治演进规律的思考。读孟德斯鸠、伏尔泰、卢梭、狄德罗、圣西门、傅立叶、萨特等人的著作，让我加深了对思想进步对人类社会进步作用的认识。读蒙田、拉封丹、莫里哀、司汤达、巴尔扎克、雨果、大仲马、乔治·桑、福楼拜、小仲马、莫泊桑、罗曼·罗兰等人的著作，让我增加了对人类生活中悲欢离合的感触。冉阿让、卡西莫多、羊脂球等艺术形象至今仍栩栩如生地存在于我的脑海之中。欣赏米勒、马奈、德加、塞尚、莫奈、罗丹等人的艺术作品，以及赵无极中西合璧的画作，让我提升了自己的艺术鉴赏能力。还有，读凡尔纳的科幻小说，让我的头脑充满了无尽的想象。"[①] 仅法国作者的

---

① 习近平：《出席第三届核安全峰会并访问欧洲四国和联合国教科文组织总部、欧盟总部时的演讲》，人民出版社2014年版，第21—22页。

书，习近平总书记就读了这么多。请大家对照自己是怎么读书的。

勤于思考——做思想的"永动机"

古人说："学而不思则罔，思而不学则殆。"意思是：只重视学习而不注重思考，就可能受到蒙蔽，陷于迷惑；只重视思考而不注重学习，就可能误入歧途而导致疲乏，这很危险。这是一种解释，强调了学和思要同时并举，缺一不可。

思想来自思考，不思考就没有思想。博士生的最终成就是要出思想。用足时间、充分读书，都是为了出思想。

要想有思想就一定要思考，思考就是生产思想。这个世界离不开"生产"两个字，人类不是生产实物，就是生产思想。生产思想就必须思考，所以思考的过程就是思想产生的过程。不想思考就是不想生产，是懒；不会思考就是不懂生产，是笨；不产生思想的思考就是无效生产，是废，是白思考。

思考不一定都能产生思想，但不肯思考肯定不能产生思想。所以，思考就成了我们一个非常重要的日常事务。不思考，读书就会食而不化；不思考，睁眼也会视而不见；不思考，为文就会无病呻吟；不思考，就会人云亦云，甚至上当受骗。博士生学习阶段就是思考出思想的阶段。

最近看到清华大学阎学通教授的谈话，他说本科是素质教育，是从未成年到成人的教育，是让他们完成文明教育的过程。研究生教育是专业教育。硕士研究生与博士研究生的区别是专业水平差别，不是素质差别。硕士生教育培养的是工作技能，而博士生教育培养的是学术技能。硕士生毕业后主要是从事事务性的工作，因此硕士生要注重学习普遍性的研究技能。博士生要有较强的批判精神,即发现错误的能力,因为发现现有知识的缺陷,才能发现值得研究的问题。博士生阶段的教育重要的一点是寻求真理、发现规律、探索人类尚不知道的知识。阎学通教授的话很有道理。

我在几个学习阶段中明显感受到自己的梯度变化,区别就在于思考和思想。我高中毕业后开始写文章,那时主要是参考别人的。比如,在大队做"土记者"搞新闻报道,看《新华日报》怎么报道,就跟着怎么写;给大队书记写讲话稿,多半都是各种材料参考来的。读大学时,听了很多课,看了许多书,开始有了批判的眼光、分析的头脑。报纸上登的、书本上讲的,不再被我视为绝对真理,因为老师给我们讲课经常采用商榷的方法,敢于对传统的思想、权威的观点、名家的思考表示不赞成,他们教会了我们要有批判的头脑。由于这种头脑,虽然可以找到写作选题,但大学写作仍然困难,我最初发表的两篇文章都是在老师的帮助下反复修改完成的。第一篇《谈谈亚里士多德的中庸之道》,是我自己找的题目。我读古希腊哲学著作选,读到亚里士多德谈中庸的部分,对他所说的一个人过分地勇敢就是鲁莽,胆小就是怯懦,只有两者之间才是中道,才是勇敢;不肯花钱是吝啬,过分花钱是挥霍,只有在两者之间才是慷慨这段话,觉得太精彩了,这不就是辩证法中"度"的概念吗?过去批判中庸之道,认为它是阶级调和论——调和奴隶主和奴隶之间的矛盾,政治上是反动的。结果我发现,它是黑格尔之前对辩证法"度"的概念第一次有成果的探索。所以,我就写了一篇《谈谈亚里士多德的中庸之道》文章,老师指导我修改了很多遍,最后在大学三年级时发表了,并被《新华文摘》摘录。第二篇文章《论谢林的矛盾学说》,也是在老师的帮助下发表的。第三篇文章我自己投稿,结果发表了，那年我正好 30 岁。古人说三十而立，现在很多人 30 岁时已成果累累，而我那时才独立地发表文章，但我感到欢欣鼓舞，非常高兴。

到了硕士课程学习阶段，我的选题和写作能力得到进一步提高，但思想能力还是差一点。博士生阶段思考能力就较成熟了。中国人民大学哲学院 55 周年院庆的时候，让我写一篇文章，我就写了《我在这里学会了思想》，博士生阶段就是出思想、生产思想的大起点。

所以，在攻读博士期间一定要把思考摆上重要日程，经常地思考问题，看书要思考、看报要思考，对社会现实要思考，老师跟你谈话要思考，同学之间交流也要思考。思考就是有心人，思考就是开动脑筋，用思考的方式与作者对话、与作者商榷，思考就是思想生产，或者叫精神生产。

思考有以下几种形式：第一，理解性思考，是为了把一件事情想透，比如读黑格尔的书、康德的书，很难懂，一定要做理解性思考。第二，学习性思考，学习别人的东西，认真思考哪些东西值得学，道理在哪里，怎么学。第三，批判性思考，一种质疑的态度，用怀疑的眼光读前人的东西和现有的东西，从中发现问题，这是创造性思维和创造发明发现的前提。第四，创新性思考，上述所有思考最终都是为了创新性思考。培养博士，尽管各个学校的目标、要求不尽相同，但几乎都有创新这个概念。比如，中央党校（国家行政学院）的培养目标是：品德良好，学风严谨，具有较强事业心和献身精神，积极为社会主义现代化建设事业服务，具有独立从事科学研究工作能力，在本专业上做出创造性的成果。中国地质大学的培养目标是：具有在本学科和相邻领域的深刻理论基础和宽广的科学技术知识，具有求思进取的钻研精神和创新精神，具有独立进行研究、攀登科学高峰的能力，使其成为本学科未来的学术带头人和国家级学术梯队人才，在国际上能够跻身于先进行列，国内能够胜任国民经济建设需要的高级专门人才。博士要在思考、创新、生产思想上多下功夫。

促进思考的办法之一就是勤于动笔，动笔就能促进思考。当然，不动笔也可以思考，但是不动笔难以深入地思考，尤其难以系统地思考。比如今天的讲课题目，开始我什么都没准备，打算漫谈，后来想最好提供一个PPT，于是就提笔思考。一思考，就想出今天这个框架、挤出这么多话来。我原来只想谈谈如何用好时间，开始动笔才注意结构以及支撑结构的内容，我把这次谈话内容分为五大块，每块再思考由哪些内容来支撑，这就使思考更深入、更系统了。所以，动笔可以把思想引向深入，动笔可以使思考逐步系统化。我希望大家把思考的点滴所得随时用笔记录下来。过去，我们随身带着小本、卡片，想到什么赶紧记下来。现在，条件好了，用好手机的记录功能，随时在手机上记一点思考所得。我今天想给大家提一个要求，为了攻读博士，每个博士生开一个微博，围绕读书、研究，围绕成才、成就、成功这"三成"，每天写一点、两点、三点，把你的所感所悟随时写出来。

要勤写文章，论文、随笔、言论、书评、散文都可以写。现在要求博士生在三年学习期间在核心期刊上发两篇文章，这是最低要求，你们不能满足于此，我希望你们读博士期间能发表十篇八篇。我读博士期间，发表论文、文章18篇，翻译著作100万字，还不算28万字的博士论文。希望你们制订一个三年发表文章的计划。

博士生要勤于思考，做思考的"永动机"，永不停歇地思考，这是攻读博士的又一要领。很多名人都说过思考的重要性。爱迪生说，一个人年轻的时候不会思索，他将一无所获；爱默生说，思考是行为的种子；威廉·赫兹里特说，人的思想如一只钟，容易停摆，需要经常上发条；华罗庚说，真知灼见，首先来自多思善疑，独立思考能力是科学研究和创造发明的一项必备才能。

置身现实——做现实的有心人

这是我要格外强调的一点，博士生一定要置身于现实之中。20 世纪 80 年代末，我写过一篇文章，呼吁哲学面向当代现实，因为我感到当时有一种现象，就是哲学工作者过多地把哲学当作学问来研究，过少地把它当作武器来锻造；下笔写文章过多地重视专家同行，过少地顾及社会大众；过多地关注哲学文字的学术价值，过少地关注它的社会效益。结果，哲学成了哲学工作者自我欣赏、自我陶醉、自我肯定的私藏珍品；冷落了社会的哲学必将被社会所冷落。一门学科要想被重视，首先它要值得重视。这篇文章代表了我对学术与现实关系的一个初步认识。我认为，哲学面向当代现实可以从两方面入手，一是塑造理想，二是抨击时弊。哲学家不但要写学术上的大部头，也要写与现实有关的"小小说"；不但要为学术刊物写，也要为大众传媒写。

现在，你们处于博士生阶段，既要充分读书，也要置身现实。第一，要投身现实。中国处于全面建成小康社会、全面深化改革、全面推进依法治国、全面从严治党，实现中国梦的重要时期，需要我们关注研究的问题很多。大家不能一心只读圣贤书，两耳不闻窗外事。要通过读书来感悟现实，通过现实推动读书。近 40 年的改革开放和社会主义现代化建设已经取得了重大成就，正是这些成就给

希望你们这样去学习

我们提供了攻读博士的机会，因此要感恩现实，尽管现实中有很多不尽如人意的地方。我们要把坚持正确的政治方向摆在第一位，研究问题要站在党和人民的立场上，为党和人民出谋划策、排忧解难、解惑释疑，同时要研究现实。我们国家现在存在的问题还不少，需要我们去研究、去完善，我们不能做局外人，"国家兴亡、匹夫有责"，我们要多贡献聪明才智。

我把这里所说的现实划分为三大组成部分：一是关注理论现实，国内外最新的理论发展，理论前沿中一些重要的思想观点，特别是与本专业相关的，要随时了解关注。我们要如饥似渴地把握最新的理论动态、理论信息。二是关注思想现实，就是社会心理、社会思潮，干部群众所想所盼、所恨所惑。三是关注社会现实，主要是改革开放和社会主义现代化建设的进程、成就和问题，工业、农业、商业、交通、金融，政治、经济、文化、社会、民生等，都需要密切关注。

我要特别强调，中国当代最重要的理论现实就是中国特色社会主义。中国特色社会主义是中国近40年变化的思想源泉、理论动力。2008年国际金融危机爆发以来的历史证明，中国特色社会主义包括理论体系、道路、制度，具有很大的优越性。现在西方国家都在研究，中国"风景这边独好"是什么奥秘。国际金融危机再一次敲响了警钟，就是资本主义制度以及自由经济学等种种学派，不是值得我们全盘照搬的制度和理论。国家行政学院培养的博士，一定要把中国特色社会主义弄懂、弄透，用它指导研究工作。当前，特别是要认真学习和跟踪习近平总书记治国理政的新思想、新思路、新方法、新境界。

我强调置身现实，希望大家处理好读书和关注现实的关系。我虽强调大家要充分读书，但不是鼓励大家当书呆子；书呆子不是读书多，而是脱离现实读书、埋头读书，对现实不了解、不适应、没办法。更何况，管理哲学、公共管理、思想政治教育这三个专业，都具有很强的现实性，这三个学科的性质就决定了更不能离开现实。

第二，要把实践上升为理论。现在，我们国家改革开放和社会主义现代化建设的丰富实践，需要上升为理论。我在国家行政学院教师业务学习时经常讲，行政决策也好，行政执行也好，社会管理、文化管理也好，我们都有很多经验，既有成功经验，也有不少教训，完全用不着去找离我们很远的例子。如果备课从书本到书本，讲课从书本到书本，写作从书本到书本，很难适应公务员培训的需要。一定要立足于现实。

第三，研究要从实际出发。博士论文确定选题，一定要从现实出发，特别是从问题出发，而不能从理论出发。这就是习近平总书记所倡导的问题导向思维。2012年起，我主持编写全国行政学院系统教材，共有7本书，我特别强调，要从中国政府管理的问题出发，不能从公共管理学的理论出发。要针对政府管理中碰到的问题，比如政府哪些该管，哪些不该管；该管的管到什么程度；用什么方法管到这个程度，行政的、法律的、经济的；管理的目标是什么，评价标准是什么，这些内容对公务员培训才有用。我希望你们的博士论文也要从问题出发，抓住一个问题展开，最终解决这个问题。前人的理论、他人的理论，是思想库，我们可以从中借鉴思想；是工具库，我们可以学习他们的好方法，但不是我们研究问题的出发点。从事纯理论研究，可以从前人的思想中找切入口，但管理哲学、公共管理、思想政治教育这三门学科，我希望你们从问题出发。外国的理论也要中国化、现实化，不能生吞活剥、照搬照抄到我们的书中来，连马克思主义理论都强调中国化、时代化、大众化，更何况其他的外国理论呢？所以大家一定要有现实感。

名副其实——做一个合格的博士生

"博士生"这个称号，既是荣耀，更是压力。你是博士生，别人就会用博士的标准衡量你。其他人写文章可以语无伦次，博士不能；其他人写书可以没有思想、讲话可以杂凑，博士不能；其他人讲课面很窄、思考可以不深刻，博士不能。小学二年级学生不会写作文没人笑话，高中生不会写作文就要被人笑话了；是博士，人们就会用博士的标准衡量你。

读博士，是上进的表现，如何做到名副其实，是现在要考虑的事情。如果名不副实，还不如没有博士称号。因为有了博士称号没有博士水平，就很难堪，就成了遭人议论的把柄。所以，我说博士称号更是压力，大家不能混日子，一定要学到真才实学。真才实学的表现就是书和文章，就是适合时代要求的智慧和思想。

书和文章是博士的存在方式；没有书和文章，不影响我们成为自然人，甚至也不影响我们成为社会人，但要想做博士就非常勉强了。要从现在开始努力。如果博士毕业不从事研究工作，没有书和文章，没关系；如果读了博士，将来还要从事学术研究，就一定要有书和文章。我做行政领导10年，没有出过一本书，而且我提醒自己不要有出书的念头，因为写书、出书不是领导干部的职责。到国家行政学院工作后，就想着出点东西，因为又被称为教授了，还带了博士生。

我们最终要成为这样的博士：一是做名副其实、合乎称号的博士；二是做有所能、有所为、有所成的博士，能够为社会做出一点业绩，做出一点成就；三是做问心无愧的博士，就是自我反省、自我总结的时候没有愧对博士称号，没有愧对这三年学校提供的这么好的条件、父母的期望以及老师们的苦心。

　　希望大家在现实的广阔舞台上，充分发挥聪明才智，尽情展现人生价值，让青春在为党和人民建功立业中焕发出绚丽的光彩。

写在后面

经过反复斟酌和打磨，本书终于定稿了。收入本书的讲课稿和文章，绝大部分写在党的十九大召开以后，少量较早的文章也已经历过反复修改。而这一次，我对本书的每一篇讲稿和文章都作了修改，以便让它们更加与时俱进，所以都没有注明写作日期。

修改有利有弊。比如，讲课稿都是根据讲课录音整理而成的，"讲"的色彩浓，不修改口语不少，甚至有语病，而一经整理，就减少了一些鲜活的例子，淡化了讲的色彩。思政教育课要想出效果，就是要"讲"，不能"念"。"讲"出的是口头语，"念"出的是书面语，而耳朵生来是听口头语言的；对耳朵来说，书面语言是最好的催眠曲，因为它们之间的同构性少些。书是给眼睛看的，而眼睛习惯于书面语言，讲课录音稿不经整理，眼睛就"看不顺眼"。因此，一般说来，讲，要把书面表达逻辑转化为口头表达逻辑，把书面语言转化为口头语言表达。成书时则要反向下点功夫。

本书从交稿到定稿，跨度长达一年时间。责任编辑张媛媛女士不厌其烦，耐心细致，付出了艰辛的劳动。在此表示感谢！

但愿读者能在这二十讲中找到一点有用的东西。如果是这样，我就很高兴了！不当之处请读者批评指正，尤其是请思政课专家们不吝赐教。

周文彰

2023 年 4 月 20 日
于北京寓所